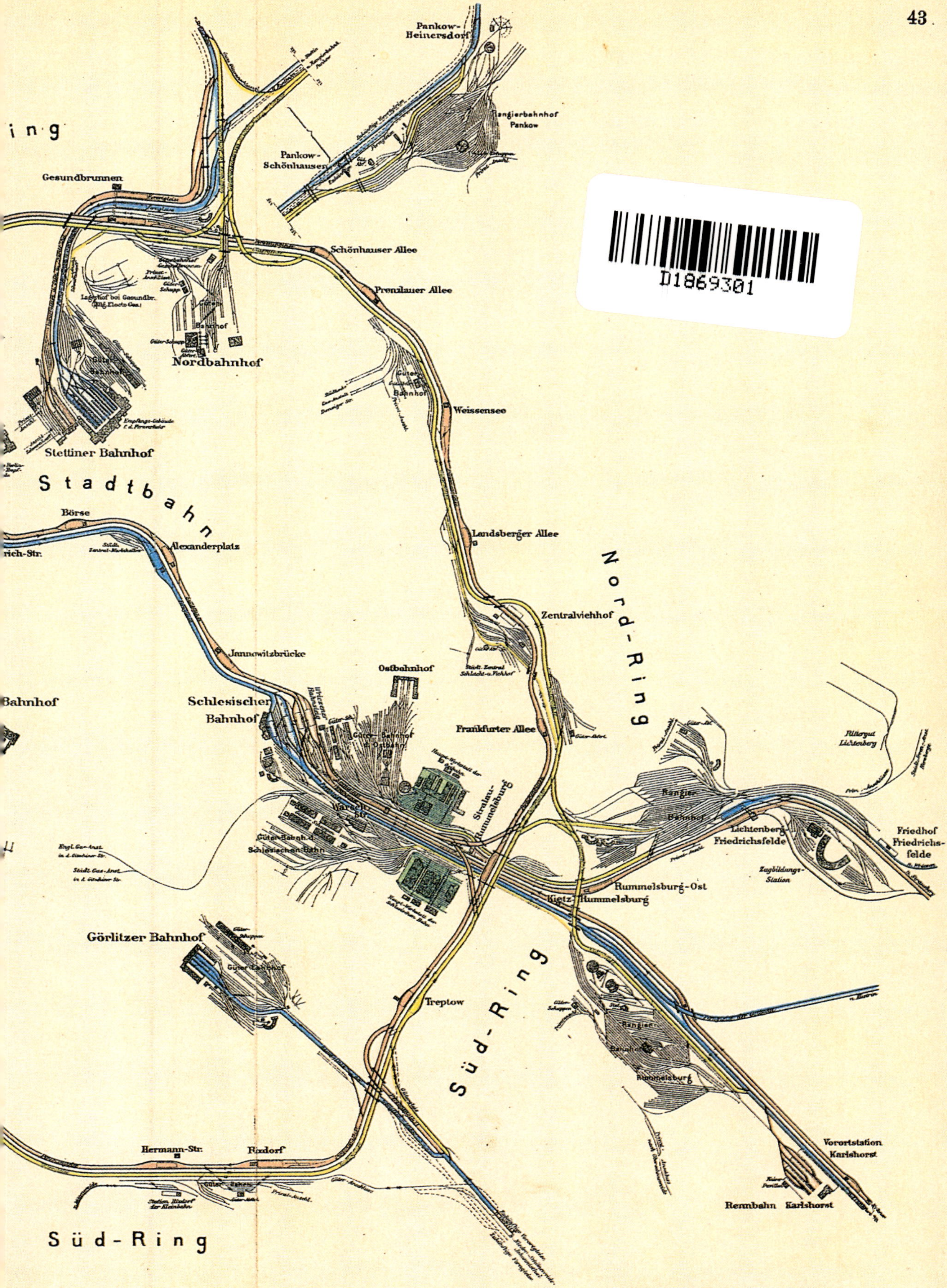

Lith. Anst. v. Bogdan Gisevius, Berlin W. Linkstr. 29.

ographischem Stich.

kohlhammer edition eisenbahn
herausgegeben von Wolfgang Fiegenbaum

Kurt Pierson

Dampfzüge auf Berlins Stadt- und Ringbahn

Völlig veränderte und erweiterte Neuausgabe

Verlag W. Kohlhammer
Stuttgart Berlin Köln Mainz

CIP-Kurztitelaufnahme der Deutschen Bibliothek

Pierson, Kurt:
Dampfzüge auf Berlins Stadt- und Ringbahn / Kurt Pierson. –
Veränd. u. erw. Neuausg. –
Stuttgart ; Berlin ; Köln ; Mainz : Kohlhammer, 1983.
(Kohlhammer-Edition Eisenbahn)
Frühere Ausg. im Verl. Rösler u. Zimmer, Augsburg
ISBN 3-17-007934-4

VordererVorsatz: Plan der Gleisanlagen in und um Berlin, Zustand 1. April 1904

Hinterer Vorsatz: Eisenbahnnetz von Groß-Berlin 1910

Umschlagbild: Berliner Stadtbahnzug nach Grunewald mit T2-Lokomotive im Bahnhof Savigny-Platz, 1910 (Ausschnitt; vgl. Abb. 51)

Die erste Auflage erschien 1969 im Franckh-Verlag, Stuttgart,
die zweite Auflage 1971 im Verlag Rösler+Zimmer, Augsburg

Stuttgart Berlin Köln Mainz
Verlagsort: Stuttgart
Umschlagentwurf: hace
Gesamtherstellung: W. Kohlhammer Druckerei GmbH + Co.
Stuttgart
Printed in Germany

Inhalt

Vorwort

Festgemauert in den Bögen
Steht die Bahn aus Lehm gebrannt.
Werden Sie sie prüfen mögen?
Rasch, mein Fräulein, Ihre Hand.
Zum Gleise, das wir hier beschreiten
Geziemt sich wohl ein ernstes Wort,
Wenn gute Reden uns begleiten
Dann kommt man schnell und schneller fort.
So laßt uns einmal hier betrachten
Wie dieses Wunderwerk entstand
Vom Jahr, in dem die Börsen krachten
Bis daß die erste Glocke klang.

So begrüßte ein Zeitgenosse vor hundert Jahren jenen Februarmorgen, an dem ganz unpathetisch der Fahrbetrieb auf der Berliner Stadtbahn aufgenommen wurde, jenem Teilabschnitt der späteren S-Bahn, der die Stadt in west-östlicher Richtung durchzieht. Zum Jubiläumsjahr 1982 sind eine Reihe von Veröffentlichungen erschienen, die zwar die Geschichte der Berliner S-Bahn behandeln, jedoch fast nur die Epoche der elektrischen Betriebsführung umfassen. Die Menschen von heute können sich kaum noch vorstellen, daß einst das – weit über die Grenzen Deutschlands bekannte – größte preußische innerstädtische Verkehrsunternehmen, die Berliner Stadt-, Ring- und Vorortbahnen, über ein halbes Jahrhundert mit Dampflokomotiven betrieben wurde.
Daher hatte es sich der Verfasser erstmalig im Jahre 1969 zur Aufgabe gemacht, den an lokaler Eisenbahngeschichte interessierten Lesern jene Zeit nahezubringen, von der die eingangs zitierten Verse künden – jene Zeit, die zurückreicht bis zur ersten Berliner Stadteisenbahn vor hundertdreißig Jahren. Drei Jahrzehnte dampfbetriebener Stadt- und Ringbahn hat der heute 84jährige Verfasser noch selbst erlebt und die letzten vierzig Dampflokomotiven für sie zu Anfang der zwanziger Jahre bei Borsig in Berlin mit montiert und eingefahren.
Aus der Fülle persönlicher Erinnerungen erschien damals das Buch: „Dampfzüge auf Berlins Stadt- und Ringbahn“ in zwei Auflagen und wurde nunmehr angesichts der heutigen Literatur zum Thema „Berliner S-Bahn“ auf einen dankenswerten Vorschlag des Verlags W. Kohlhammer hin neu überarbeitet und erweitert, um es der erwähnten Literatur voranzustellen und damit eine folgerichtige Verbindung von einst zum heute zu schaffen. Dabei sollte die früher in den Mittelpunkt gerückte Darstellung Berliner Stadt- und Ringbahnlokomotiven ihres abstrakten Charakters entkleidet und mit dem Leben und jener einzigartigen

Atmosphäre angefüllt werden, durch die Berlin zu Beginn dieses Jahrhunderts und noch darüber hinaus in der ganzen Welt berühmt gewesen ist.
Das war einmal, das ist es heute nicht mehr. Das Gleisnetz der einstigen Stadt-, Ring- und Vorortbahnen, der späteren Berliner S-Bahn, wurde bis auf wenige Ausnahmen an jenem 13. August 1961 durchschnitten, an dem die Menschen dieser Stadt voneinander getrennt wurden. Wer hier geboren ist und heute in ihrer näheren oder weiteren Umgebung, die durch die Endstationen des früheren Vorortverkehrs gekennzeichnet wurde, lebt, der weiß von den millionenfachen Fäden, die die Menschen in und um Berlin über eine widernatürliche Grenze hinweg unlösbar miteinander verbinden und die ein Jahrhundert hindurch auf dem Webstuhl des Berliner Eisenbahnverkehrs geknüpft worden sind. Nach wie vor legt gerade ein solches Buch über ein Stück preußisch-berliner Eisenbahngeschichte Zeugnis ab von einer Zeit, da es noch Bestimmung einer Eisenbahn war, Menschen einander näherzubringen, nicht aber einen Bogen um sie zu machen. Möge dieses Werk, wie einst bei seinem ersten Erscheinen, auch heute neue Freunde finden und sein Inhalt ein paar besinnliche Stunden vermitteln.

Im Jahrhundertjahr 1982 *Kurt Pierson*

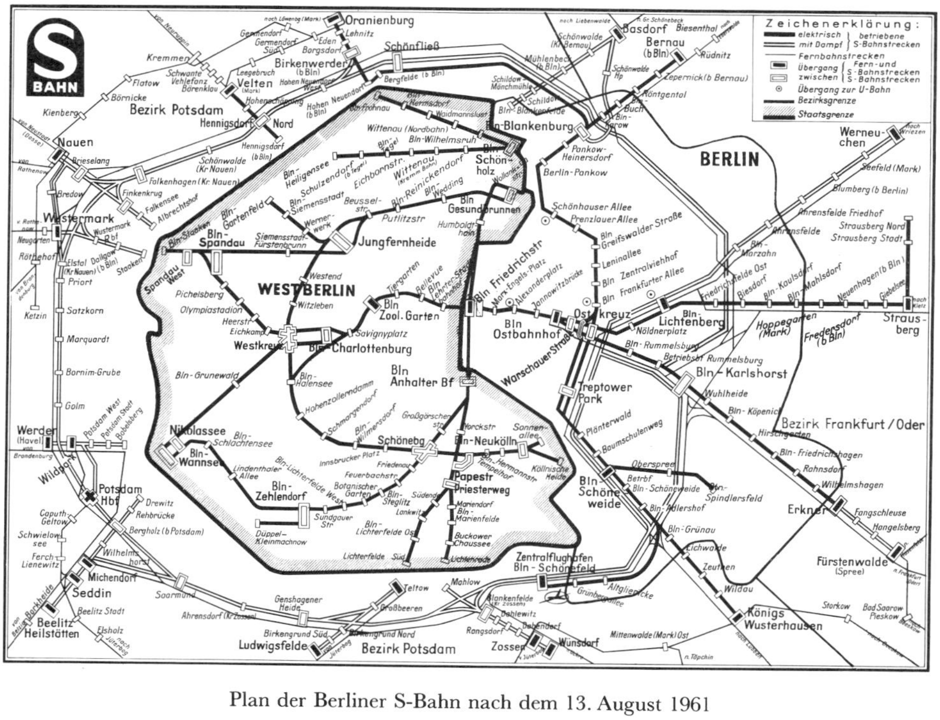

Plan der Berliner S-Bahn nach dem 13. August 1961

I. Berlins erste Fernbahnen

Die Geschichte Berlins und seine Wandlung von einer durch Wissenschaft und Bürgerfleiß gekennzeichneten Haupt- und Residenzstadt zu einer Industriemetropole größten Stils, in der u. a. in insgesamt elf Fabriken Lokomotiven gebaut worden sind, ist mit der Entwicklung des Schienenweges im 19. Jahrhundert aufs engste verbunden. Einer der entscheidensten Vorkämpfer für den Eisenbahnbau in Deutschland, Friedrich List, schrieb in seiner 1833 erschienenen Broschüre: „Über ein sächsisches Eisenbahnsystem als Grundlage eines allgemeinen deutschen Eisenbahnsystems" u. a. zur Frage der Entwicklung des kommenden deutschen Eisenbahnnetzes, daß von Berlin aus fünf Eisenbahnen ausgehen würden. Sie sind alle gebaut und in der Folgezeit zum unmittelbaren Anlaß einer innerstädtischen Verkehrsentwicklung besonderen Charakters geworden, der im vorliegenden Werk seinen Niederschlag gefunden hat.

Es gab in der ersten Hälfte des vorigen Jahrhunderts nicht wenige europäische Großstädte, in denen die verschiedenen Eisenbahnlinien in mehr oder weniger auseinanderliegenden Kopfbahnhöfen endeten. Berlin machte darin keine Ausnahme, weshalb die zu jener Zeit von hier ausgehenden bzw. endenden Eisenbahnen zum besseren Verständnis zunächst eine kurze Behandlung finden sollen.

A. Die Berlin–Potsdam–Magdeburger Eisenbahn

Die ersten Bemühungen zur Schaffung von Eisenbahnverbindungen zwischen der Landeshauptstadt Preußens und den nächstgelegenen größeren Städten wurden bereits 1833 eingeleitet. Der Justizkommissar *J. C. Robert* hatte am 27. 1. 1834 bei der Staatsregierung die Genehmigung einer Eisenbahn zwischen Berlin und Leipzig beantragt. Angesichts der auftretenden nicht zuletzt politischen Schwierigkeiten – denn Leipzig lag im Königreich Sachsen – beschränkte er sich in seinem dem König Friedrich Wilhelm III. ein Jahr später eingereichten Gesuch auf die Strecke Berlin–Potsdam. Der Geheime Oberbaurat Dr. *A. L. Crelle* arbeitete den Bauplan aus. Am 19. 12. 1835 erteilte der König die vorläufige Erlaubnis zur Anlage der Eisenbahn zwischen Berlin und Potsdam. Am 23. 8. 1837 legte die Generalversammlung der inzwischen gegründeten Berlin–Potsdamer Eisenbahn-Gesellschaft die Statuten fest und vier Wochen später waren die Baupläne genehmigt. Am 22. September 1838 wurde die Strecke Potsdam–Zehlendorf feierlich eröffnet, am 29. Oktober 1838 der Verkehr auf der ganzen Strecke Berlin–Potsdam durchgeführt.

Seit den Tagen des Großen Kurfürsten führte die erste große Hauptpoststraße, die Cleve mit Memel verband, über Berlin, Potsdam und Brandenburg. Es lag also

1 Erster Bahnhof der Berlin–Potsdamer Eisenbahn 1838

nahe, die Berlin–Potsdamer Eisenbahn im Zuge dieser alten Fernstraße nach Magdeburg zu verlängern. Die Verwaltung der Bahn griff diesen Plan auf, zumal um dadurch Anschluß an die großen in Bau befindlichen Bahnen zu erlangen. Dennoch war der Plan mit baulichen Schwierigkeiten verknüpft. Aus dem Potsdamer Kessel war wegen der buchtenreichen Havel und des anschließenden Golmer Luchs schwer herauszukommen. Neue Projekte, die Konkurrenzmanöver der Berlin–Anhalter Bahn sowie Finanzierungsschwierigkeiten stellten sich dem Plan entgegen.

Schließlich übernahm die inzwischen gebildete Potsdam–Magdeburger Eisenbahn-Gesellschaft im Jahr 1844 durch Kauf die Berlin–Potsdamer Bahn, führte den Bau aus und eröffnete am 7. 8. 1846 den Betrieb auf der ganzen Strecke Berlin–Magdeburg. Nunmehr war mit Hilfe inzwischen entstandener weiterer Eisenbahnen eine direkte Verbindung Berlin–Paris hergestellt.

Von dem ersten Eisenbahnhof in Berlin vermitteln mehrere zeitgenössische Darstellungen einen Eindruck, von denen diejenige, die – technisch gesehen – den größten Wahrscheinlichkeitsgrad aufweist, in Abb. 1 wiedergegeben ist. Zu jener Zeit verfügte die Berlin–Potsdamer Eisenbahn über vierzehn Dampflokomotiven, von denen zwei Norris-Lokomotiven aus Amerika stammten, elf waren englischer Herkunft und eine war im Jahre 1839 aus der Werkstatt eines gewissen Dr. Kufahl gekommen, der an der Berliner Universität eine Dozentenstelle innehatte. Doch bereits 1845 mußten die beiden erst sechs Jahre alten amerikanischen Lokomotiven AMERIKA und PRUSSIA ausgemustert werden. Auch die Maschine von Dr. Kufahl ging an die im Jahre 1837 gegründete Maschinen- und Lokomotiv-Bauanstalt A. Borsig und wurde dort als Bahnmeisterdraisine umgebaut, wobei der Tenderteil eine Kabine erhielt (Abb. 2). Wir werden auf diese Maschine noch einmal zurückkommen.

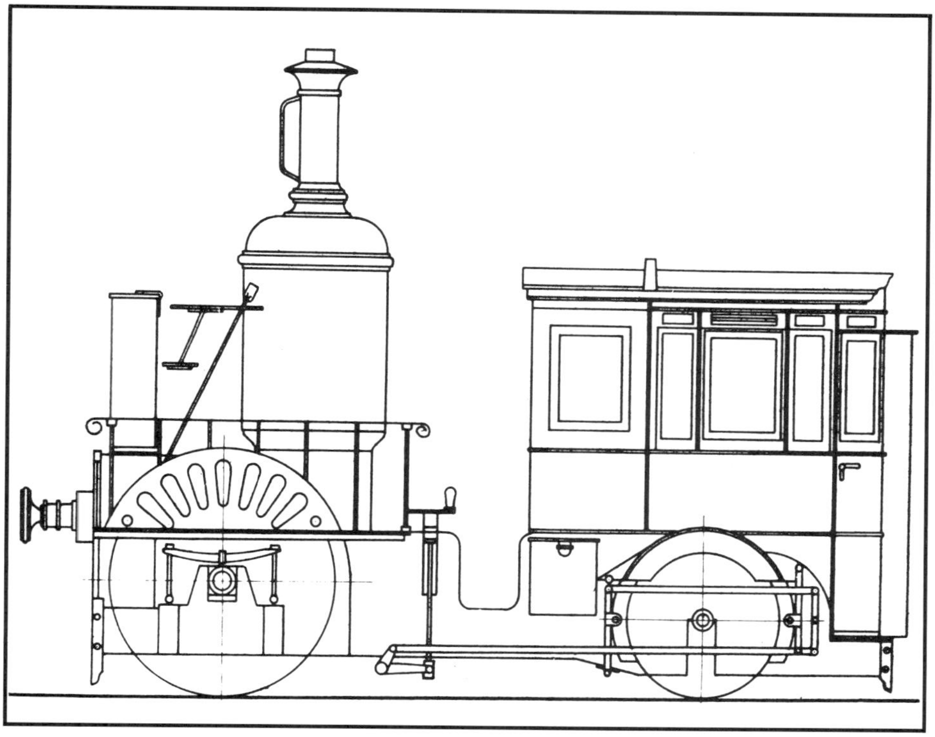

2 Erste fahrfähige Lokomotive aus Berlin für die Berlin–Potsdamer Eisenbahn

B. Die Berlin–Anhaltische Eisenbahn

Die Verbindung Berlins mit dem Königreiche Sachsen, und zwar im Anschluß an die im Bau befindliche Strecke Leipzig–Dresden, wurde seit 1836 von einem Konsortium angestrebt, das nach erfolgter Genehmigung die Berlin–Sächsische Eisenbahn-Gesellschaft gründete. Von dem ursprünglichen Plan, den Anschluß in der Nähe von Riesa zu nehmen, wurde durch Einspruch des Staatsministeriums abgesehen, dem daran gelegen war, eine Verbindung mit den westlichen preußischen Provinzen zu erlangen. So kam es zur Ausarbeitung der Route Berlin–Jüterbog –Wittenberg–Dessau–Köthen, die der Gesellschaft den Namen Berlin–Anhaltische Eisenbahn-Gesellschaft gab. Am 10. September 1841 wurde die durchgehende Verbindung Berlin–Köthen eröffnet und damit der Anschluß an die bereits bestehende Bahn Magdeburg–Halle–Leipzig–Dresden hergestellt. Als 1851 die Strecke Dresden–Prag dem Verkehr übergeben wurde, bekam Berlin eine durchgehende Schienenverbindung mit Wien, die 1857 bis Triest ausgedehnt wurde (Abb. 3).

In den folgenden Jahren förderte die Anhalter Bahn vor allem den Ausbau ihres Netzes mit Anschluß an die Thüringische Eisenbahn, um über die Verbindung Halle–Erfurt–Kassel eine Verbindung zur Köln–Mindener Eisenbahn herzustellen und damit unter Umgehung des der britischen Krone zugehörigen Königreiches Hannover mit seiner erschwerenden Zoll- und Handelspolitik eine hiervon

3 Erster Bahnhof der Berlin–Anhalter Bahn im Jahre 1850

unabhängige Verbindung Berlins mit den westlichen preußischen Provinzen zu schaffen.

Die Berlin–Anhaltische Eisenbahn beschaffte zunächst ebenfalls englische Lokomotiven. In ihrem Geschäftsbericht vom Jahre 1846 heißt es: „Die Lokomotiven unserer Bahn sind fast ohne Ausnahme zu schwach und den jetzigen Verkehrsverhältnissen nicht mehr angemessen. Die Güterzüge sind in der Regel so stark, daß selten eine mit gekuppelten Treibrädern ausreicht und zur Fortschaffung eines Zuges für gewöhnlich einer Vorspannmaschine bedarf. Dasselbe ungünstige Verhältnis findet bei den Personenzügen statt. So mußten von den 2520 Zügen im Jahre 1846 insgesamt 929 Züge mit zwei Maschinen und 53 Züge sogar mit drei Maschinen befördert werden.“

Eine dem Bericht beigefügte Zusammenstellung weist insgesamt 25 Maschinen aus: 15 Einheiten von Stephenson & Co in Newcastle (England), eine von der Société du Renard, Brüssel, und 9 Einheiten von Borsig in Berlin. Borsig hatte seine erste Lokomotive bereits 1841 gebaut, also zwei Jahre nach Dr. Kufahl. Dabei hatte er sich an das amerikanische Vorbild von Norris mit vorderem Drehgestell und hinten liegender Treibachse angelehnt; doch hatte er diese so weit nach hinten verlegt, daß sie teilweise auch das Gewicht des Stehkessels mit aufnahm, ein Konstruktionsgrundsatz, dem Borsig von Anfang an treu blieb und der für ihn den Weg zum Erfolg bedeuten sollte. Außerdem hatte er gegenüber der Ausführung von Norris den Kessel verlängert und hinten eine dritte Laufachse zugefügt (Abb. 4). Diese Ausführung blieb allerdings nur ein Einzelfall; die Normalausführung sah vorn und hinten je eine Lauf- und in der Mitte eine Treibachse vor. Ein Stempeleindruck auf Abb. 4 läßt erkennen, daß die Zeichnung aus dem Archiv der damals zweitgrößten Berliner Lokomotivfabrik Friedrich Wöhlert stammt.

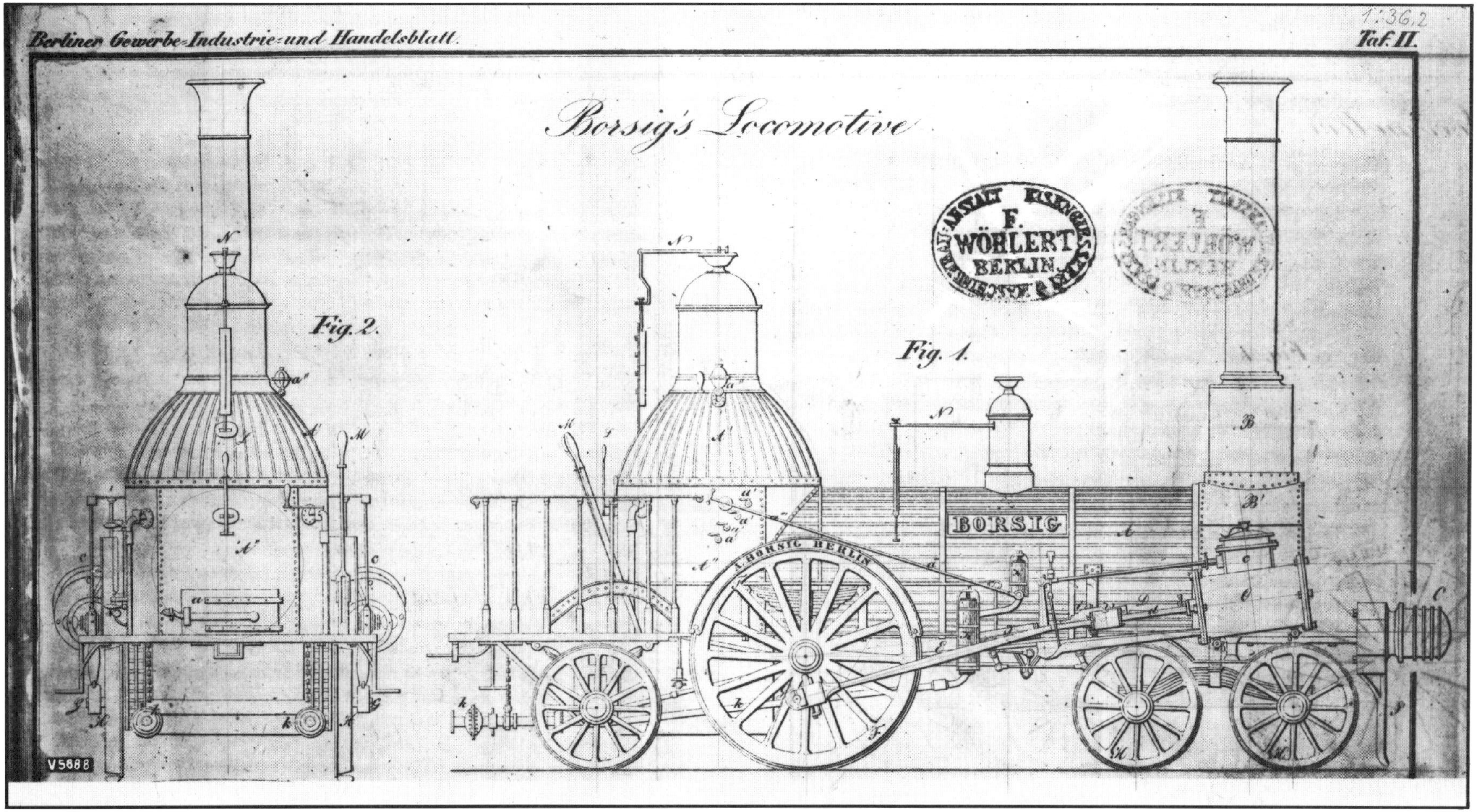

4 2 A 1-n2-Lokomotive für die Anhaltische Eisenbahn. Gebaut 1841 von Borsig. Fabr.-Nr. 1

C. Die Berlin–Stettiner Eisenbahn

Die Pommersche Bucht, mit dem Haff tief in das Festland einschneidend, bot Seeschiffen die Möglichkeit, auf dem breiten Unterlauf der Oder stromaufwärts bis Stettin zu gelangen. Von hier bestanden engste Beziehungen zum Norden und Nordosten Europas. Durch diese günstige Lage wurde Stettin nicht nur der nächstgelegene Ostseehafen für Berlin, sondern auch für den mitteldeutschen Raum und für die schlesischen Industriegebiete. Frühzeitig setzten die Bemühungen um eine Bahnverbindung nach Berlin ein, und nach längeren Verhandlungen erlangte die Berlin–Stettiner Eisenbahn-Gesellschaft die Konzessionierung. Am 1. August 1842 wurde die Strecke Berlin–Eberswalde eröffnet und seit dem 15. August 1843 wurde der Betrieb auf der ganzen Strecke bis Stettin durchgeführt. Berlin hatte damit die erste Schienenverbindung zum Meer erhalten; seinen Bahnhof zeigt eine Neujahrsplakette der Königlichen Eisengießerei aus dem Jahre 1843 (Abb. 5).

Der Erbauer dieser Bahn war der königliche Wegeinspektor Friedrich Neuhaus, der Großvater des späteren Generaldirektors Fritz Neuhaus der Borsigwerke Berlin-Tegel, unter dem der Verfasser vor sechzig Jahren seine Ausbildung zum Lokomotivmonteur erfahren hatte. Der Erbauer der Bahn, Friedrich Neuhaus, hatte das Mißfallen des Wirklichen Geheimen Oberregierungsrates und Excellenz Beuth erregt, der zu jener Zeit noch ein entschiedener Gegner des Eisenbahnbaues gewesen war und sein Mißfallen Neuhaus gegenüber in die Worte gekleidet hatte: „Neuhaus, ich habe Sie bisher für einen verständigen und anständigen Menschen gehalten; da Sie aber jetzt Eisenbahnen bauen wollen, ersehe ich daraus, daß Sie ein Schwindler geworden sind.“ Friedrich Neuhaus, der sonst keinen Menschen

5 Erster Bahnhof der Berlin–Stettiner Eisenbahn aus dem Jahre 1843 (Plakette der Königlichen Eisengießerei)

haßte, hat dies dem Geheimrat bis an sein Lebensende nicht verzeihen und vergessen können.
Zu den ersten Lieferanten von Lokomotiven gehörte neben Amerika und England auch Borsig in Berlin, der zunächst zwei Maschinen lieferte. Eine von ihnen erhielt zu Ehren der Stadt, aus der sie kam, den Namen BAER. Neuhaus hatte zur Eröffnungsfahrt, die unter Anwesenheit von König Friedrich Wilhelm IV. am 15. August 1843 stattfand, mit Vorbedacht keine ausländische, sondern eine Borsig-Lokomotive ausgewählt. Kurz vor Pankow ereignete sich eine kleine Stockung, veranlaßt durch einen „unbedeutenden Zufall" an der Lokomotive, der jedoch nach einigen Minuten beseitigt war. Die betreffende Maschine war bereits durch häufige und längere Fahrten erprobt und hatte sich immer bestens bewährt. Neuhaus, der gelernter Lokomotivführer war und auf der Maschine mitfuhr, hatte den Fehler sehr bald entdeckt und als Sabotage erkannt. Dennoch hatte er bei seiner Meldung an den König wegen des Grundes des Aufenthaltes nichts davon gesagt und nur, als der König fragte, wer die Maschine gebaut habe, den Lieferanten Borsig als vorzüglichen Hersteller von Lokomotiven genannt. Der König hatte nichts darauf erwidert, während der berühmte Alexander v. Humboldt, der bei ihm saß, sich abfällig über Borsig äußerte. Er sollte später einer der besten Freunde von August Borsig werden. Den Eindruck von den damaligen von Borsig gelieferten Lokomotiven an die Berlin–Stettiner Eisenbahn hat uns eine Bleistiftskizze des Malers Klohss aus dem Jahre 1846 überliefert, der seine Darstellung sogar mit Angabe des Anstriches versah und damit eine wertvolle geschichtliche Ergänzung hinterlassen hat (Abb. 6).
Horizont, die Großstadt ahnt, die er vor kurzem verlassen hat. Das Denkmal der

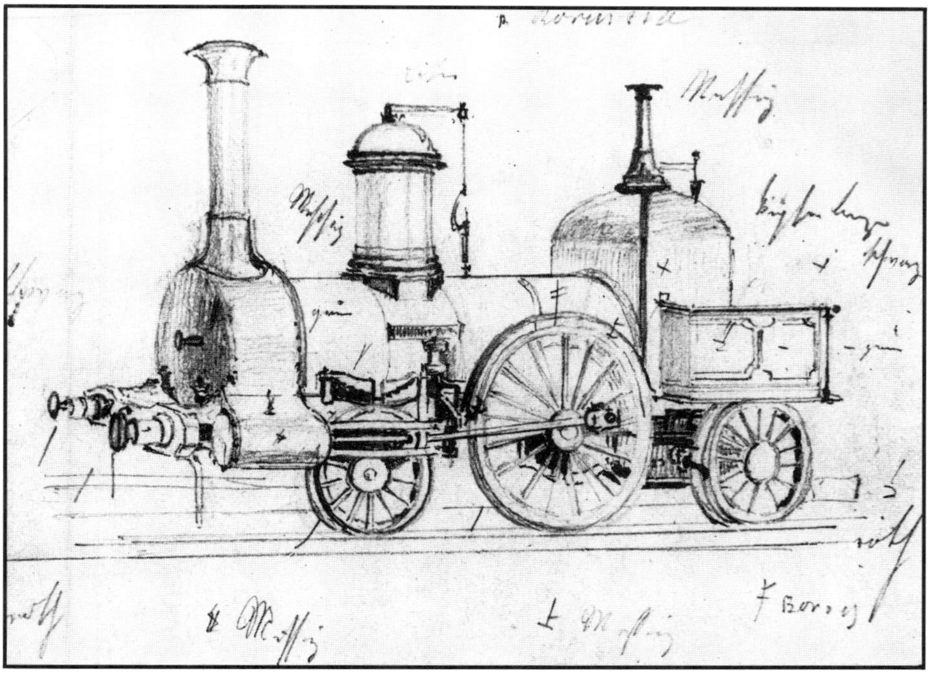

6 1 A 1-Lokomotive der Stargard–Posener Eisenbahn BORUSSIA.
Gebaut 1850 von Borsig
(nach einer Bleistiftskizze des Malers Klohss)

D. Die Berlin–Frankfurter und die Niederschlesisch–Märkische Eisenbahn

Die ersten Vorschläge zum Bau einer Bahn nach Frankfurt an der Oder gingen bis auf das Jahr 1836 zurück. Aber erst 1840 wurde die Berlin–Frankfurter Eisenbahn-Gesellschaft konzessioniert. Am 23. Oktober 1842 wurde auf der ganzen Strecke der Personenverkehr aufgenommen.

Bei der Konzessionierung war der preußische Staat davon ausgegangen, daß die Bahn für den Messehandel Frankfurts von großer Wichtigkeit sei, zumal Leipzig bereits im Besitz einer Bahnverbindung war. Im übrigen war vorgesehen, daß die Frankfurter Bahn der Anfang einer Schienenverbindung mit Breslau und Oberschlesien sein sollte. Die Verbindung mit diesem großen Industriegebiet war von besonderem Wert. Auch hierfür bestanden schon seit 1838 erste Pläne, die schließlich mit der Gründung die Niederschlesisch–Märkischen Eisenbahngesellschaft feste Formen annahmen. Die Konzession hierfür erfolgte für die Trasse Frankfurt–Guben–Sorau–Kohlfurt–Liegnitz–Breslau mit einer Abzweigung nach Görlitz bis zur sächsischen Landesgrenze. Der preußische Staat beteiligte sich am Anlagekapital. Am 19. 10. 1844 wurde die Strecke Breslau–Liegnitz und am 1. 10. 1845 der Abschnitt Liegnitz–Bunzlau sowie ein Jahr später das Schlußstück Bunzlau–Frankfurt dem Verkehr übergeben. Damit war eine durchgehende Verbindung von Berlin bis zur Südostgrenze Schlesiens (Ratibor und Myslowitz) und weiter über Breslau und Oderberg bis Wien geschaffen.

Zur einheitlichen Betriebsführung der ganzen Linie Berlin–Breslau hatte die Niederschlesisch–Märkische Eisenbahn-Gesellschaft durch Ankauf im Jahre 1845 die Berlin–Frankfurter Eisenbahngesellschaft und mit ihr u. a. 12 Stück von Norris in Philadelphia (USA) gebaute 2A-Güterzuglokomotiven mit vorderem Drehgestell übernommen (Abb. 7). Die Maschinen, Fabr.-Nr. 131 und 132, Bahn-Nr. 45, 46 (Fabrikschilder siehe Abb. 8), wurden 1866 ausgemustert und gingen an die Oldenburgische Staatsbahn.

Trotz dieses Zusammenschlusses, der aus dem Streckennetz (Abb. 9) ersichtlich

7 2 A-Güterzuglokomotive der Berlin–Frankfurter Eisenbahn. Geliefert von Norris, Philadelphia/USA, im Jahre 1841. Fabr.-Nr. 131

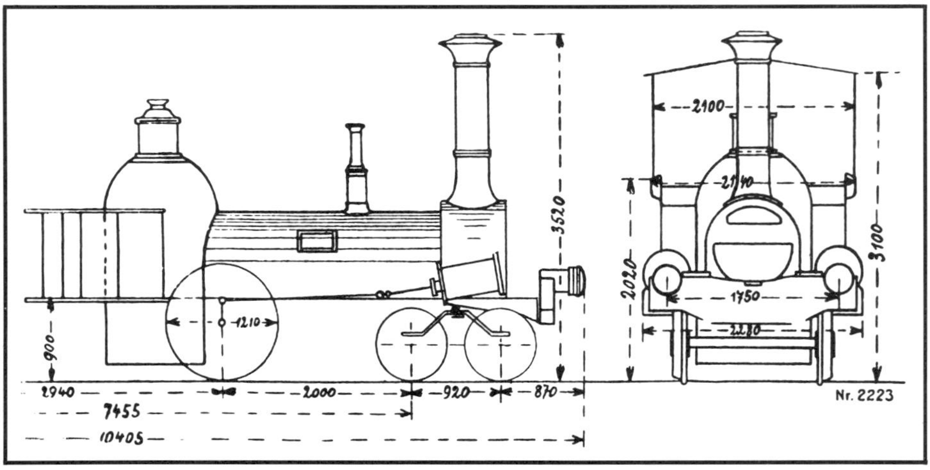

8 Fabrikschilder der Norris-Lokomotiven für die Berlin–Frankfurter Eisenbahn aus dem Jahre 1841

ist, waren die Betriebsergebnisse unbefriedigend. Daher übernahm der preußische Staat im Jahre 1852 die Gesellschaft. Eine Steigerung des Verkehrs ergab sich, als sieben Jahre später die Königliche Ostbahn ihre Züge ebenfalls über die Gleise der Niederschlesisch–Märkischen Eisenbahn laufen ließ. Die Hauptwerkstatt letzterer befand sich östlich des Frankfurter Bahnhofs in Berlin am Markgrafendamm, während die Königliche Ostbahn, die in Berlin in einem eigenen Bahnhof am Küstriner Platz endete, ihre Werkstatt gegenüber den Werkstätten der NME an der Warschauer Straße besaß. Die Niederschlesisch–Märkische Eisenbahn wird in den nachfolgenden Kapiteln noch eine bedeutende Rolle spielen.

9 Streckenplan der von Berlin nach Osten und Norden ausgehenden Eisenbahnlinien im Jahre 1850

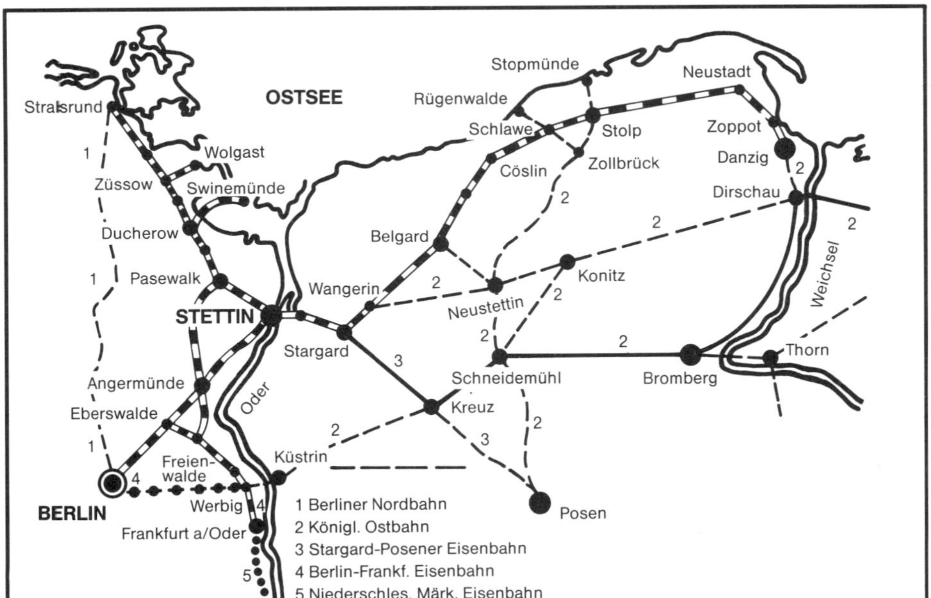

E. Die Berlin–Hamburger Eisenbahn

Die Entstehung dieser Strecke ist mit dem Namen Friedrich List besonders verbunden, der bereits 1835 einen Plan zur Verbindung Hamburgs mit Berlin sowie mit Magdeburg und Leipzig vorgelegt hatte. Dieser Plan kam so, wie er bestand, nicht zur Ausführung, doch in Fortsetzung der Bestrebungen wurde 1843 die Berlin–Hamburger Eisenbahn-Gesellschaft gegründet. Bei der Auswahl des Standortes für den in Berlin anzulegenden Bahnhof wirkten sowohl der Gartenbaudirektor Lenné wie auch der Major und spätere Generalfeldmarschall von Moltke mit.

Die Strecke führte über Spandau–Nauen–Friesack–Neustadt/D.–Wittemberge–Hagenow–Büchen und fand in Bergedorf Anschluß an die seit 1842 bereits bestehende Bahn nach Hamburg. Vom 15. Dezember 1846 an wurde der Betrieb auf der ganzen Strecke durchgeführt. Interessanterweise hatte die Berlin–Hamburger Eisenbahn-Gesellschaft ebenfalls die Dienste des inzwischen bekannt gewordenen Ober-Wegebauinspektors Friedrich Neuhaus in Anspruch genommen, der u.a. auch den Hamburger Bahnhof in Berlin erbaute, wozu August Borsig in Berlin die Hallenkonstruktion geliefert hat (Abb. 10). Bis zum Jahre 1884 war der Bahnhof im Betrieb, dann wurden der Personenverkehr nach dem inzwischen errichteten Lehrter Bahnhof der Magdeburg–Halberstädter Eisenbahn, unweit des Hamburger Bahnhofs, verlegt und die Güteranlagen beider Bahnhöfe vereinigt. Das Gebäude des Hamburger Bahnhofs diente zwei Jahrzehnte lang als Verwaltungsgebäude für Dienststellen der inzwischen ins Leben gerufenen Eisenbahndirektion Berlin.

Um die Jahrhundertwende waren Bestrebungen im Gange, den rasanten Aufstieg Berlins auf dem Gebiet der Technik in seinen Einzelheiten für die Nachwelt festzuhalten. So entstanden zur gleichen Zeit in der Reichshauptstadt mehrere Museen, und eines davon war dem preußischen Eisenbahnwesen gewidmet. Für das Berliner Verkehrs- und Baumuseum, das aus den damaligen Verkehrsverhält-

10 Bahnhof der Berlin–Hamburger Eisenbahn in Berlin im Jahre 1850

nissen heraus schwerpunktmäßig dem Eisenbahnwesen den Vorrang gab und dessen Sammlungen weit über Berlins Grenzen hinaus bekannt wurden, stellte der Staat den ehemaligen Hamburger Bahnhof zur Verfügung, der im Jahre 1906 seiner neuen Bestimmung übergeben wurde (Abb. 11). Hier lernte der Verfasser vier Jahre nach der Eröffnung die konstruktiven Grundbegriffe des Dampflokomotivbaues kennen, die ihm im Ersten Weltkrieg sehr zu Nutzen kamen.

F. Die Königliche Ostbahn

Ein Blick auf die Karte (Abb. 9) läßt die Streckenentwicklung in dem bis Mitte des vorigen Jahrhunderts verkehrsmäßig stiefmütterlich behandelten Großraum östlich der Oder erkennen, obwohl die Pläne hierfür seit 1842 Gegenstand von Bemühungen der Regierung waren. Der Versuch, hierfür eine Privatgesellschaft zum Bau einer Eisenbahn zu interessieren, schlug angesichts der landwirtschaftlich genutzten Weiten des Ostens fehl, so daß man erwog, eine eigene Staatsbahn zu bauen. Das aber wurde wegen der Finanzierung durch jahrelange Behandlung im preußischen Landtag verzögert, bis schließlich im Dezember 1849 die Mittel bewilligt wurden und damit die erste preußische Staatseisenbahn gebaut werden konnte. Im Jahre 1851 konnte die Strecke Kreuz–Schneidemühl–Bromberg eröffnet und in Bromberg die erste preußische Eisenbahndirektion eingerichtet werden. Doch es vergingen noch zehn Jahre, bis eine direkte Verbindung von Berlin über Küstrin–Kreuz–Bromberg–Dirschau–Königsberg zur russischen Grenzstation Wirballen geschaffen war.

11 Blick in das Verkehrs- und Baumuseum im alten Hamburger Bahnhof in Berlin im Jahre 1910

II. Es begann auf der Straße

Berlin 1924, ein Uhr nachts. Vor dem hellerleuchteten Portal des Vergnügungspalastes „Haus Vaterland" verabschieden sich die letzten Gäste dieser weltbekannten Stätte unbeschwerter Fröhlichkeit voneinander. Im gleißenden Licht der Bogenlampen rollen Busse, klingeln Straßenbahnen über den Potsdamer Platz, rufen Zeitungshändler die letzten Skandal- und die ersten Morgenblätter aus, halten Taxis quietschend am Straßenrand, während die Bewohner der südlichen Stadtteile und Vororte schattengleich an der Halle des Fernbahnhofes entlang den Aufgängen zum Wannsee- oder Ringbahnzug zueilen – erregende Atmosphäre einer einmaligen, unvergeßlichen Epoche dieser Stadt. Mit einer Straßenbahn der Linie 1 (Stadtring) geht es in Richtung Anhalter Bahnhof heimwärts. Rumpelnd überfährt der zweiachsige Wagen die Weichen und Kreuzungen am Halleschen Tor und biegt in die spärlich beleuchtete Gitschiner Straße ein. Sie liegt einsam im Licht der Gaslaternen, nur vereinzelte Fahrzeuge, hier und da nächtliche Gestalten; droben auf dem Hochbahnviadukt donnert dann und wann ein Zug in Richtung Warschauer Straße oder Wittenbergplatz. Rechts zwischen Häuserfronten tritt die dunkle Silhouette der Gasanstalten hervor, geistert fahler Schein eine Werksmauer entlang.
Und just an dieser Stelle nimmt die Fahrt der Straßenbahn ein plötzliches Ende. Vor ihr glotzen zwei riesige Lichter in die Nacht, riecht es nach Dampf und Öl. Leise zischend bewegt sich eine leibhaftige Heißdampf-Tenderlokomotive der einstigen Gattung T 12, später Baureihe 74, rückwärts, eine Reihe Kohlenwagen vor sich herschiebend, die in dem geöffneten Tor der Werkmauer verschwinden. Wenig später kommt die Maschine zurück, diesmal mit leeren Waggons und Kesselwagen. Ein paar Pfeifsignale am anderen Zugende, ein winziges Licht beschreibt Kreise in der Dunkelheit, und gespensterhaft verschwinden Wagen und Lokomotive.
Was sich hier zu nächtlicher Stunde mitten auf einer tagsüber von lärmendem Verkehr erfüllten Straße abspielt, ist ein geschichtlicher Vorgang. Denn die Gleisanlage in der Gitschiner Straße und weiter über das Kottbusser Tor die Skalitzer und Wiener Straße entlang verläuft auf dem Bahnkörper des ehemaligen „Verbinders", der ersten Berliner Stadtbahn. Ihre Geschichte ist ebenso alt wie interessant.

Bereits im Jahre 1844 beantragte die Firma J. D. Stuhlmann & Co in Berlin die Konzession für eine eingleisige und normalspurig herzustellende Bahn von etwa 23 Kilometer Länge. Sie sollte den Verkehr zwischen den damals vorhandenen vier Bahnhöfen der Stettiner Bahn, der Potsdamer Bahn, der Anhalter Bahn und der Frankfurter Bahn untereinander durch Transport von Gütern und Personen erleichtern, aber auch dem durchgehenden Verkehr dienen. Außerdem sollte sie

12 Berliner Stadtmauer im Jahre 1860

der Stadt einen nützlichen Abschluß gewähren, indem sie bei zweckmäßiger Bauart die Stelle einer Mauer einnehmen sollte. Sie war nicht das, was man heute darunter versteht, aber zu jener Zeit war Berlin aus steuerlichen Gründen noch von einer Stadtmauer umgeben (Abb. 12). Von den genannten Bahnhöfen lagen erstere drei bereits außerhalb derselben und nur der Frankfurter Bahnhof und später auch der der Königlichen Ostbahn lagen innerhalb der Stadtmauer. Der Plan der Firma Stuhlmann kam jedoch ebensowenig zur Ausführung wie eine Reihe nachfolgender Projekte verschiedener Interessengruppen.
Da erfolgte im Herbst 1850 die Mobilmachung des preußischen Heeres, hervorgerufen durch die von Kurhessen gegen die in einer Union zusammengefaßten norddeutschen Kleinstaaten unter preußischer Führung ausgelösten Feindseligkeiten. Bei dieser Mobilmachung traten die Mängel vornehmlich in den Berliner Eisenbahnverhältnissen in bezug auf die Beförderung größerer Truppenteile mit solcher Deutlichkeit zutage, daß der König anordnete, zur Befriedigung der dringendsten militärischen Bedürfnisse zunächst eine vorläufige eingleisige Schienenverbindung zwischen den Bahnhöfen der Stettiner, der inzwischen entstandenen Hamburger und der Potsdamer Bahn mit möglichster Beschleunigung auf Staatskosten herzustellen. So verdankte die seit Jahren geplante innerstädtische Bahn nicht zivilen Erfordernissen, sondern kriegerischen Ereignissen und militärischen Wünschen ihre Verwirklichung.

Die Schienen und Schwellen konnten aus den Materialbeständen der Hamburger Bahn sofort beschafft werden. Im Dezember 1850 wurde mit der Bauausführung, zunächst für den Abschnitt zwischen dem Stettiner und dem Hamburger Bahnhof, begonnen. Die Bahnhöfe der Berlin–Potsdam–Magdeburger Eisenbahn und der Berlin–Anhalter Eisenbahn wurden bereits zu jener Zeit von beiden Gesellschaften durch einen bis in unser Jahrhundert vorhandenen Schienenstrang neben dem Hafenbecken des Landwehrkanals zwischen der Schöneberger Straße und der Köthener Straße verbunden (Abb. 13) und betrieben. Dieses Verbindungsgleis zweigte am südlichen Ende des Potsdamer Bahnhofs ab, führte auf eine große Drehscheibe und von dieser am Hafenbecken entlang über die Schöneberger Straße hinweg auf eine ebensolche Drehscheibe am Anhalter Bahnhof in der Nähe einer damals dort befindlichen Koksanstalt, die den Koks für die Lokomotiven der Anhalter Bahn lieferte.

Als nächstes mußte nun mit größter Schnelligkeit am Bau des Abschnitts vom Hamburger zum Potsdamer Bahnhof gearbeitet werden. Diese Strecke wurde von einer Drehscheibe am Hamburger Bahnhof aus in westlicher Richtung bis zur Spree geführt, wo sie diese östlich der Lutzeschen Badeanstalt auf einer Pfahlbrücke überschritt; dann setzte sich der Bahnkörper nach Überquerung des späteren Königsplatzes in die damalige Schifferstraße, die spätere Roonstraße, fort, an deren östlicher Seite entlangführend er den damaligen Exerzierplatz vor dem Brandenburger Tor erreichte und von hier aus östlich der Raczinskyschen Bildergalerie in die Allee einbog, die einst den Tiergarten am Brandenburger Tor nach Osten zu begrenzte. Von hier zog sich die Bahn nach Überquerung der Charlottenburger Chaussee an die Stadtmauer heran, verlief innerhalb derselben im Zuge der Schulgartenstraße (später Friedrich Ebert-Straße) vorüber am Potsdamer Tor durch die Hirschelstraße (später Stresemannstraße) bis zum Anhalter Tor, wo sie mit einer Abzweigung über den Askanischen Platz mit der Anhaltischen Bahn verbunden wurde. In Höhe des Potsdamer Platzes, an dem nach einem früheren Plan die Stadtmauer durchbrochen werden und der Anschluß an die Potsdamer Bahn gelegt werden sollte, wurde nur eine Weiche vorgesehen und das Zweiggleis durch die Mauer hindurch und über die Hirschelstraße bis zum Gelände des Potsdamer Bahnhofs verlängert.

War die bisher aufgezeigte Linienführung weitgehend von militärischen Interessen bestimmt, so wurde die Weiterführung von der Anhaltischen Bahn zur staatlich verwalteten Niederschlesisch–Märkischen Eisenbahn von wirtschaftlichen Gesichtspunkten bestimmt. Dieser Streckenabschnitt verlief entlang der Potsdamer-, Halleschen und Kottbusser Kommunikation, der späteren Gitschiner und Skalitzer Straße, mit einer Abzweigung zu dem im Jahre 1866 außerhalb der Stadtmauer angelegten Bahnhof der Berlin–Görlitzer Eisenbahn, überquerte den Lausitzer Platz und überschritt in Verlängerung der Eisenbahnstraße die Spree an der Stelle der späteren Brommy-Brücke, um schließlich nach Überqueren der Mühlenstraße mit einer Anschlußkurve nach Osten zu in die Gleisanlagen des Frankfurter Bahnhofs einzumünden.

Die gesamte Strecke dieser Verbindungsbahn entlang führte ein auf hohen Masten verlegter Telegraphendraht, an dem an besonders „verkehrsreichen" Punkten im Straßengetriebe Streckenläutewerke angeschlossen waren, neben denen sich Wärterhäuschen befanden. Sowohl über den Spandauer Schiffahrtskanal wie

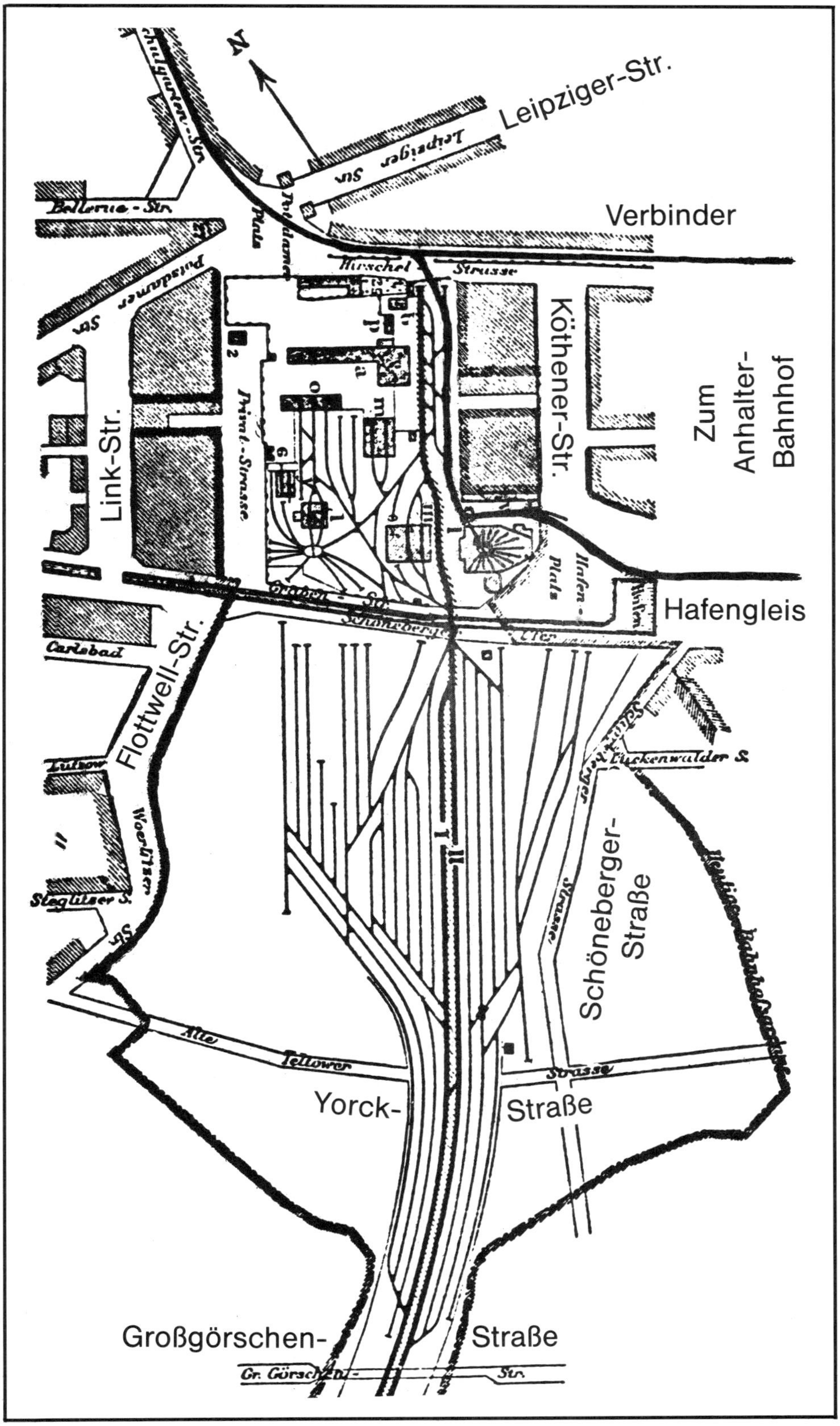

13 Gleisplan des ersten Bahnhofs der Berlin–Potsdam–Magdeburger Eisenbahn um 1860

über das Wasserbecken im Luisenstädtischen Kanal am Wassertor und über die Spree westlich des Oberbaums verlief die Bahn auf Drehbrücken, um den Schiffsverkehr nicht zu behindern.
Die Eröffnung des Betriebes auf der Teilstrecke vom Stettiner zum Anhalter Bahnhof erfolgte am 15. Dezember 1851. Die einstweilige Betriebsführung übernahm die Direktion der Berlin–Hamburger Eisenbahn, bis nach Inbetriebnahme der ganzen Strecke am 15. Oktober 1851 der Betrieb an die Niederschlesisch–Märkische Eisenbahn überging. So gelangte die alte eingleisige Verbindungsbahn, wenn auch in einfachster Gestalt, als erste preußische Staatsbahn in Berlin zur geschichtlichen Bedeutung der ersten Berliner Stadtbahn (Abb. 14).
Die Baukonzession war von den maßgebenden behördlichen Stellen nur unter der Bedingung erteilt worden, daß der Gleiskörper für Lokomotivbetrieb vorzusehen sei, um den im Norden entstandenen Lokomotivfabriken von Borsig, Egells, und nicht zuletzt Wöhlert die direkte Überführung ihrer Lokomotiven zu den von Berlin ausgehenden Eisenbahnen zu ermöglichen (Abb. 15). Ansonsten versahen vornehmlich Lokomotiven aus der Frühzeit der Berlin–Frankfurter Eisenbahn (Abb. 7) den Fahrbetrieb auf dem „Verbinder", wie diese erste „Stadtbahn" allgemein genannt wurde. Diese Maschinen wurden nur mit Holz beheizt. Auch Lokomotiven der Hamburger Bahn waren damals auf dieser Strecke anzutreffen, wie die in Abb. 16 dargestellte Tenderlokomotive, die, ursprünglich als 1A1-Maschine geliefert (vgl. Abb. 10), später umgebaut worden ist.
Darüber hinaus kann mit Sicherheit angenommen werden, daß im Laufe der Zeit auch neuere Lokomotivbauarten der Niederschlesisch–Märkischen Eisenbahn auf der alten Verbindungsbahn vor allem Güterzüge beförderten; denn aus überlieferten Akten ist zu ersehen, daß es – nach damaligen Begriffen – schwere Lokomoti-

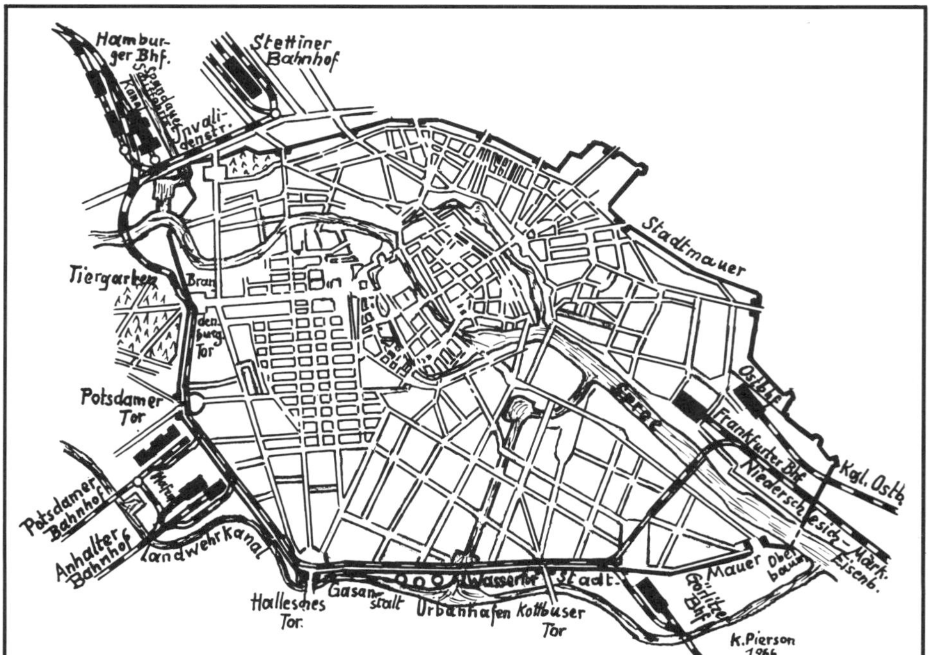

14 Linienführung des sog. Verbinders

ven waren, wie z. B. die in Abb. 17 gezeigte dreiachsige Güterzuglokomotive mit der Betriebsnummer 239 aus der in den letzten Jahren des „Verbinders" entstandenen Maschinen- und Lokomotivfabrik von Louis Schwartzkopff, ebenfalls in der Chausseestraße. Von dieser Bauart hatte Schwartzkopff im Jahre 1867 an die genannte Bahn sechs Maschinen geliefert mit den Fabriknummern 13 bis 18 und den Betriebsnummern 234 bis 239. Sie waren die einzigen in Deutschland verwendeten Güterzuglokomotiven einer in England bekannten Form mit geneigten Innenzylindern, langem Radstand, Doppelrahmen und vierfacher Lagerung der

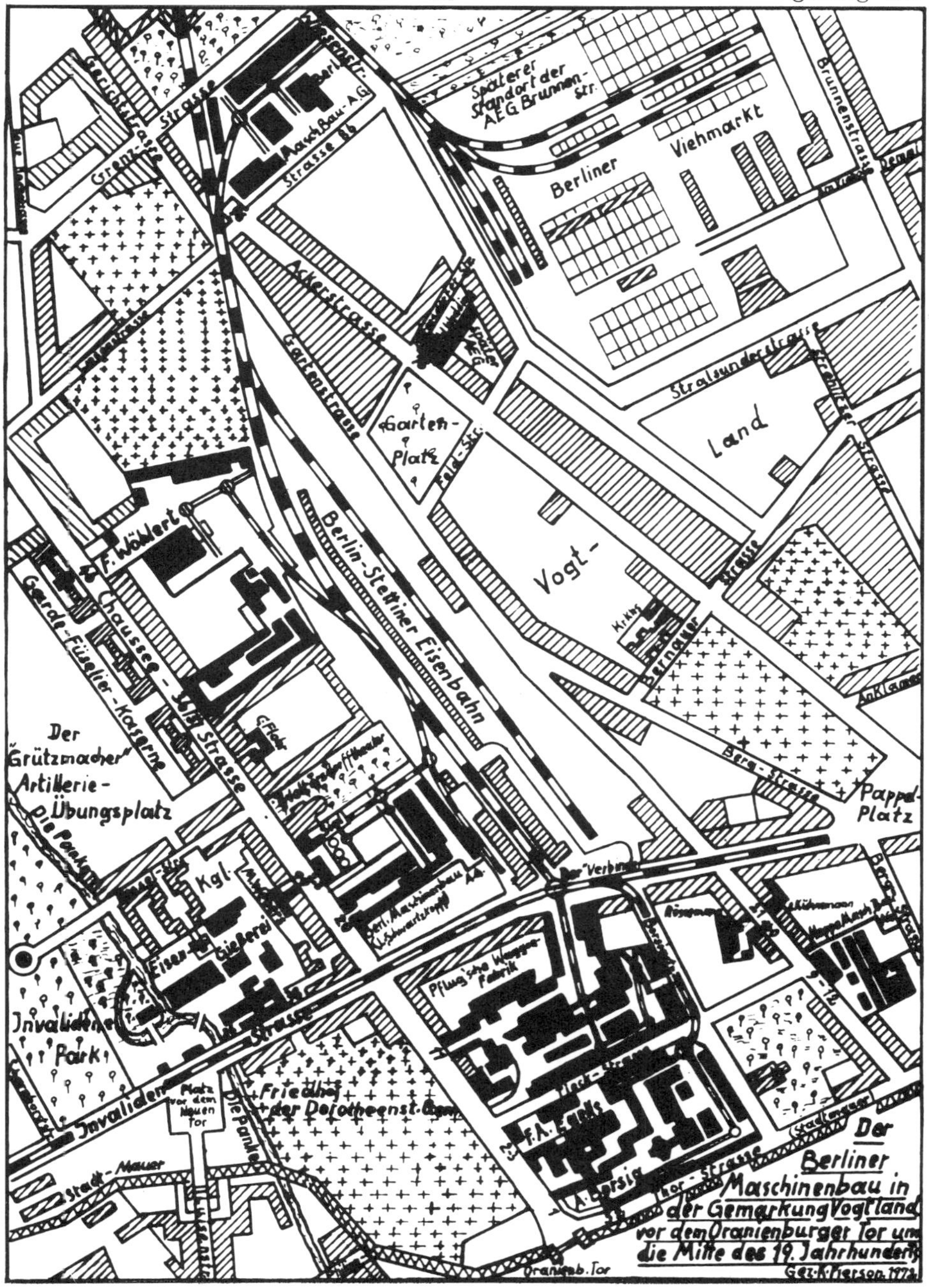

15 Plan des Industriegebietes in der Chausseestraße

Treibachse. Trotz ihrer Leistungsfähigkeit erfreute sich diese Lokomotiven großer Unbeliebtheit – die Reparaturwerkstätten am Markgrafendamm, östlich des späteren Schlesischen Bahnhofs, mochten sie nicht wegen der zweifach gekröpften Treibachse, die Personale klagten über zu hohen Kohleverbrauch und die Bevölkerung, soweit sie entlang der Verbindungsbahn wohnte, klagte über die großen Geräusche und starken Erschütterungen. Denn die Bahn war ja vornehmlich zum

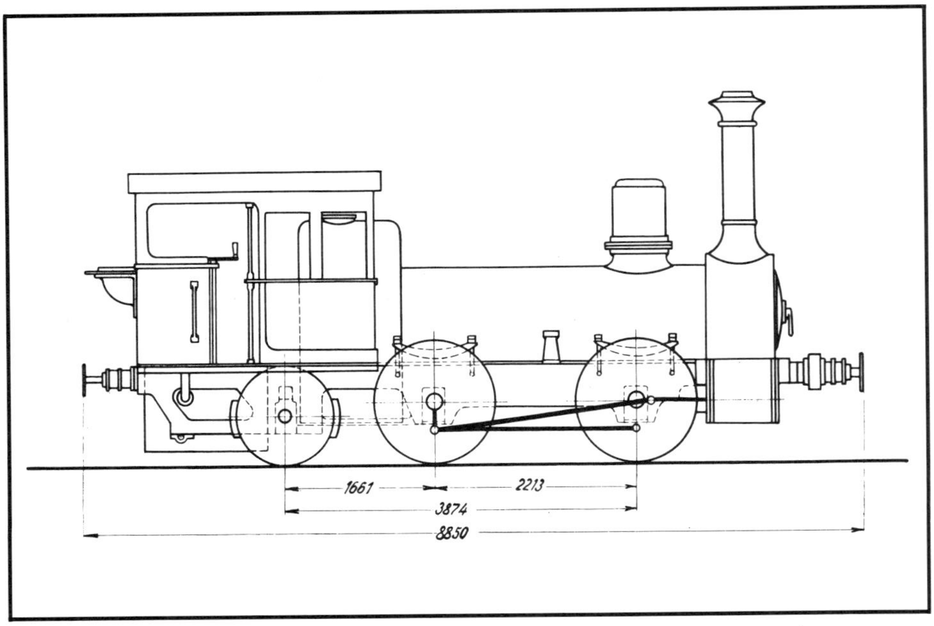

16 B 1-Tenderlokomotive der Berlin–Hamburger Eisenbahn. Umgebaut 1869 in eigenen Hauptwerkstätten aus 1 A 1-Güterzuglokomotiven

17 C-Güterzuglokomotive der Niederschlesisch–Märkischen Eisenbahn. Gebaut 1867 von Louis Schwartzkopff, Berlin

Transport von Gütern zwischen den angeschlossenen Bahnhöfen bestimmt; darüber hinaus aber trug man sich mit dem Gedanken, sie auch für den Personentransport nutzbar zu machen. Ganz besonders aber bot die Verbindungsbahn Anreiz für die benachbarten Fabriken zur Einrichtung von Gleisanschlüssen. Den ersten Antrag auf Gewährung eines solchen hatte bereits im Jahre 1850 Deutschlands größte Waggonfabrik damaliger Zeit, die Pflugsche Eisenbahn-Wagenbauanstalt in der Chausseestraße, gestellt. Danach sollte diese Fabrik mit einer ihr gegenüberliegenden Drehscheibe vor dem Stettiner Bahnhof verbunden werden, die zum „Verbinder“ gehörte. Dieser Anschluß wurde später von der Lokomotivfabrik Borsig mitbenutzt (Abb. 15).
So heißt es in einem zeitgenössischen Bericht über den Transport der 1000. Borsig-Lokomotive: „Am 21. August 1858 wurde die festlich bekränzte Lokomotive, eine 1/3 gekuppelte Schnellzuglokomotive für die Cöln–Mindener Eisenbahn mit dem Namen BORUSSIA von der Chausseestraße auf den Gleisen der Verbindungsbahn, welche damals noch in der Invalidenstraße entlang über die spätere Moltkebrücke und durch die Hirschelstraße ging, zum Potsdamer Bahnhof überführt, begleitet von sämtlichen Borsigschen Arbeitern.“ Ein Bild aus der gleichen Bauserie (Abb. 18) veranschaulicht die Jubiläumslokomotive, die abgebildete Maschine ging im gleichen Jahr wie unzählige vor ihr und nach ihr durch das eiserne Hintertor der Borsigschen Lokomotivbauanstalt durch die Borsigstraße über den Gleisanschluß bis zur bereits erwähnten Drehscheibe vor dem Stettiner Bahnhof (Abb. 19).
Doch die mit dem Betrieb der Verbindungsbahn entstandenen Unzuträglichkeiten ließen sich trotz vielfacher Bemühungen nicht beseitigen. Die Einfahrtskrümmungen an den Bahnhöfen waren meistens so scharf, daß die immer schwerer werdenden Wagen, die in einem Güterzug bis zu fünfzig Stück an der Maschine

18 1 A 1-Schnellzuglokomotive für die Leipzig–Dresdener Eisenbahn. Gebaut 1858 von Borsig. Fabr.-Nr. 988

19 Hintere Ausfahrt der Lokomotivfabrik A. Borsig in Berlin mit Verbindungsgleis zum sog. Verbinder

hingen, nur sehr langsam hindurchgebracht werden konnten, und zudem war die Bedienung der einzelnen Bahnhöfe – sämtlich Kopfstationen – nur mit jedesmaligem Wechsel der Fahrtrichtung möglich. Bereits vom Jahre 1857 an wurde über die vielfachen Störungen des namentlich vor dem Brandenburger, Potsdamer und Anhalter Tor sehr lebhaften Straßenverkehrs Klage geführt, wovon der Vater des Autors anschaulich zu erzählen wußte. Es war nicht zu vermeiden, daß oft ganze Züge rückwärts geschoben wurden und dann plötzlich unvermutet auftauchten, wobei man das vorgeschriebene Läuten mit der Lokomotivglocke vergaß. Im Jahre 1863 blieb einmal ein Zug von 52 Achsen in der Invalidenstraße stecken, und der Verkehr mußte stundenlang gesperrt werden. Wenn auch der Berliner Straßenverkehr zu jener Zeit mit dem der zwanziger Jahres unseres Jahrhunderts nicht im entferntesten zu vergleichen war, so bildete die Bahn damals eine ebenso unangenehme Behinderung für ihn wie in jener Nacht des Jahres 1924, als eine Straßenbahn der Linie 1 vor einer Heißdampf-Tenderlokomotive kapitulieren mußte.

Aus der damaligen Lage heraus wurden verschiedene Pläne entwickelt, wie man dem Übel abhelfen könnte. So wurde, um die beklagten Störungen zu beheben, mit dem 15. November 1864 ein auf den Nachtdienst beschränkter Fahrplan eingeführt; doch nun wurde das Geräusch der Züge in den davon betroffenen Straßen zur Störung der Nachtruhe. So kam es im Jahre 1865 zu ersten Verhandlungen über die Auflassung der alten Verbindungsbahn und ihre Verlegung in das Weichbild der Stadt. Mit der Eröffnung des Betriebes einer neuen in einem Ring weit um Berlin herumführenden Bahn im Jahre 1871 wurde die Beförderung durchgehender Züge auf dem alten „Verbinder“ am 16. Juli des gleichen Jahres eingestellt und diese nur noch auf der Strecke vom Güterbahnhof der Niederschlesisch–Märkischen Eisenbahn bis zur Englischen Gasanstalt und der städtischen

Gasanstalt am Hellwege, der späteren Gitschiner Straße, für den Transport von Kohlen aufrecht gehalten, während alle Teile, die den neuen Eisenbahnbauten, insbesondere der Betriebseröffnung der neuen Berlin–Lehrter Bahn am dortigen Bahnhof hinderlich wurden, dem Abbruch verfielen. Die „Kohlenbahn“, die zu dem nächtlichen Erlebnis des Verfassers führte, wurde nun als Sekundärbahn betrieben. Um die Jahrhundertwende betrug die jährlich auf ihr beförderte Kohlenmenge 150000 t.

Bei Regulierung der Straßen im Zuge des Abbaues der alten Stadtmauer zog sich die Beseitigung der dort liegenden Gleise der Verbindungsbahn noch über Jahre hin. Eine Zeitlang bestand die Absicht, sie für eine damals bereits geplante Pferdebahn zur Personenbeförderung – die spätere Ringbahnlinie der Großen Berliner Pferde-Eisenbahn (Abb. 20) – zu verwerten; eine Benutzung der Gleise durch diese hat auch tatsächlich vorübergehend stattgefunden. Schon im Jahre 1872 hatte das Polizeipräsidium dem Bankier Pinkus die Erlaubnis zum Betreiben von Pferdeeisenbahnen auf der durch Entfernen der Stadtmauer entstandenen Ringstraße erteilt. Nach einer Fusion mit der Großen Berliner Pferde-Eisenbahn-Aktiengesellschaft wurde dieser die Erlaubnis zur Anlage einer eingleisigen Pferdebahn von der Ecke Gitschiner und Prinzenstraße durch die Gitschiner, Skalitzer und Eisenbahnstraße bis zur Köpenicker Straße erteilt unter Benutzung der in genannten Straßen liegenden Gleise der alten Verbindungsbahn. Der Oberbau dieses Reststückes blieb zunächst noch in der alten Form auf hölzernen Querschwellen bestehen, über den die Kohlenzüge auch von dreiachsigen Tenderlokomotiven nach preußischen Normalien, Bauart T 3, befördert wurden. Da sie durch Wohnstraßen fuhren, wurden diese Maschinen im Laufe der Zeit mit Markottyscher Rauchverbrennung, kenntlich an einem roten Ring oben am Schornstein, ausgerüstet (Abb. 21).

20 Berliner Pferdeeisenbahnwagen, gebaut 1865 nach Kopenhagener Art von der Lauensteinschen Wagenfabrik in Hamburg

21 C-Rangier-Tenderlokomotive, preußische Gattung T3 (am Führerstand Werner Hubert)

Im Jahre 1885 erfolgte der Umbau der Kohlenbahn gleichzeitig mit der Regulierung und Neupflasterung der Gitschiner und Skalitzer Straße. Der Oberbau wurde unter Verwendung 20 cm hoher Schwellenschienen mit Spurkranzrille von 42 mm hergestellt. Auf der alten Drehbrücke über den Luisenstädtischen Kanal wurden zur Vermeidung von Weichen das Pferdebahn- und das Kohlenbahngleis mit einer Gleisverschlingung unmittelbar nebeneinandergelegt.
Über die gemeinsame Benutzung des Bahnkörpers verständigte sich die Direktion der Niederschlesisch–Märkischen Eienbahn vertraglich mit der Pferdebahngesellschaft. Um den Betrieb der letzteren nicht zu stören, wurde festgelegt, daß die Kohlensendungen zu den Gasanstalten in der Gitschiner Straße und die Leerfahrten auf die Zeit von 12 Uhr nachts bis 7 Uhr morgens beschränkt werden sollten. Damals dachte ja noch keiner daran, daß ein halbes Jahrhundert später elektrische Straßenbahnen die ganze Nacht hindurch fahren würden. Noch im Jahre 1927 wurde der nächtliche Kohlentransport in einem Heimatbuch über die Berliner Luisenstadt wie folgt geschildert:
„Dem Frühaufsteher oder auch wohl ‚Nachtschwärmer', der kurz nach zwei Uhr morgens vom Lausitzer Platz zum Görlitzer Bahnhof geht, bietet sich ein sonderbares Schauspiel dar. Das eiserne Tor in der Mauer des Görlitzer Güterbahnhofs in der Wendenstraße wird geöffnet und in langsamer Fahrgeschwindigkeit schleicht ein eigenartiger Eisenbahnzug heraus. Dreißig Schritt vor der ersten Lokomotive geht in der Mitte der Schienen ein Weichensteller mit einer brennenden Laterne. Ihm folgt der Eisenbahnzug, der aus zwei Lokomotiven, einem Packwagen und zwölf bis fünfzehn beladenen Kohlenwagen und leeren Güterwagen besteht. Etwa drei Schritt vor der ersten Lokomotive schreiten auf jeder Seite derselben je ein Bahnbeamter mit einer brennenden Lampe, der eine von ihnen schwingt eine Glocke, um Vorübergehende zur Vorsicht beim Herannahen des

22 Nächtlicher Kohlentransport durch die Gitschiner Straße. Kohlezeichnung von Hans Baluschek

Zuges zu warnen (Abb. 22). Das eiserne Roß fährt auf den Schienen der Straßenbahn durch die Skalitzer Straße, dann über die Drehbrücke am Wassertorplatz in die Gitschiner Straße hinein bis zu den dort befindlichen Gasanstalten. Da die städtische Gasanstalt jetzt nicht mehr in Betrieb ist, besteht der Hauptzweck der Eisenbahn darin, Steinkohlen zur Englischen Gasanstalt zu bringen, die dicht hinter dem U-Bahnhof Prinzenstraße liegt. Der Zug nimmt auf der Rückfahrt leere Kohlenwagen, Güterwagen mit Koks beladen sowie Kesselwagen voll Ammoniak und Teer mit und kehrt auf dem gleichen Weg zum Görlitzer Bahnhof zurück, wo er um drei Uhr eintrifft."
Daß dieser Zugbetrieb auch nach diesem Zeitpunkt, ja sogar am hellichten Tag stattfand, erlebte der Verfasser, der zehn Jahre in dieser Gegend wohnte, zu wiederholten Malen. Und noch eine andere Erinnerung ist mit jener Zeit verbunden, als im Jahre 1925 eines Tages zwei fünfachsige Tenderlokomotiven der einstigen preußischen Staatsbahnen, Bauart Hagans, Gattung T 15, auf den Hof der Englischen Gasanstalt geschoben wurden, um dort verschrottet zu werden, und dieser Schrott dann auf Lastkähne verladen wurde.

III. Im Weichbild der Großstadt

Wer heute von Berlin nach Potsdam reist, fährt vom ehemaligen Frankfurter, später Schlesischen Bahnhof auf einer weit nach Süden ausholenden Gürtelbahn um Berlin herum. Der Zug rollt über die Gleisanlagen der ehemaligen Niederschlesisch-Märkischen Eisenbahn an Rummelsburg vorbei zunächst nach Karlshorst, wo für die Umgehungsbahn entlang der nach Osten verlaufenden Ferngleise nach dem 13. August 1961 zwei Behelfsbahnsteige angelegt wurden. Rechts breitet sich das dichte Gehölz der Wuhlheide aus, der Blick fällt auf die einst weltbekannte Rennbahn, die Häuser von Karlshorst bleiben zurück; die nächste Station, Dorf und Flughafen Schönefeld, liegen bereits außerhalb des Stadtbildes. Von hier an begleiten Baum und Strauch, dazwischen ausgedehnte Wiesen und Felder, den Reisenden, der nach Norden zu, irgendwo am dunstigen Horizont, die Großstadt ahnt, die er vor kurzem verlassen. Das Denkmal der Schlacht von Großbeeren grüßt von weitem, über nadelfeinen Fabrikschornsteinen zieht eine träge Rauchfahne dahin. Nach einer guten Stunde treten die bewaldeten Höhenzüge zurück und geben auf der Brücke über den Templiner See den Blick frei bis Potsdam.

So ungefähr mochte es vor einem guten Jahrhundert gewesen sein, als die Berliner Ringbahn ihren Betrieb aufnahm und insbesondere in ihrem südlichen Teil weit vor den Toren der Stadt verlief. Bei den Verhandlungen, die dem Bahnbau vorangingen, erklärte der Berliner Magistrat, die neue Strecke könne auf die Dauer nur dann ihren Zweck erfüllen, wenn sie als Gürtelbahn im weitesten Umkreis um die Stadt geführt und dabei die Orte Pankow-Weißensee-Lichtenberg-Rixdorf-Tempelhof-Schöneberg-Wilmersdorf und Charlottenburg mit einbeziehe. Dann erst sei durch die Einrichtung von Personenzügen die Möglichkeit gegeben, die Arbeiterbevölkerung in die umliegenden Ortschaften zu verweisen, wo sie wohlfeileren Unterhalt fände als in der Stadt. Wie vertraut klingen heute wieder solche Worte!

Da durch den bevorstehenden Abbruch der Stadtmauer mit einer Erschwerung des Verkehrs auf der bisher an ihr entlanggeführten alten Stadtbahn gerechnet werden mußte, erhielt am 30. April 1865 die Direktion der Niederschlesisch-Märkischen Eisenbahn den Auftrag, Pläne für eine neue Verbindungsbahn nach den Forderungen des Kriegsministers aufzustellen. Hierbei sollte sowohl die künftige Einrichtung der Haltestellen als auch die Schaffung von Anschlüssen an industrielle Anlagen berücksichtigt werden. Im Jahre 1866 gelangte eine entsprechende Vorlage an den preußischen Landtag zwecks Bewilligung von $4^{1}/_{4}$ Millionen Thaler für eine Bahnanlage von Moabit über Stralau nach Schöneberg.

Der Staat wollte die Bahn selber bauen, da er einer einzelnen Privatbahn unmöglich ein so schwerwiegendes Monopol einräumen konnte und eine Verständigung unter den Berliner Privatbahnen wegen des Baues auf gemeinsame Kosten nicht zu erreichen war. Im August 1867 konnte mit den Bauarbeiten begonnen werden, doch zogen sich diese infolge von Schwierigkeiten beim Grunderwerb über Gebühr hin; erst im Sommer 1869 gelang es, für die Stettiner Bahn sowie für die Königliche Ostbahn und im Herbst für die Görlitzer Bahn Anschluß an den Verbindungsring zu erreichen und hierdurch an alle Arbeitsstellen mit Lokomotiven und Arbeitszügen heranzukommen.

Die neue Verbindungsbahn nahm ihren Ausgang am Bahnhof Moabit, in dessen Nähe sich Industriebetriebe begonnen hatten anzusiedeln, darunter das Borsigsche Eisenwerk sowie die Borsigsche Maschinenfabrik, beide für Borsig notwendig gewordene zusätzliche Fabrikationsstätten zur Lokomotivfabrik am Oranienburger Tor. Nach Überqueren des Spandauer Schiffahrtskanals trat die Bahn in die bebauten Stadtteile hinein, die sie östlich des Bahnhofs Gesundbrunnen der Stettiner Bahn wieder verließ. Diese Station diente nicht nur dem Ortsverkehr, sondern auch der Überführung von Wagen der Stettiner Bahn, vornehmlich zum Viehhof hin. Weiter östlich, jenseits des Boxhagener Weges, und damit außerhalb des Stadtgebietes, verlief der Gleiskörper auf Dammaufschüttungen quer durch die Spreeniederung und kreuzte beim Bahnhof Boxhagen–Rummelsburg die Niederschlesisch–Märkische Eisenbahn sowie die Königliche Ostbahn. Die Anschlüsse zu ihnen mündeten an dieser Stelle von Westen her nördlich und südlich des neuen Ringbahnhofes.

Von hier aus verlief die Strecke inmitten ländlicher Ruhe und Beschaulichkeit in weitem Bogen nach Süden zu, bis sie östlich von Rixdorf die vor der Stadt gelegenen Anhöhen erreichte. Der hier angelegte Bahnhof Rixdorf diente zugleich der Übergabe der über das Anschlußgleis der Görlitzer Bahn zugeführten Wagen.

Felder und Wiesen begleiteten auch weiterhin den einsamen Bahndamm bis zum Übungsplatz der Berliner Garnison, dem Tempelhofer Feld, wo jenseits der Chaussee ein Anschlußgleis die Verbindung zur Anhalter Bahn herstellte, während die Ringlinie nach Überschreiten dieser Bahn südlich des Ortsteils Alt-Schöneberg an der Potsdamer Stammbahn in einem Kopfbahnhof endete.

So also sah die neue Berliner Verbindungsbahn bei ihrer Betriebseröffnung am 17. Juli 1871 aus (Abb. 23). Die Stationsanlagen für den Personenverkehr wurden zunächst in einfacher Anordnung, die Gebäude als Holzbau, zum Teil im Schweizer Stil, mit einem Warteraum für alle Klassen, ausgeführt.

Die inzwischen in Berlin eingetretene Wohnungsnot machte es zur dringlichen Aufgabe, der hauptstädtischen Bevölkerung die Möglichkeit zu bieten, außerhalb der Stadt billigere Wohnungen zu nehmen. Zur Ansiedlung eignete sich besonders die Gegend zwischen Schöneberg und Charlottenburg. Deshalb erhielt die Direktion der Niederschlesisch–Märkischen Eisenbahn am 24. August 1871 den Auftrag, die Vorarbeiten für den im Westen und Südwesten noch fehlenden Teil der Verbindungsbahn einzuleiten. Hierbei sollten auch die Ortschaften Wilmersdorf und Witzleben sowie die neue Ansiedlung Westend bei Charlottenburg berücksichtigt und eine direkte Einführung der Personenzüge von Wilmersdorf aus in den Potsdamer Bahnhof vorgesehen werden.

Nach diesem Plan verlief die Strecke von Schöneberg zunächst zum Bahnhof Wilmersdorf (heute Wilmersdorf–Friedenau) über Bahnhof Grunewald (heute Halensee) zum Bahnhof Charlottenburg (heute Westend). Hier fand sie Anschluß

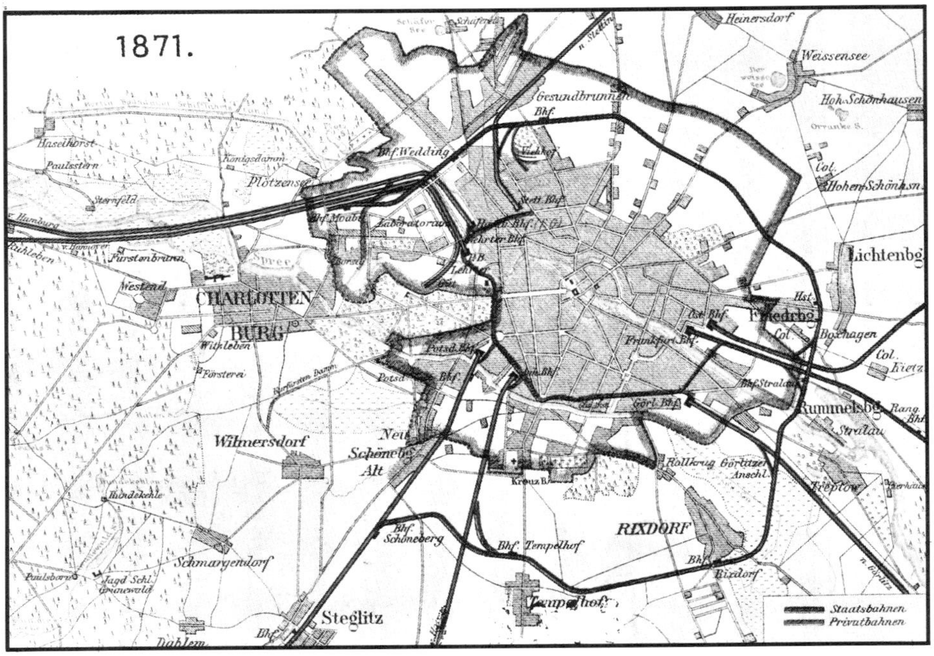

23a Erster Teil der Ringbahn Moabit–Schöneberg im Jahre 1871

an den von der Magdeburger–Halberstädter Eisenbahn zwischen der Spreebrücke und Moabit angelegten Gleiskörper der Lehrter Bahn, die nach der Verstaatlichung im Jahre 1879 zunächst von der Eisenbahndirektion Magdeburg verwaltet wurde, wobei dieser bis zur Jahrhundertwende auch der Lehrter Bahnhof sowie dessen Werkstätten in Berlin unterstanden.

Damit war der Ring der Gürtelbahn geschlossen und der Betrieb auf dieser westlichen Schlußstrecke konnte am 15. November 1877 aufgenommen werden. An neuen Anschlüssen erhielt der Südring eine Verbindung zu dem inzwischen angelegten Rangier- und Werkstättenbahnhof Tempelhof der Berlin–Anhalter Bahn sowie neben dem Kopfbahnhof Schöneberg eine Verbindung mit der Berlin–Potsdam–Magdeburger Eisenbahn (Abb. 24).

Bei der Eröffnung des Streckenabschnitts Moabit–Schöneberg mußte man sich zunächst auf den Güterverkehr beschränken, da es infolge des starken Bedarfs an rollendem Eisenbahnmaterial in Deutschland während des deutsch–französischen Krieges 1870/1871 an Personenwagen fehlte. Erst im Laufe der Zeit konnten von der Niederschlesisch–Märkischen Eisenbahn zwölf zweigeschossige Personenwagen III. Klasse zu je 90 Sitzplätzen nach dem Vorbild der im Jahre 1868 an die Altona–Kieler Eisenbahn gelieferten Doppelstockwagen bei der „Berliner Aktiengesellschaft für Fabrikation von Eisenbahnbedarf", der Nachfolgerin der Pflugschen Eisenbahnwagen-Bauanstalt, in Auftrag gegeben werden. Infolge des wirtschaftlichen Niedergangs im Jahre 1873 geriet auch dieses Unternehmen in Konkurs. Daher erfolgten weitere Lieferungen für die Berliner Ringbahn im Jahre 1874 von der „Breslauer Aktiengesellschaft für Eisenbahnwagenbau", wobei die Wagen in Abweichung von der ersten Bauart im Unterstock 36 Plätze II. Klasse und im Oberstock 40 Sitzplätze III. Klasse aufwiesen. Die Wagen hatten ein

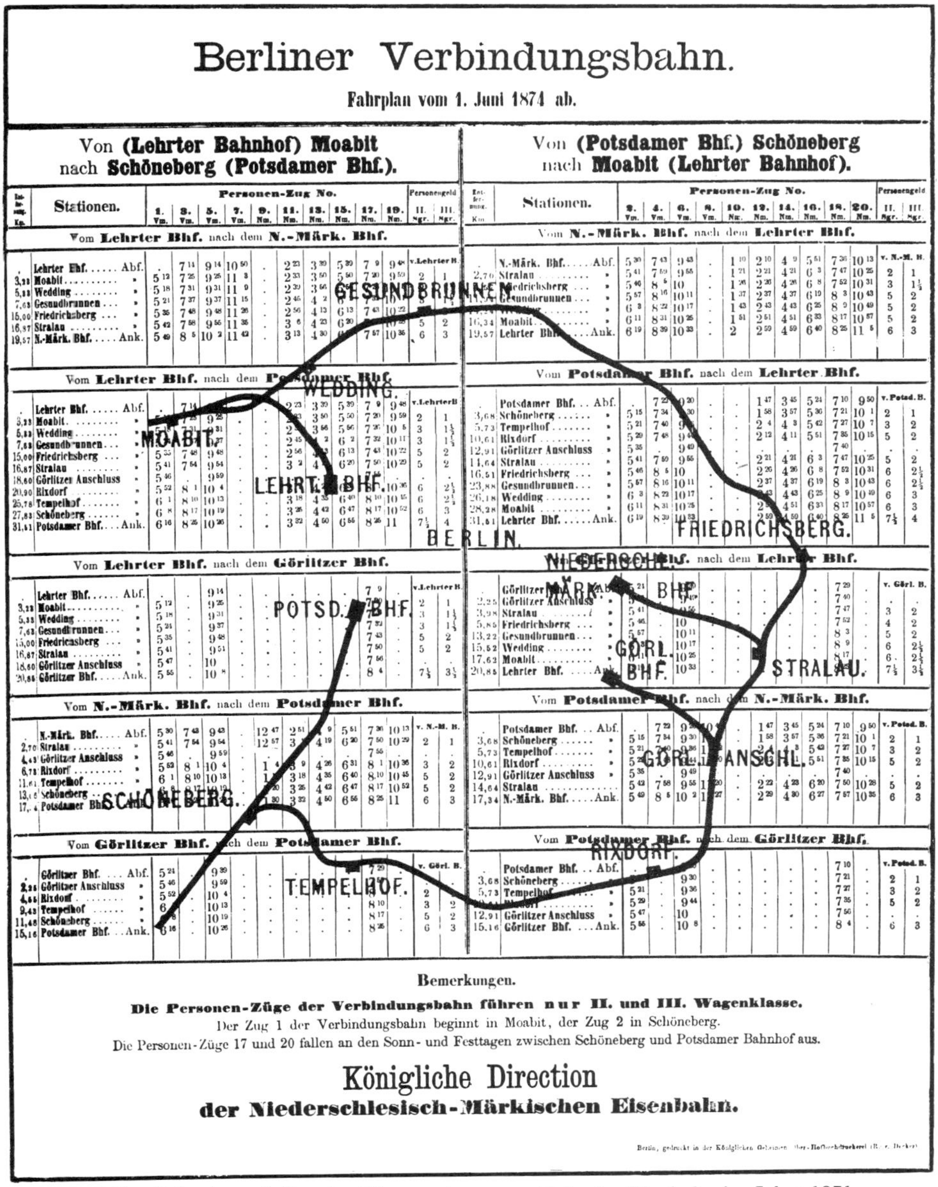

23b Fahrplan mit Streckenführung des ersten Teils der Ringbahn im Jahre 1871

Gewicht von 14,5 t und kosteten pro Stück 14300 Mark. Sie wurden mit Preßkohlen beheizt und besaßen schon Gasbeleuchtung (Abb. 25).

Verkehrten die Personenzüge anfangs nur zweimal täglich in beiden Richtungen, so kam ab 1. April 1872 ein drittes Zugpaar hinzu. Als geeignete Lokomotive hierfür entwarf der Leiter der Lokomotivabteilung der Niederschlesisch-Märkischen Eisenbahn, A. Woehler, in Gemeinschaft mit dem damaligen Chef der Münchner Lokomotivfabrik, G. Krauss, eine kräftige dreiachsige Tenderlokomotive, Krauss-Type XXII. Hiervon wurden an die Niederschlesisch-Märkische Eisenbahn im Jahre 1873 zunächst zehn Stück mit den Fabriknummern 266 bis 275 geliefert und erhielten die Betriebsnummern 375 bis 384 (Bild 26). Später führten sie die Nummern 1433 bis 1442 einer neu gebildeten Eisenbahndirektion

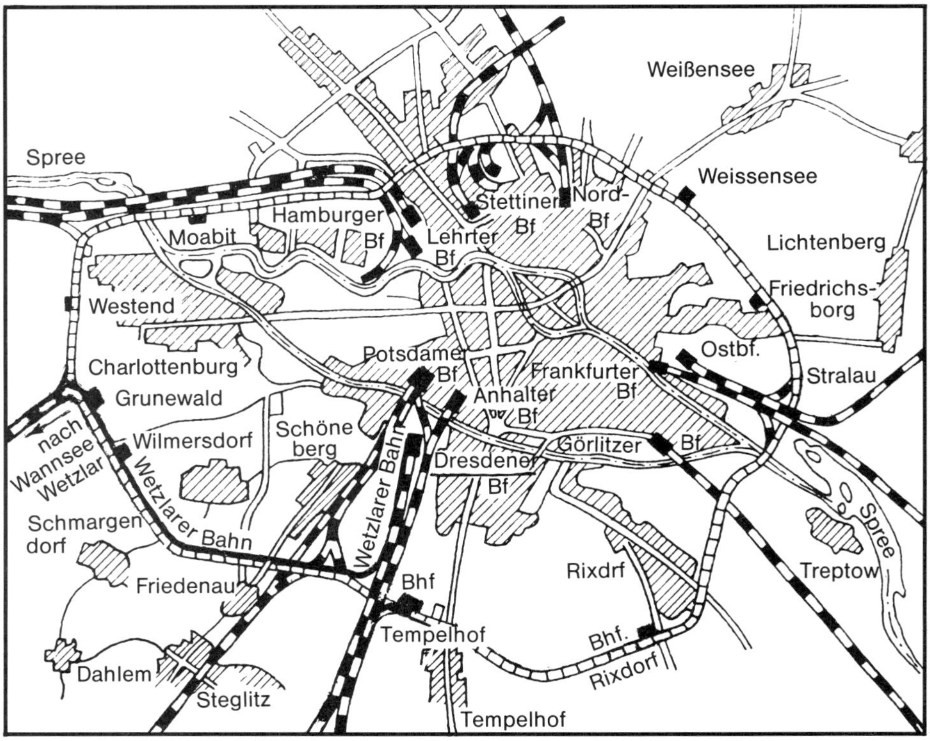

24 Vollständiger Ring der Verbindungsbahn im Jahre 1877

Berlin. Weitere fünf Stück folgten im Jahre 1875 mit den Fabriknummern 472 bis 476, Betriebsnummern NME 585 bis 589, schließlich „Berlin 1467 bis 1471“. Darüber hinaus wurde im Jahre 1879 auf der Ringbahn ein Personenzugverkehr mit Omnibuszügen eingerichtet, die nur eine geringe Fahrgeschwindigkeit hatten und von denen man sich eine wesentliche Herabsetzung der Betriebskosten versprach. Andere Bahnverwaltungen, wie die Berlin–Görlitzer Eisenbahn sowie die Berlin–Hamburger Eisenbahn, richteten gleichfalls derartige Züge ein, auf die an anderer Stelle näher eingegangen werden soll.

Aus den gleichen wirtschaftlichen Erwägungen heraus entschloß man sich zur

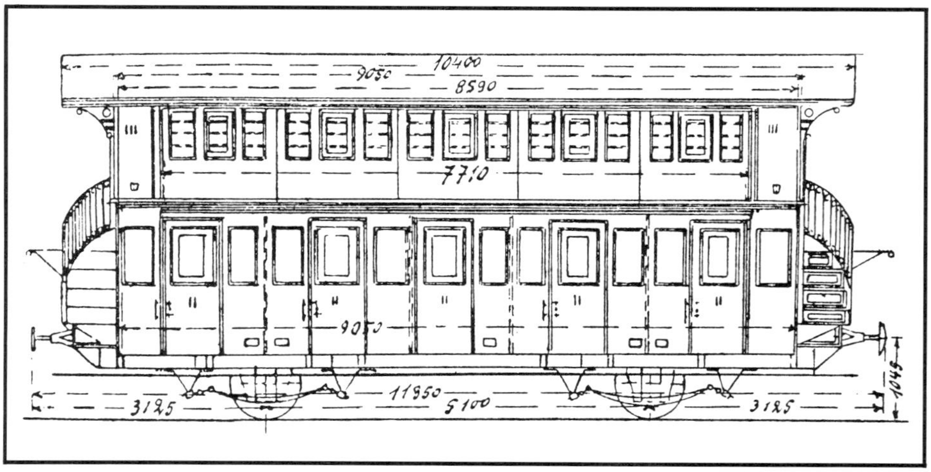

25 BCe-Ringbahnwagen aus dem Jahre 1874

26 Erste Berliner Ringbahnlokomotive der Niederschlesisch-Märkischen Eisenbahn

27 Dampftriebwagen, Bauart Weissenborn, der Niederschlesisch-Märkischen Eisenbahn für die Berliner Ringbahn, Betriebs-Nr. 1

Verwendung von Dampftriebwagen auf der Ringbahn, nachdem mit einem solchen Wagen im Sommer 1877 auf der Preußischen Militäreisenbahn eingehende Versuchsfahrten durchgeführt worden waren. Die ersten beiden Dampftriebwagen für die Niederschlesisch–Märkische Eisenbahn, Betriebsnummer 1 und 2, Bauart Weißenborn, wurden vom Grusonwerk in Magdeburg-Buckau im Jahre 1879 geliefert und bestanden jeweils aus dem eigentlichen Wagenkasten, einem Treibgestell mit senkrecht stehendem Kessel und einer Dampfmaschine sowie einem Laufgestell. (Abb. 27 zeigt diesen Dampftriebwagen in der Landschaft der Ringbahn in dem Zeitschriftenband „Das Buch für Alle" Jahrgang 1880, Seite 345.) Um das Treibgestell vom Wagenkasten zu trennen, wurde die vordere Stirnwand des Wagens mit zwei Flügeltüren gebildet, die nach Entfernen der Pufferbohle zu öffnen waren, um Kessel und Treibgestell herauszufahren. Der Wagenkasten enthielt fünf durch Schiebetüren miteinander verbundene Räume: Den Maschinenraum, einen Gepäckraum, einen Raum mit 30 Sitzplätzen III. Klasse, einen gemeinsamen Einsteigraum und einen Raum mit 15 Sitzplätzen II. Klasse. Die beiden Wagen kamen im Jahre 1883 an die Königliche Eisenbahndirektion Berlin mit den Betriebsnummern 1900 und 1901; sie wurden jedoch bereits im Jahre 1890 ausgemustert.

Zwei weitere Dampftriebwagen gleicher Bauart der Niederschlesisch–Märkischen Eisenbahn, Betriebsnummer 3 und 4, wurden von der Berliner Maschinen- und Lokomotivfabrik Louis Schwartzkopff im Jahre 1879 unter Fabriknummer 1045 und 1046 geliefert. Bei ihnen war das Treibgestell nicht in den Wagen hineingebaut, sondern lief als Kleinlokomotive mit Ummantelung vor dem Wagen. Unter dem Vorderteil des Wagenkastens befand sich eine Hilfstragachse, deren Räder über den Schienen schwebten, solange Treibgestell und Wagenkasten betriebsfähig miteinander verbunden waren. Der Wagenkasten enthielt hinter dem Treibgestell einen Gepäckraum, einen Quergang, vier Abteile III. Klasse für 40 Fahrgäste und ein Abteil II. Klasse für 8 Fahrgäste. Die beiden Dampftriebwagen gingen ebenfalls im Jahre 1883 an die Königliche Eisenbahndirektion Berlin über und erhielten die Betriebsnummern 1902 und 1903, wurden jedoch ein Jahr später an die KED Erfurt abgegeben und fuhren dort unter den Nummern 1913 und 1914. Sie erhielten Gasbeleuchtung und Dampfheizung sowie von Henschel & Sohn in Cassel einen neuen Kessel und versahen bei einer Höchstgeschwindigkeit von 45 km/h zeitweise den Vorortverkehr zwischen Berlin und Zossen.

Im Zuge des wachsenden Ringbahnverkehrs gelangte der innere südwestliche Ringbahnanschluß an die Potsdamer Bahn, der für die Durchführung des Betriebes auf dem Südring mit Eröffnung der Stadtbahn notwendig geworden war, am 15. Oktober 1881 zur Vollendung, und damit fiel die Kopfstation Schöneberg fort.

Aus diesem Anlaß erwuchsen für die Gemeinde Schöneberg in der Folgezeit zwei Ringbahnhöfe: Der untere, an der damals dreigleisigen Potsdamer Bahn gelegen, von der das östliche Gleis die Abzweigung von der Ringbahn zum Potsdamer Bahnhof in Berlin bildete (Abb. 28), erhielt den Namen Schöneberg (Colonnenstraße); der andere, am oberen Bahndamm der Ringbahn, westlich neben der Berlin–Potsdamer Bahn gelegen, den Namen Schöneberg (Maxstraße). Beide Bahnhöfe haben im Laufe der Zeit ihren Namen mehrfach gewechselt. Abb. 28 läßt die damalige Eisenbahnlandschaft an der Grenze der Gemarkung Schöneberg

28 Darstellung des ersten Ringbahnhofs Schöneberg aus dem Jahre 1881

29 Die Potsdamer Eisenbahn. Gemälde von A. v. Menzel

erahnen, wie sie von Adolph Menzel im Jahre 1847 in seinem Gemälde „Die Berlin–Potsdamer Eisenbahn“ festgehalten worden ist (Abb. 29). Der auf diesem Gemälde den Bahnkörper kreuzende Feldweg war der Beginn der späteren Großgörschenstraße; die kleine Hütte am rechten Bildrand neben dem Eisenbahngleis wurde die spätere „Bude IV“ zur Sicherung des in Gleishöhe liegenden Überganges. Menzel hatte sich als Standort seiner Betrachtung die westlich der späteren Großgörschenstraße beginnende Hügellandschaft gewählt, die uns bereits in Abb. 28 begegnet ist und dem damaligen Dorf Schöneberg seinen Namen gegeben hatte.

Genau diese Stelle wurde knapp vierzig Jahre später zum Gegenstand eines Antrages, den das zur Königlichen Eisenbahndirektion Magdeburg gehörende Eisenbahn-Betriebsamt Berlin–Magdeburg an den damaligen Amtsvorsteher von Schöneberg, Feurig, zwecks Baues einer Wartehalle bei Bude IV für den königlichen Hof richtete:

»Berlin, den 25. Januar 1883

Anbei übersenden wir Ihnen mit der Bitte um Ertheilung der Bau-Concession ergebenst einen Situations-Plan und eine Bauzeichnung in je zwei Exemplaren, betreffend die Erbauung einer Wartehalle zur Benutzung Seiner Königlichen Hoheit des Kronprinzen bei Paraden. Die Wartehalle umfaßt einen Salon für den Kronprinzlichen Hof nebst überdeckten Zugang vom Bahngleis her, sowie einen Raum zum Aufstellen von etwa 12 Pferden.

Die Pferde werden von Berlin aus gestellt, während der Seine Königliche Hoheit führende, von Potsdam eintreffende Zug bei Bude IV zum Aussteigen der betreffenden Hohen Herrschaften halten wird. Da die zu errichtende Baulichkeit in die nach dem Bebauungsplan anzulegende Großgörschenstraße zu stehen kommen soll, so ist sie nur als Provisorium anzusehen und deshalb eine Bauweise gewählt –

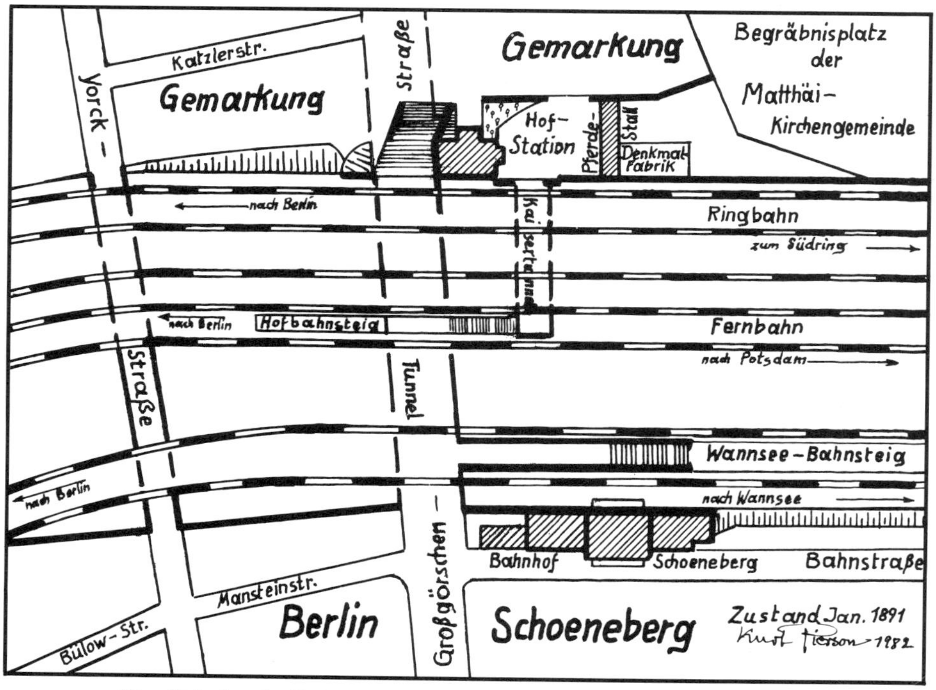

30 Gleisplan des Bahnhofs Schöneberg und der Hofstation im Jahre 1891

Fachwerksbau mit eingegrabenen Säulen ohne Fundamente –, welche eine Versetzung an eine andere Stelle möglichst erleichtert. Die Halle p.p. soll hart an der Rampe des Überweges bei Bude IV resp. an der Grenze des Gottesackers der St. Mathäi-Gemeinde gehörigen Vorplatzes angelegt werden.
Feuerungsanlagen im Anbau werden nicht beschafft, das Dach der Halle soll mit Zink gedeckt werden, da seitens Sr. Königlichen Hoheit des Kronprinzen großer Werth darauf gelegt wird, die Halle p.p. rechtzeitig hergestellt zu sehen, so ersuchen wir Ew. Wohlgeboren ergebenst um thunliche Beschleunigung der Concessions-Ertheilung

gez. Barten«

So entstand am 1. Mai 1883 nach etwas geändertem Plan und unter Fortfall der Bude IV jene legendäre „Hofstation" gegenüber dem späteren Wansseebahnhof, der bis Anfang 1891 den Namen Schöneberg trug (Abb. 30 und 31), während damals der alte Bahnhof Schöneberg (Abb. 28) inzwischen, von Straßenzügen umgeben, den Namen „Siegfriedstraße" erhalten hatte (Abb. 32).
Durch Ausbau der Wannseebahn und Ringbahn auf je zwei Gleise sowie Schaffung eines Gütergleises nach Schöneberg (insgesamt also sieben Gleise) und Höherlegung des gesamten Bahnkörpers wurde eine öffentliche Unterführung für die Großgörschenstraße sowie ein nicht öffentlicher Tunnel, der sog. „Kaisertunnel", für den Hof geschaffen, der mit dem Tunnelaufgang zur Wannseebahn keine Verbindung hatte. Wann die Hofstation stillgelegt wurde, ist nicht mit Sicherheit festzustellen, doch dürfte sie bis etwa 1911 bestanden haben. Die frühere, auf dem Plan Abb. 30 enthaltene Grabsteinfabrik ist heute Wirtschaftshof des Friedhofes; der Platz vor der ehemaligen Wartehalle ist von der Steinsetzerei Scherhag gepachtet, das Tunnelportal ist zugemauert.

31 Bahnhof Schöneberg (später Großgörschenstraße) im Jahre 1891

Die ursprünglich für den Personenverkehr auf der Ringbahn beschafften Betriebsmittel reichten bald nicht mehr aus. Zwar hielten sich zunächst noch die zweistökkigen Personenwagen auf dieser Strecke, doch angesichts der Verkürzung der Aufenthalte auf den Stationen ging man um 1880 zusätzlich auf Abteilwagen über, die ein rascheres Ein- und Aussteigen erlaubten (Abb. 33). Den Anfang machten die typischen Abteilwagen der Niederschlesisch–Märkischen Eisenbahn – wir sehen an der mittleren Abteiltür die Initialen mit der Krone. (Die bildliche Darstellung hat bereits stark unter altersbedingten Einflüssen gelitten, immerhin vermittelt sie einen Eindruck aus der Waggonbauweise der damaligen Zeit.)
Auch der einstige Lokomotivpark, bestehend aus den erwähnten fünfzehn Tenderlokomotiven aus der Münchener Lokomotivfabrik, mußte erweitert werden. Zu diesem Zweck gingen aus dem Bestand der Berlin–Hamburger Eisenbahn, die im Jahre 1884 vom preußischen Staat übernommen wurde, sechs Tenderlokomotiven auf die Berliner Ringbahn über, die 1882 von A. Borsig gebaut worden waren und als „Moabit"-Type, genannt nach dem Namen der letzten dieser Maschinen, Vorbild wurden für die Konstruktion einer späteren dreiachsigen Tenderlokomotive für den innerstädtischen Eisenbahnverkehr (Abb. 34). Von den sechs Maschinen der Berlin–Hamburger Bahn, die die Namen STRESOW, RUHLEBEN, GRUNEWALD, WESTEND, CHARLOTTENBURG und MOABIT trugen, wurden drei Stück später von der Eisenbahndirektion Berlin unter Betriebsnummer „Berlin 6401 bis 6403" auf der Stadt- und Ringbahn eingesetzt.
Denn das Ende des ersten Dezenniums seit Eröffnung der Ringbahn hatte durch die Inbetriebnahme der Berliner Stadtbahn und Unterstellung beider Verkehrssysteme unter die damals neu geschaffene Eisenbahndirektion Berlin einen gemeinsamen Verkehrsfluß gebracht. Weiterhin wurde die Ringbahn im Laufe der Zeit viergleisig ausgebaut, wobei das eine Gleispaar dem ständig wachsenden Güterverkehr diente, während sich auf dem anderen Gleispaar der Personen-Nahverkehr abwickelte. Die einstige beschauliche Abgeschiedenheit, in der vornehmlich

32 Ringbahnhof Siegfriedstraße (später Schöneberg) im Jahre 1905

die Bahnhöfe der Südringstrecke lagen, wich von Jahr zu Jahr neuen Wohngebieten, die mit der Stadt zusammenwuchsen. Bald erinnerte hier und dort nur noch der Bahnhofsname (Abb. 35) daran, daß die Ringbahn einst Dörfer miteinander verband.

33 Abteilwagen der Niederschlesisch–Märkischen Eisenbahn aus dem Jahre 1880

34 1 B-Personenzug-Tenderlokomotive MOABIT der Berlin–Hamburger Eisenbahn

35 Ringbahnhof Rixdorf (Südring) im Jahre 1901 mit Ringbahnzug und Tenderlokomotive, Bauart „Moabit“

IV. Entlang dem Festungsgraben

Geht man heute in Ostberlin durch die Littenstraße, die ehemalige Neue Friedrichstraße, vorbei am Gebäude des früheren Landgerichts Berlin-Mitte, dann trifft man rechter Hand auf Reste der einstigen, aus Feldsteinen errichteten Festungs- und Stadtmauer Berlins, die sich, durch die Bombenangriffe im Zweiten Weltkrieg freigelegt, an der Waisenstraße entlangziehen, überragt vom hochgiebligen Dach der Parochialkirche und den alten Bäumen des Kirchhofs (Abb. 36). Beim Bau der Untergrundbahn Spittelmarkt–Alexanderplatz stieß man auf Überreste der alten Stadtmauer aus der Zeit des Großen Kurfürsten, die dem Lauf des ehemaligen Festungsgrabens, des späteren Königsgrabens, folgte.
Dieser Graben nun, der östlich der Waisenbrücke von der Spree abzweigte und etwa in Höhe der Präsidentenstraße, unweit des Monbijouplatzes, wieder in sie einmündete, hatte in den siebziger Jahren des vorigen Jahrhunderts als Wasserstraße nur noch geringe Bedeutung. Seine Zuschüttung erschien daher wünschenswert, bot er doch mit seinen angrenzenden Gärten, Höfen und Lagerplätzen den geeigneten Boden für eine die Stadt von Osten nach Westen durchziehende Bahn und zeichnete im allgemeinen die Linie vom östlichen Ausgangspunkt derselben bis zum Schloßplatz Monbijou vor, von wo aus eine Weiterführung zur Charlottenburger Feldmark zweckmäßig erschien.
Die erste Anregung zur Ausführung einer Berliner Stadt-Eisenbahn hatte um 1870 der ideenreiche und unermüdliche Baurat A. Orth gegeben und seine Ansichten darüber in verschiedenen Druckschriften dargelegt („Eine Berliner Centralbahn", 1871). Die Idee wurde bald darauf von dem Oberregierungsrat Hartwich aufgenommen, der damals Vorsitzender der „Deutschen Eisenbahngesellschaft" war und bis zu seinem Tode (1878) weiter verfolgte. Sie sah eine von Osten nach Westen durch Berlin gehende Stadtbahn und eine damit in Verbindung zu setzende projektierte Südwestbahn über Charlottenburg und Potsdam nach Halle (Saale) und darüber hinaus bis Meiningen vor. Die Bahn war zunächst zweigleisig projektiert. Die Deutsche Eisenbahn-Bau-Gesellschaft erwarb das Projekt für die Berliner Stadt-Eisenbahn, um die projektierte Berliner Südwestbahn bis zum Bahnhof der Königlichen Ostbahn bzw. bis zum Niederschlesisch–Märkischen Bahnhof (dem späteren Schlesischen Bahnhof) durchzuführen. Das Projekt fand bei den beteiligten Regierungsstellen volles Entgegenkommen, doch wurde angesichts der inzwischen sich anbahnenden ungünstigen finanziellen Verhältnisse der Bau der sog. „Südwestbahn" gestrichen.
Damit aber das nun einmal angeregte Unternehmen, mit dem sich die Öffentlichkeit identifiziert hatte, nicht im Sande verlief, schuf die preußische Staatsregierung die Voraussetzungen zum Bau der Stadtbahn. Im Dezember 1872 wurden 120 Millionen Goldmark zur Erweiterung und Ausrüstung der preußischen

36 Reste der Berliner Stadtmauer entlang dem alten Festungsgraben

Staatsbahnen bewilligt, wobei aus strategischen Gründen die Berlin–Wetzlarer Bahn in erster Linie in Aussicht genommen wurde. Ein von der Deutschen Eisenbahn-Bau-Gesellschaft vorgeschlagenes Kombinationsprojekt der erwähnten „Südwestbahn" mit Berlin–Wetzlar wurde vom Handelsministerium abgelehnt. Da der Staat aber einen Bahnhof für die Strecke Berlin–Wetzlar brauchte, versah vorübergehend der Dresdener Bahnhof diese Funktion (siehe Abb. 24), in dem die Züge für diese Fahrtrichtung begannen und endeten – während mit Rücksicht auf den strategischen Wert einer Verbindung der östlichen und westlichen Staatsbahnen der Finanzminister mit der Deutschen Eisenbahn-Bau-Gesellschaft einen Vertrag abschloß, nach welchem die Gesellschaft die in Berlin und Charlottenburg erworbenen Grundstücke dem Staat zum Buchwert überließ. Es bildete sich die „Stadtbahngesellschaft" für eine zu bauende Bahn vom Ostbahnhof am Cüstriner Platz bis Charlottenburg. Das Baukapital für diese, nunmehr viergleisig projektierte Bahn sollte folgendermaßen aufgebracht werden:

Die Staatsregierung übernimmt	7 Millionen Thaler;
Die Deutsche Eisenbahn-Bau-Gesellschaft	4 Millionen Thaler;
Die Berlin–Potsdam–Magdeburger Eisenbahn	2 Millionen Thaler;
Die Magdeburger–Halberstädter Eisenbahn	2 Millionen Thaler;
Die Berlin–Hamburger Eisenbahn	1 Million Thaler.

Die beim Vertrag beteiligten Privatbahnen fürchteten, wie sich auch nach der Ausführung als richtig gesehen herausstellte, daß durch Zinsverluste usw. eine Überschreitung des festgesetzten Kapitals eintreten würde. Sie stellten daher Antrag auf Entbindung von weiteren Verpflichtungen unter Belassung ihres Anspruches auf Stadtbahnanschluß.

37 „Festgemauert in den Bögen“ ... Die Stadtbahn zwischen den Stationen Jannowitzbrücke und Alexanderplatz

Damit ging die Stadtbahn in die Hände des Staates über, der nunmehr entschied, daß der Niederschlesisch–Märkische Bahnhof, also der spätere Schlesische Bahnhof, zum Ausgangspunkt für die Stadteisenbahn werden sollte und demgemäß als östlicher Stadtbahnhof auszubauen war. Der Königliche Ostbahnhof wurde wieder für andere Zwecke frei.

Die von der Deutschen Eisenbahn-Bau-Gesellschaft projektierte Bahnlinie war von vornherein so angelegt, daß sie möglichst auf fiskalischem Terrain geführt wurde, um private Bodenspekulationen auszuschließen. Es war daher geboten, die Linie dort, wo angängig, in den Königsgraben zu legen und seinem Lauf bis zur Spandauer Brücke und dem Zwirngraben zu folgen. Überall zog sich die Trasse in ihren östlichen Teil entlang der Spree zwischen dieser und Lagerplätzen entlang (Abb. 37), begleitet von zahlreichen Tuchfabriken und Färbereien. Der Bahnhof Alexanderplatz als Fern- und Stadtbahnhof (Abb. 38) bildete den Zentralpunkt für die östliche Berliner Stadtlandschaft. An seiner westlichen Ausfahrt entstanden im Laufe der Zeit die Gleisanlagen für die „Centralmarkthalle“, das Versorgungszentrum Berlins mit Lebensmittel; dann engte sich der Bahnkörper wieder ein, um sich zwischen dem Häusermeer zum „Centralbahnhof“, dem späteren Bahnhof Friedrichstraße (Abb. 39) durchzuwinden. Hier schlug das Herz der Berliner City vor hundert Jahren, trafen sich Fremde aus aller Welt im Centralhotel, in dem sich gegenüber dem Bahnhof auch das weltberühmte Variété „Wintergarten“ befand.

Von nun an traten die Straßenzüge wieder zurück und gaben mehr und mehr den sich ausbreitenden Grünanlagen Raum, die in den Tiergarten übergingen. Der Bahnhof Zoologischer Garten lag bereits außerhalb dicht bewohnter Gegenden, wie auch die Bahnhöfe Charlottenburg und Westend, die inmitten Wiesen und leeren Flächen das westliche Ende der Stadtbahn bildeten, deren Verlauf im Sinne des Bauentwurfs von einem Punkt, 312 m östlich der Fruchtstraße am Ostende des Schlesischen Bahnhofs, bis zum östlichen Widerlager der Unterführung der Straße 19 (später Holtzendorffstraße) am Bahnhof Charlottenburg rechnete. Von

38 Bahnhof Alexanderplatz in Berlin um 1895

39 Der „Centralbahnhof" Friedrichstraße in Berlin um 1885

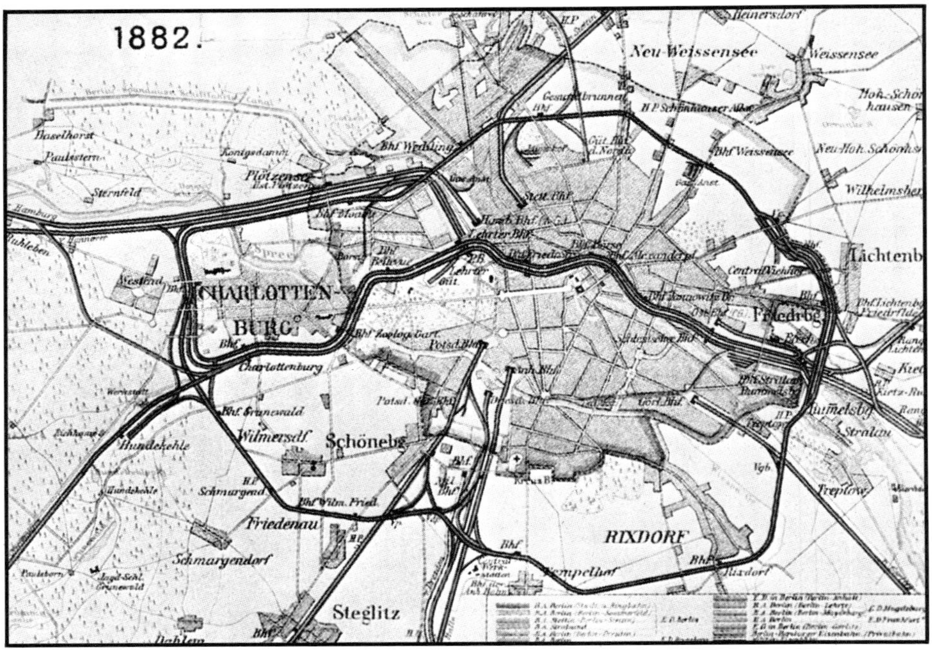

40 Streckenplan der Berliner Stadt- und Ringbahn im Jahre 1882

den vier Gleisen dienten die beiden südlichen dem Fern- und Vorortverkehr (Abb. 40).

Die Stadtbahn unterstand einer „Direktion der Berliner Stadt-Eisenbahn", deren Chef der Erbauer der Berliner Ringbahn, Regierungsbaurat Dircksen war, nach dem eine Straße längs des Bahnhofs Alexanderplatz benannt wurde. Eine Büste dieses verdienstvollen Mannes fand im Bahnhof Friedrichstraße Aufstellung.

Regierungsseitig war man daran interessiert, das westliche Ende der neuen Bahn an die Staatsbahn Berlin–Wetzlar anzuschließen, wurde doch die Stadtbahn als ein einziger großer Bahnhof mit dem Schlesischen Bahnhof als Schwerpunkt angesehen (Abb. 41). Dennoch mußte am westlichen Ende der Stadtbahn Vorsorge getroffen werden, außer einem Bahnsteig für den Stadtverkehr vier besondere Bahnsteige für die vier Fernbahnen nach Hamburg, Lehrte, Nordhausen–Wetzlar und Potsdam–Magdeburg vorzusehen, die sich ja mit den früher aufgezeigten Kapitaleinlagen das Recht auf einen Anschluß an die Berliner Stadtbahn gesichert hatten. Nach Verstaatlichung der Potsdamer Bahn wurde diese Strecke jedoch bis Wannsee mit der Berlin–Wetzlarer Staatsbahn gemeinsam benutzt. So kam es zu den noch heute vorhandenen vier Bahnsteigen des Bahnhofs Charlottenburg.

Im Fernverkehr wurden seit dem 15. Mai 1882 alle Personenzüge der Königlichen Ostbahn und der Niederschlesisch–Märkischen Eisenbahn über die Stadtbahn geleitet; später kamen die Schnellzüge nach Lehrte und Hamburg und sämtliche Personenzüge der Strecke Berlin–Wetzlar über Belzig–Güsten sowie die Schnellzüge nach Magdeburg und einige Fernzüge der Görlitzer Bahn hinzu. Bei diesem Betrieb machte sich freilich sehr bald eine Überlastung der Ferngleise bemerkbar, weshalb die Züge nach Magdeburg wieder vom Potsdamer Bahnhof, die Hamburger Schnellzüge vom Lehrter Bahnhof und die Görlitzer Fernzüge vom Görlitzer

41 Der Schlesische Bahnhof in Berlin um die Jahrhundertwende

Bahnhof abgefertigt wurden. Siebzig Jahre später stand ein ähnliches Problem wieder auf der Tagesordnung, konnte der heutige Ostbahnhof, der alte „Schlesische", auch nicht mehr den gesamten Fernverkehr verkraften, mußten Ausweichlösungen in Lichtenberg und Niederschöneweide geschaffen werden.
Vor hundert Jahren wurden die großen von Bismarck eingeleiteten Verstaatlichungen der preußischen Privateisenbahn-Gesellschaften durchgeführt. Auch die Berliner Stadt- und Ringbahn, deren Betrieb kurz nach ihrem endgültigen Zusammenschluß der Niederschlesisch–Märkischen Eisenbahn oblag, wurde nunmehr von einer Königlichen Eisenbahndirektion Berlin übernommen, deren Sitz zwischen der Potsdamer und der Anhalter Bahn, unmittelbar an jenem Hafenbekken entstand, von dem in Kapitel II. die Rede war (Abb. 42). An sie ging auch die bisherige Funktion des für die Ringbahn zuständigen Betriebsamtes Berlin-Sommerfeld der Niederschlesisch–Märkischen Eisenbahn über.
Am 7. Februar 1882 um $^1/_2$5 Uhr morgens vollzog ein „als sehr anmutig" überliefertes Fräulein Minna Neumann eine historische Handlung. Es öffnete auf dem Schlesischen Bahnhof den Schalter zum Fahrkartenverkauf für den ersten fahrplanmäßigen Zug der Berliner Stadtbahn (Abb. 43). Von dem kleinen Häuflein Neugieriger, das sich zu so früher Stunde eingefunden hatte, ergatterte der Likörfabrikant Hermann Tegge aus der Rosenstraße für vier Groschen die begehrte Fahrkarte Nr. 0001 in der III. Klasse. Mit der Fahrkarte Nr. 0002, auf die ein kleiner Trockenstempel gedrückt wurde, fuhr er dann los; die erste Fahrkarte wurde in seiner Familie bis in unsere Zeit aufbewahrt. In der II. Wagenklasse saß währenddessen ein Reporter des damaligen „Tageblatt" mit den entsprechenden Karten.
So fuhren an jenem dunklen Februarmorgen Punkt 5 Uhr vom Schlesischen Bahnhof und vom Bahnhof Westend die ersten Stadtbahnzüge girlandengeschmückt ab, wobei der Zug nach Westend an seinem Zielbahnhof mit 25 Minuten Verspä-

42 Gebäude der Eisenbahndirektion Berlin am Hafenplatz um 1895

Eisenbahn-Directions-Bezirk Berlin.

Erscheint regelmäßig zweimal in jedem Monat.

Amtsblatt.

Weitere Ausgaben erfolgen nach Bedarf.

No. 11. Berlin, den 6. Februar. **1882.**

Verfügungen.

Eröffnung der Berliner Stadtbahn.

Am 7. Februar cr. wird die Berliner Stadteisenbahn mit den Stationen: Schlesischer Bahnhof, Jannowitzbrücke, Alexanderplatz, Börse, Friedrichstraße, Lehrter Bahnhof, Bellevue, Zoologischer Garten, Charlottenburg und Westend für den **Localverkehr** eröffnet. Der bereits veröffentlichte Fahrplan und Tarif für die Berliner Stadt- und Ringbahn tritt daher mit dem 7. Februar cr. in Kraft. (II. A. 7639 vom 31. Januar cr.)

Die Eröffnung der Stadtbahn am 7. Februar 1882 wird amtlich verkündet.

43 Sensation für Berlin vor 100 Jahren: Der erste weibliche Schalterbeamte

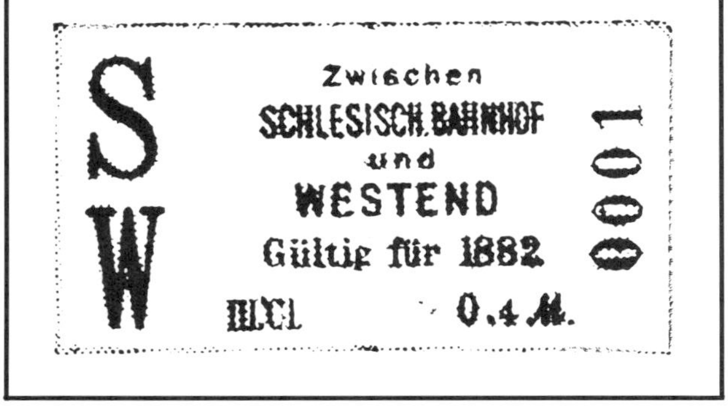

tung eintraf. Derartige Verspätungen sollten in der Folgezeit die Berliner noch des öfteren verärgern. So beschwerte sich ein Redakteur in einer Leserzuschrift an die illustrierte Berliner Wochenschrift „Der Bär" darüber, daß er mit Stadtbahnzügen vierzehn Tage nach Eröffnung des Betriebes siebenmal Verspätung hatte, darunter zwei von jeweils 25 Minuten und zwar jedesmal mit dem Zug abends um 10 Uhr, der stark verspätet am Lehrter Bahnhof eintraf.
Auch sonst hielten die Berliner anfangs mit ihrer Kritik an der Stadtbahn nicht zurück. „Als die Bahnhofsanlagen projektiert wurden", hieß es beispielsweise im „Bär", „lag noch kein Material darüber vor, in welcher Weise die Einrichtungen dem zu erwartenden Verkehr genügen würden, und Irrtümer waren daher auch zu leicht möglich. Solche Irrtümer sind bei Anlage des Bahnhofs Charlottenburg begangen worden. Statt an dieser einsamen Stelle hätte der Bahnhof Zoologischer Garten Hauptstation werden sollen. Man hat auch bereits früher darüber geschrieben, daß eine solche Umwandlung stattfinden solle; im diesjährigen Etat (gemeint war 1884) befindet sich jedoch noch nichts darüber, und danach scheint die Sache von den Stadtweisen noch beschlafen zu werden."
Der Stadtverkehr erstreckte sich anfangs hauptsächlich auf den Abschnitt Schlesischer Bahnhof–Bahnhof Zoologischer Garten; nur vereinzelt wurden Stadtbahnzüge über Charlottenburg hinaus bis Westend durchgeführt. Seit 1886 wurde die Stadtbahn während der Nachtzeit auch für den Güterverkehr benutzt, vornehmlich für die Lebensmittelzüge zur Zentralmarkthalle am Alexanderplatz.
Die Doppelstockwagen der Berliner Ringbahn, wegen ihres gelblichbraunen Anstrichs von den Eisenbahnern „Japanesen" genannt, vermochten sich im innerstädtischen Verkehr nicht allzulange zu behaupten, weil das Ein- und Aussteigen über die Stirnplattformen zuviel Zeit in Anspruch nahm. Sie verschwanden daher aus dem Stadtbahnverkehr, haben jedoch noch jahrelang als Arbeiterzüge für die Eisenbahnwerkstätten Verwendung gefunden; noch im Jahre 1912 erlebte sie der Verfasser auf dem Südring zur Beförderung der in der Eisenbahnhauptwerkstatt Tempelhof bediensteten Eisenbahner (Abb. 44). Kurz danach wurden die Züge an andere Direktionen abgegeben; sieben „Doppelstockzüge" erhielt die Eisenbahndirektion Bromberg, wo sie als Ausflugszüge mittwochs, sonnabends und sonntags auf der Strecke Bromberg–Rinkau fuhren. Während des Ersten Weltkrieges wurden Leichtverwundete aus den Bromberger Lazaretten mit ihnen in den Rinkauer Wald befördert („Beinkranke unten, Armkranke oben"). Später gingen die Züge auf die Polnischen Eisenbahnen über und dort taten einige von ihnen noch bis zum Jahre 1932 ihren Dienst in Bydgoszcz.
Anstelle der Doppelstockzüge traten auch bei der Berliner Stadtbahn Abteilwagen II. und III. Klasse, die ein zügigeres Ein- und Aussteigen gewährleisten sollten (Abb. 45). Hierzu lesen wir aber in einer Kritik nach einem halben Jahr Einsatz im Stadtbahnbetrieb: „Ob den Personenwagen der Stadtbahn während eines strengen Winters die gleiche Anerkennung zuteil wird, als es seither der Fall war, darf bezweifelt werden ... Die Wagen, welche bequem, geräumig, luftig und auch leicht zu besteigen und zu verlassen sind, dürften bei großen Kältegraden unbehaglich und wegen der in ihren oberen Teilen nicht gegenseitig abgeschlossenen Kupées kalt und zugig sein. Bei öfterem Öffnen der Türen, welches nur durch die Passagiere von innen bei gleichzeitigem Öffnen der Fenster möglich ist, dürften die Heizvorrichtungen nicht genügen, es sei denn, daß der letztere Übelstand

44 Berliner Ringbahnzug um 1890

45 Die ersten Abteilwagen der Berliner Stadtbahn

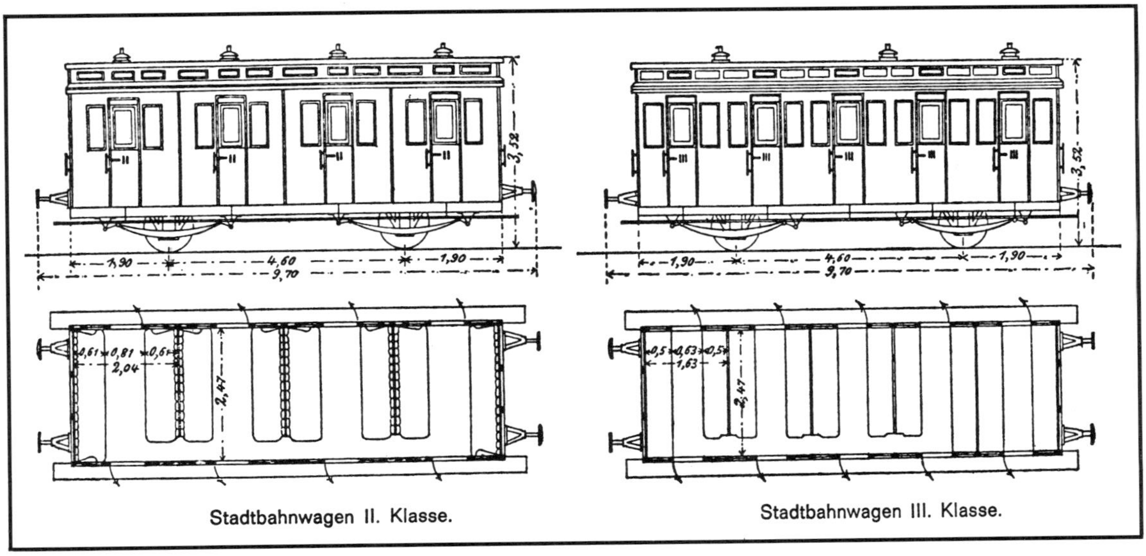

durch eine andere Verschlußvorrichtung der Kupéetüren beseitigt werden würde.“ – Was später auch geschehen ist.
Im übrigen kann der Verfasser aus eigenem Erleben bestätigen, daß die Wagenabteile mit ihren nur halbhohen Zwischenwänden im Winter die befürchteten Unannehmlichkeiten nicht so sehr haben aufkommen lassen, vor allem auch, weil durch eilige oder unaufmerksame Fahrgäste offengelassene Abteiltüren durch auf jedem Stadtbahnsteig bedienstete „Türschließer“ zugeworfen wurden, so daß kein Zug mit einer offenen Abteiltür den Bahnhof verließ. Diese Sicherheitsmaßnahme wurde bis zum Ersten Weltkrieg strikt eingehalten, wie auch bei zunehmender Zugdichte die Zugenden eines jeden Stadtbahnzuges durch sog. „Schutzabteile“ gesichert wurden. Das erste Abteil, unmittelbar hinter der Lokomotive, war für die Fahrgäste verschlossen, das letzte Abteil am Zugende als Dienstabteil lediglich vom Zugschaffner besetzt. An jeweils einem der schmalen Abteilfenster dieser Abteile befand sich ein Blechschild mit der Aufschrift „Schutzabteil“ bzw. „Dienstabteil“.
Trotz mancher Mängel in der ersten Zeit befreundete sich die Bevölkerung sehr schnell mit seiner Stadt- und Ringbahn, die im Leben Berlins eine ständig wachsende Rolle spielen sollte. Nicht zuletzt die Jugend wußte die Abteilwagen sehr zu schätzen, denn in den Abendstunden war man so schön allein und die Vorhänge vor den Fenstern wurden zugezogen. Daß hin und wieder einmal ein während der Fahrt außen am Zug auf den Trittbrettern entlanghangelnder Kontrolleur ein Liebesidyll störte, dem vom Barchent bis zur Bembergseide gehuldigt wurde, mußte in Kauf genommen werden.
Wir haben im Kapitel III. gesehen, mit welchen Mitteln man anfangs die Ringbahnzüge beförderte: Zunächst waren es Lokomotiven der Niederschlesisch–Märkischen Eisenbahn, dann hatte diese Bahnverwaltung von der Lokomotivfabrik Krauss in München eine speziell für den Ringbahnverkehr gebaute Lokomotive in einer größeren Anzahl beschafft (Abb. 26), und nun sollte die Berliner Stadtbahn zu einer idealen Teststrecke für die Entwicklung einer Personenzug-Tenderlokomotive werden, die den besonderen Verhältnissen auf einer dampfbetriebenen Stadtbahn Rechnung trug.
Zunächst versuchte man es mit der von Krauss für die Ringbahn gelieferten Lokomotivbauart; doch bereits nach einem Jahr nahm man wegen der Abnutzung des an und für sich kräftigen Haarmannschen Oberbaues davon wieder Abstand. Daraufhin entschloß man sich zur Ausschreibung eines Wettbewerbes. Drei Entwürfe kamen in die engere Wahl: Eine zweiachsige Tenderlokomotive aus der Lokomotivfabrik „Hohenzollern“ in Düsseldorf-Grafenberg; eine dreiachsige Tenderlokomotive aus der Berliner Lokomotivfabrik von Louis Schwartzkopff und eine ebensolche, deren Entwurf aus der Lokomotivfabrik von Ferdinand Schichau in Elbing (Westpreußen) stammte.
Die erstgenannte Versuchsmaschine, eine B-n2-Tenderlokomotive von „Hohenzollern“, war nach dem deutschen Reichspatent Nr. 8509 gebaut worden; ihre Konstruktion wurde nach ihrem Erfinder, Direktor G. Lentz von der Firma „Hohenzollern“, genannt. Eine erste Lokomotive dieser Bauart wurde im Jahre 1880 an die Holsteinische Marchbahn geliefert und trug den Namen KRONPRINZENKOOG. Da zu jener Zeit verschiedene Bahnverwaltungen an leichten Tendermaschinen für den Lokal- und Vorortverkehr interessiert waren, wurden insge-

samt zwanzig Stück dieser Lentzschen Bauart geliefert, darunter vier Stück an die Berlin–Hamburger Bahn; weitere Maschinen gingen an die Berlin–Stettiner Bahn und an die spätere Eisenbahndirektion Magdeburg.
Die Merkmale der Bauart Lentz sind die zwischen Treib- und Kuppelachse liegenden Zylinder mit den sich aus dieser Anordnung ergebenden langen Kuppelstangen, die außen an den Zylindern vorbeischlagen. Mit einem mittleren Betriebsgewicht von 24 t war der Lauf der Lokomotive bei einer Geschwindigkeit von 75 km/h absolut ruhig. Dieses Ergebnis ist auf die Erfindungsmerkmale der Lentzschen Konstruktion zurückzuführen: Keine überhängenden Massen; der schräge Druck der Treibstange greift im Schwerpunkt der Lokomotive an, wodurch ein Wogen und Wanken des Fahrzeuges vermieden wird; Anordnung der Zylinder zwischen beiden Achsen zur Vermeidung von Schlingerbewegungen.
Da die Lokomotive wie gesagt für den Nah- und Ortsverkehr ausgelegt war, hatte man als Brennstoff Koks vorgesehen. Der Brennstoffverbrauch betrug 1,75 kg auf den Lokomotivkilometer. Infolge des zur Schonung des Oberbaues auf nur 24,3 t begrenzten Maschinengewichts ließ sich die Lokomotive vorzüglich nur im Omnibus- und leichten Lokalverkehr verwenden; bei den bald schwerer werdenden Zügen auf der Berliner Stadtbahn dagegen genügte sie nicht mehr. Trotzdem wurde sie noch in den Maschinenpark der Eisenbahndirektion Berlin unter Betriebsnummer 1518 aufgenommen. Abb. 46 zeigt sie noch mit der Betriebsnummer 601 der Niederschlesisch–Märkischen Eisenbahn.
Die zweite der drei Probelokomotiven war eine von der Berliner Maschinenbau-AG vorm. L. Schwartzkopff im Jahre 1880 gebaute B 1-n2-Tenderlokomotive, Betriebsnummer 630 der Niederschlesisch–Märkischen Eisenbahn (Abb. 47), als Nachbau der von Krauss, München, gelieferten Ringbahnmaschinen (Abb. 26).

46 Versuchslokomotive, Bauart „Lentz", zum Wettbewerb für die Berliner Stadtbahn

47 B 1-gekuppelte Probelokomotive für die Berliner Stadtbahn

Die Ausführung von Schwartzkopff blieb die einzige ihrer Art, da die Lokomotive gewichtsmäßig zu hoch lag. Auch war der Treibraddurchmesser von 1595 mm für die damals üblichen Geschwindigkeiten zu groß. Immerhin bildete diese Ausführung mit ihrem zwischen Treib- und Laufachse gelegenen umfangreichen Fliehkraft-Geschwindigkeitsmesser einen interessanten Beitrag zur Entwicklungsgeschichte der Berliner Stadtbahnlokomotive. Nach ihrer Übernahme durch die KED Berlin erhielt sie die Betriebsnummer 1519.

Die dritte Versuchslokomotive schließlich, eine von der Lokomotivfabrik von Ferdinand Schichau in Elbing hervorgegangene dreiachsige Tenderlokomotive mit der Betriebsnummer 600 der Niederschlesisch–Märkischen Eisenbahn, machte im wahrsten Sinne des Wortes das Rennen. Sie wurde mit einigen abweichenden Abmessungen von fünf norddeutschen Lokomotivfabriken in einer Gesamtzahl von siebzig Stück geliefert (Abb. 48). Da sie zwei Jahrzehnte hindurch die unbestrittene Berliner Stadt- und später auch Ringbahnlokomotive war, soll auf ihre Bauart etwas näher eingegangen werden.

Der domlose Langkessel bestand aus zwei Schüssen, deren vorderer einen Regleraufsatz mit angeschlossenem, oben mit Längsschlitzen versehenen Servomotor auf dem Dampfsammelrohr besaß, während der hintere das Sicherheitsventil und den Sandkasten trug. Die sehr kurze Feuerbuchse neigte, wie sich später herausstellte, zu Rohrlecken, da beim Aufwerfen von Brennstoff die eindringende Kaltluft ungehindert die Rohrwand traf. Um beim Durchfahren von Wohngebieten eine Rauchplage zu vermeiden, wurden auch diese Lokomotiven zunächst mit Koks geheizt; alte Lokomotivführer aus jener Zeit, mit denen der Verfasser gern „ein Garn spann“, erzählten, daß sie beispielsweise beim Durchfahren der Strecke Südring–Stadtbahn zwischen Tempelhof und Treptow (letztere Station wurde

48 1 B-gekuppelte Personenzug-Tenderlokomotive, Bauart Schichau, für die Berliner Stadtbahn

anläßlich der Berliner Gewerbeausstellung 1896 eröffnet) frischen Koks aufwarfen, der dann, wenn der Zug bei Stralau auf die Stadtbahn einbog, durchgebrannt sein mußte.

Auch das Auspuffgeräusch versuchte man zu mindern, und zwar durch teilweises oder gänzliches Ableiten des Abdampfes in die Wasserkästen. Bei der Schichau-Maschine war innerhalb des Rahmens zwischen den Zylindern ein Behälter angeordnet, der den Abdampf aufnehmen, gleichzeitig aber auch die Ableitung des im Abdampf enthaltenen Kondensats auf die Strecke bewirken sollte. Die Abdampfvorrichtungen haben sich jedoch auf die Dauer nicht bewährt, zumal insbesondere im Sommer das Wasser in den Tenderkästen zu warm wurde und die Speisepumpen verständlicherweise nicht zogen, so daß diese Einrichtungen nach einigen Jahren wieder ausgebaut wurden. Trotzdem hat man dreißig Jahre später diesen Gedanken noch einmal bei einer auf der Stadtbahn zur Erprobung eingesetzten Versuchslokomotive aufgenommen, ja, bei Ausbruch des Ersten Weltkrieges erlebte es der Verfasser, daß in der Versuchswerkstatt Grunewald Lokomotiven für den Fronteinsatz eine derartige Einrichtung erhielten.

Ein Jahrzehnt lang waren die Stadtbahnlokomotiven mit einer nicht selbsttätigen, nur vom Führerstand zu betätigenden Smith-Hardy-Luftsaugebremse ausgerüstet, die sich bis zur Einführung der Westinghouse-Luftdruckbremse gehalten hat. Abb. 48 läßt deutlich die auf dem Kessel angebrachten Ejektoren mit den vor dem Führerstand hochgeführten Abdampfrohren erkennen, die später zwecks Vermei-

dung von Ausströmgeräuschen in kastenförmige, auf dem Führerhausdach liegende Schalldämpfer geleitet wurden. Wie aus dem Bild weiter zu ersehen ist, waren beide Treibachsen doppelseitig gebremst.
Als die siebzig Stück 1-B gekuppelten Tenderlokomotiven der nachmaligen preußischen Gattung T 2 angesichts des gesteigerten Verkehrs nicht mehr ausreichten, brachte Henschel & Sohn in Cassel eine gleiche Maschine, jedoch mit hintenliegender Laufachse und kleinerem Treibraddurchmesser in Vorschlag und zur Ausführung. Doch wurden hiervon nur 18 Stück beschafft (Abb. 49), weil sich sehr bald herausstellte, daß sie trotz günstiger Zylinderabmessungen und besserem Anfahrvermögen auf die Dauer gesehen für den Stadtbahnbetrieb doch zu schwach waren.
Trotzdem waren beide Bauarten dieser Maschinengattung bis zum Jahre 1910 im Stadt- und Ringbahnverkehr anzutreffen, nachdem sie inzwischen mit allen hierfür erforderlichen Neuerungen ausgerüstet waren (Abb. 50). Nach ihrem Ausscheiden aus dem Berliner Nahverkehr wurden sie an andere Direktionen zur Verwendung im Nebenbahndienst abgegeben, wie z. B. die Lokomotiven 6054 bis 6056, die an die KED Posen kamen. Andere wieder landeten nach ihrer Ausmusterung bei Erich am Ende (Alteisen, Metalle, Maschinen; Spezialität: Abbruch maschineller Anlagen) in Berlin-Weissensee, Gehringstraße 55 bis 60 – ein Eldorado, das sich kein Lokomotivfan der damaligen Zeit entgehen ließ und zu dem sich der Verfasser über den Transmissionsriemen weiblicher Hilfe Eingang zu verschaffen vermochte. Das Gegenstück hierzu befand sich in Cüstrin-Neustadt auf dem Gelände der Abbruchfirma Zickelbein. Aber das kostete schon eine Personenzug-Fahrkarte IV. Klasse.
Manche der alten Stadtbahnlokomotiven fanden über den Weg einer dieser Abbruchfirmen eine neue Verwendung als Industrielokomotiven. Die heutige Generation aber vermag sich wohl kaum vorzustellen, wie es damals war, als die

49 B1-gekuppelte Personenzug-Tenderlokomotive, Bauart Henschel, für die Berliner Stadtbahn

50 1B-n2-Personenzug-Tenderlokomotive der KED Berlin, Betriebs-Nr. 6048, Gattung T2 für die Berliner Stadtbahn

kleinen Maschinen mit den – heute würde man sagen – „Mini-Waggons" (Abb. 44) über die Stadtbahn rollten. In jener Zeit jedoch wuchs Berlin bereits zur Millionenstadt und damit auch der Verkehr auf der Stadt- und Ringbahn. Trotzdem behaupteten sich diese ersten Stadtbahnlokomotiven, wie eine Postkarte aus dem Jahre 1910 erkennen läßt (Abb. 51). Die hohe Brandmauer am Bahnhof Savignyplatz steht übrigens heute noch, geschwärzt von Billionen von Rußteilchen aus den Schornsteinen unzähliger Dampflokomotiven, die zwei Menschenalter hindurch hier vorüberfuhren und dennoch damals für die viel besungene Berliner Luft keine Schadstoffbelastung darstellten.
Berlin hatte die von der Ringbahn einst gezeichneten Grenzen durchbrochen, und ganze Villenviertel entstanden längs der Fernbahnstrecken. Die Entfernungen zwischen den neu erstandenen Vororten und dem Stadtzentrum wurden immer größer, wie auch der Andrang der Reisenden immer mehr zunahm. Selbst die Industrie ging aus dem eigentlichen Stadtgebiet hinaus – in dem idyllischen Villenvorort Schlachtensee gründete Max Orenstein seine „Märkische Lokomotivfabrik" (Abb. 52). Die kleinen dreiachsigen Tenderlokomotiven vermochten schließlich den Ansprüchen an Dampfleistung nicht mehr zu genügen. So kam es in den neunziger Jahren des vorigen Jahrhunderts zu einer Weiterentwicklung an Lokomotiven für den Berliner Nahverkehr. Als die Neujahrsglocken ein neues Jahrhundert einläuteten, konnte die Berliner Stadt- und Ringbahn gemeinsam mit ihrer Vorgängerin, der „Alten Verbindungsbahn", auf ein halbes Jahrhundert ihres Bestehens zurückblicken, Anlaß zu manchem Gedenken in den Blättern jener Zeit.

51 Berliner Stadtbahnzug nach Grunewald mit T2-Lokomotive. Postkarte aus dem Jahre 1910

52 Ansicht der Märkischen Lokomotivfabrik Max Orenstein in Schlachtensee bei Berlin

V. „Pack die Badehose ein!“

Dieser nach dem Krieg aufgekommene und von der Stimme eines kleinen Mädchens durch den Äther getragene Schlager ist typisch für Berlin, dessen Umgebung – vom Grunewald und seinem Wannsee bis Grünau und dem Müggelsee – für Generationen von Berlinern zu einem Bestandteil ihres Lebens geworden war. Zu Beginn des Eisenbahnzeitalters freilich war das noch nicht so. Man erging sich am Sonntag in den vor den Toren der Stadt gelegenen Gärten oder machte einen Tagesausflug nach Charlottenburg, einst Sommerresidenz wohlhabender Bürger.

Die Berlin–Potsdamer Eisenbahn kam daher im Jahre 1840 auf den Gedanken, in dem Dorf Steglitz ein Sommertheater zu eröffnen, zu dem die Berliner in einer nahe dem alten Potsdamer Bahnhof gelegenen Buchhandlung die Eintrittskarten einschließlich Hin- und Rückfahrt kaufen konnten. Sie erhoffte sich dadurch eine Verkehrsbelebung auf ihrer anfangs noch eingleisigen Strecke.

Im Jahre 1869 erhielt Steglitz eine Haltestelle; als Stationsgebäude diente ein altes Bauernhaus. 1873 wurde ein eigener Bahnhof errichtet (Abb. 53), der fast hundert Jahre später dem Bau einer Stadtautobahn weichen mußte. Einen Vorortverkehr im heutigen Sinne gab es noch nicht; die Station war ein Fernbahnhof wie jeder andere, auf dem die Züge nach damaliger Gepflogenheit durch eine am Bahnhofs-

53 Bahnhof Steglitz an der Berlin–Potsdamer Eisenbahn kurz vor dem Abbruch

gebäude fest angebrachte große Glocke mit Klöppelriemen „abgeläutet“ wurden, wie es in den im Vorwort wiedergegebenen Versen ebenfalls zum Ausdruck kommt. Eine dieser altertümlichen Glocken mit der Inschrift: „Kgl. Eisenbahndirektion Erfurt“ kündete später noch jahrelang dem Verfasser auf dem Schulhof des Schöneberger Prinz Heinrich-Gymnasiums Beginn und Ende der Schulstunden und Pausen.

Wie die Eröffnung der Ringbahnstrecke einem wachsenden Bedürfnis nach besserem Stadtverkehr zwischen den von Berlin ausgehenden Eisenbahnen nachkam, so stellten sich die Bahnverwaltungen auch auf den Verkehr mit der näheren

54 B 1-n2-Tenderlokomotive WANNSEE der Berlin–Potsdam–Magdeburger Eisenbahn. Gebaut 1877 von Borsig. Fabr.-Nr. 3581

55 B-gekuppelte Verschiebelokomotive der Berlin–Potsdam–Magdeburger Eisenbahn

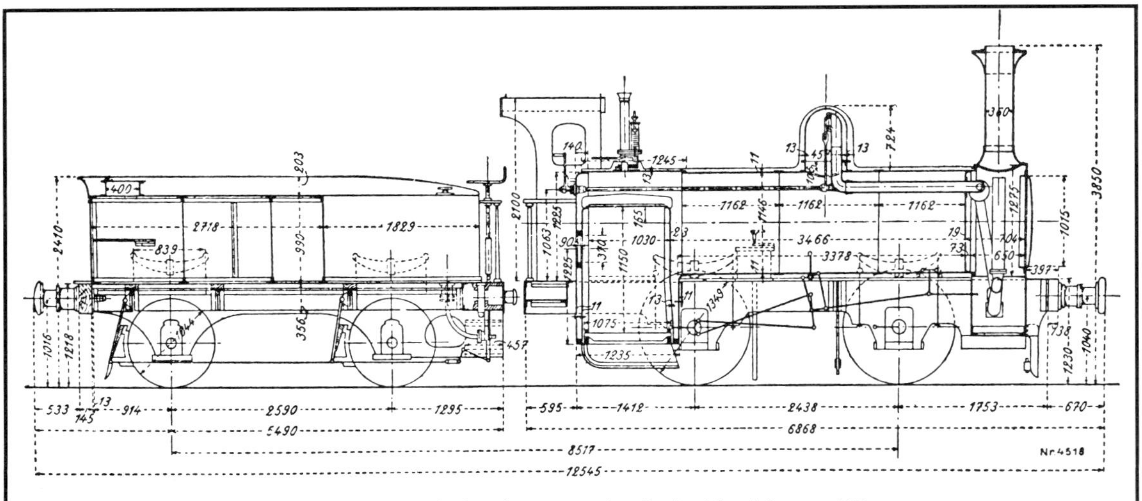

B-Verschiebelokomotive der Berlin-Magdeburger E B.

Umgebung Berlins ein und es kam zu einem zunehmenden Lokalverkehr. So beschaffte die Berlin–Potsdamer Eisenbahn im Jahre 1877 von Borsig drei Vorortlokomotiven (Abb. 54), die die letzten vor der Verstaatlichung in Dienst gestellten Lokomotiven sein sollten. Sie waren für die bei Zehlendorf von der Stammbahn abzweigende Linie längs der Havelseen bestimmt.
Getreu ihrer Vorliebe für Schlepptenderlokomotiven auch zu Verschiebezwecken hatte die Verwaltung im Jahre 1874 zwölf zweiachsige Maschinen mit zweiachsigem Tender (Abb. 55) von der „Vulcan Foundry" in Newton-le-Willows, Lancanshire, Fabr.-Nr. 710-721, für den Bahnhofsdienst erworben, die später an die KED Magdeburg und von dort an die KED Berlin übergingen, wo sie unter den Betriebsnummern 556–567 in den Jahren 1900 bis 1903 ausgemustert wurden. Nach diesem englischen Vorbild ist die dargestellte Lokomotive WANNSEE von Borsig gebaut worden, wo man den im Rahmen hängenden Wasserkasten, den bedeckten Führerstand und die Behälter für Vorräte hinzugefügt hatte. Die ursprüngliche Steuerung war durch einen an sich überflüssigen Umkehrhebel in ihrer Wirkung sehr beeinträchtigt, was am Auspuff zu hören war. Die Schornsteinform war nach schwedischem Vorbild gewählt worden, weil die Fabrik Borsig zu jener Zeit auch Maschinen nach Schweden zu liefern hatte.
Als die Berlin–Potsdam–Magdeburger Eisenbahn im Jahre 1880 verstaatlicht wurde, verdichtete sich der vom Potsdamer Bahnhof in Berlin ausgehende Vorort-

56 Potsdamer Fernbahnhof in Berlin im Jahre 1893 mit Friedhof der Dreifaltigkeitsgemeinde

verkehr und trug zur Entfaltung der an der Stammbahn gelegenen Ortschaften maßgeblich bei. Der alte Potsdamer Bahnhof war inzwischen einem imposanten Bahnhofsgebäude für den Fernverkehr gewichen (Abb. 56), der am 30. August 1872 von Kaiser Wilhelm I. bei dessen Rückkehr aus Bad Gastein eingeweiht wurde. Im Anschluß hieran war auch der Außenbahnhof in seiner endgültigen Form erweitert worden (Abb. 57). Der verzerrt gezeichnete Gleisplan läßt die einzelnen Abschnitte deutlich erkennen: Ganz links der Fernbahnhof mit seinen beiden Anbauten, dem Wannseebahnhof und dem Ring- und Vorortbahnhof, die im weiteren Verlauf unserer Ausführungen noch eine Rolle spielen werden. Daran schloß sich der Güter- und Rangierbahnhof sowie – am unteren Bildrand – die Wannseebahn mit ihrem Betriebswerk an, während am oberen Bildrand die Gleise der Ringbahn und in der Bildmitte die Fernbahngleise in Richtung Potsdam–Magdeburg zu erkennen sind. Die höher gelegenen Ringbahngleise zeigt Abb. 58 am rechten Bildteil, während die Bildmitte den Blick auf die Ankunftsgleise der Fernbahn und ihre Einführung in die Halle des Fernbahnhofes freigibt.

Unmittelbar angrenzend an der Ostseite des Fernbahnhofes gegenüber dem späteren großen Kempinski-Rundbau „Café Piccadilly", später „Café Vaterland", erinnerte noch ein Friedhof der Dreifaltigkeitsgemeinde daran, daß der Potsdamer Bahnhof einst „vor dem Potsdamer Tor" lag. Dieser Friedhof, an dessen nach besagtem Café zu gelegenen Blechzaun wir Jungs nach der Schule jene umwerfenden Feststellungen wie „Maxe ist doof" oder „Lina hat een falschen Zopp" mit Kreide zu verewigen pflegten, wurde im Jahre 1924 an den Fiskus verkauft, und bald flutete der Weltstadtverkehr über die einstige Ruhestätte derer, die die Wandlung des Potsdamer Bahnhofs noch miterlebt hatten.

Schon um die Jahrhundertwende konnte man von hier aus in der uns heute sagenhaft anmutenden Zeit von nur dreißig Minuten nach Potsdam und darüber hinaus nach Werder (an der Havel) gelangen, war doch gerade dieses Havelstädtchen zur Zeit der Obstbaumblüte das beliebteste Ziel der Berliner. Die ersten

57 Gleisplan des Potsdamer Bahnhofs im Jahre 1891

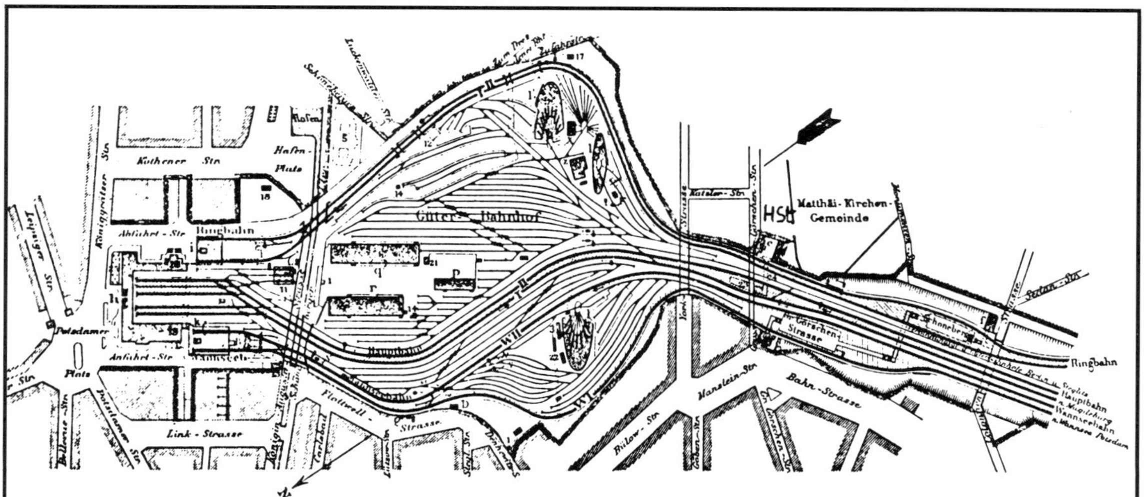

Potsdamer Bahnhof im Jahre 1891.

58 Blick auf die Einfahrt des Potsdamer Fern- und des Ringbahnhofes in Berlin um 1900

59 Bahnhof Werder im Jahre 1898. Ankunft eines „Werderzuges“ aus Berlin

„Werderzüge", wie sie im Volksmund hießen, führten noch die alten Privatbahnwagen (Bild 59) und wurden bis Anfang der neunziger Jahre noch mit sog. „Spinnrädern" gefahren, d. h. mit dreiachsigen Schnellzuglokomotiven mit in der Mitte liegender Treibachse, eine Lokomotivbauart, die in der Mitte des vorigen Jahrhunderts zu den häufigsten gehörte. Später versahen dreiachsige Tenderlokomotiven der KED Magdeburg, die 1882 von der Hannoverschen Maschinenbau-Aktiengesellschaft (Hanomag) an diese geliefert worden waren (Abb. 60), den Vorortverkehr zwischen Berlin und Potsdam. Drei dieser Lokomotiven waren schon bei der Lieferung mit der seit 1882 auf der Stadtbahn eingeführten nichtselbsttätigen Hardy-Luftdruckbremse ausgerüstet. Später erhielten die Lokomotiven an der Führerhausrückwand einen Kohlenkasten und lehnten sich damit an eine inzwischen entstandene Lokomotivkonstruktion an, die eine verstärkte Ausführung der bisherigen kleinen Stadtbahnlokomotiven darstellte. Diese Bauart mit einem Achsdruck von 14 t (Abb. 61) hat in der Folgezeit eine große Verbreitung im Maschinenpark der preußischen Staatsbahnen gefunden, wo sie als Gattung T 4 eingereiht war und bis 1894 für den Berliner Stadt- und Vorortverkehr in größerer Stückzahl beschafft wurde. Wegen der ungünstigen Verteilung des Lokomotivgewichts fiel ab 1890 der Dampfdom fort und wurde durch einen Reglerkopf ersetzt (Abb. 62); die Rohrlänge zwischen Feuerbuchse und Rauchkammer wurde von 3600 auf 3510 mm verkürzt, der Kolbenhub auf 600 mm ermäßigt und der Laufraddurchmesser wegen auftretender Heißläufer von 1048 auf 1130 mm heraufgesetzt.

60 B 1-n2-Personenzug-Tenderlokomotive der KED Magdeburg, später Betriebs-Nr. „Berlin 1572". Gebaut 1882 von der Hanomag. Fabr.-Nr. 1501

61 1 B-n2-Personenzug-Tenderlokomotive der KED Berlin, später „Berlin 6428", Gattung T4

62 1 B-n2-Vorortzug-Tenderlokomotive, Gattung T4, Betriebs-Nr. „Berlin 6499". Gebaut 1893 von Henschel & Sohn, Cassel. Fabr.-Nr. 3763

Auch im Nahpersonenverkehr der Berlin anfahrenden Maschinen benachbarter Direktionen bewährte sich diese Bauart. So fuhren T 4-Lokomotiven der KED Halle bis zum Jahre 1911 Personenzüge zwischen Groß-Beeren und Berlin (18,4 km) mit einer Grundgeschwindigkeit von 60 km/h bei einer kürzesten Fahrzeit Groß-Lichterfelde-Ost–Berlin (Anhalter Bahnhof) von 11 Minuten. Bis zum Jahre 1913, zu einem Zeitpunkt somit, als bereits das später noch ausführlich zu behandelnde Ringen um die Elektrifizierung der Berliner Stadt-, Ring- und Vorortbahnen begann, taten diese Maschinen im Bereich der KED Berlin Dienst; die letzten beiden Vertreterinnen dieser Bauart, die Maschinen „Berlin 6454 und 6455", fuhren noch während des Ersten Weltkrieges im Pendelzugverkehr zwischen Werder (Havel) und Groß-Wusterwitz die Arbeiterzüge zu einer bei Kirchmöser errichteten Munitionsfabrik, dem späteren RAW Brandenburg-West. Sie dienten nach ihrer Ausmusterung als Heizmaschinen, wie unten in Abb. 63 die Nr. „Berlin 6455" in Aschersleben.
Mit zunehmendem Personenverkehr zwischen den beiden Residenz- und Garnisonstädten Berlin und Potsdam wuchsen die Anforderungen an die Eisenbahn-Betriebsmittel, weshalb speziell für den Vorortverkehr geeignete Waggons nach preußischen Normalien gebaut wurden. In jener Zeit um 1900 waren die Schlußwagen dieser Vorortzüge noch mit Bremserhäuschen versehen, die vorzugsweise bei Rangierfahrten besetzt wurden (Abb. 64). Und noch etwas war damals, aber auch noch später, diesen Zügen eigentümlich: Die Gasbeleuchtung in den Abtei-

63 1 B-n2-Vorortzug-Tenderlokomotive der KED Berlin, Betriebs-Nr. „Berlin 6455", Gattung T 4. Gebaut von Henschel & Sohn, Cassel, 1892. Fabr.-Nr. 3589

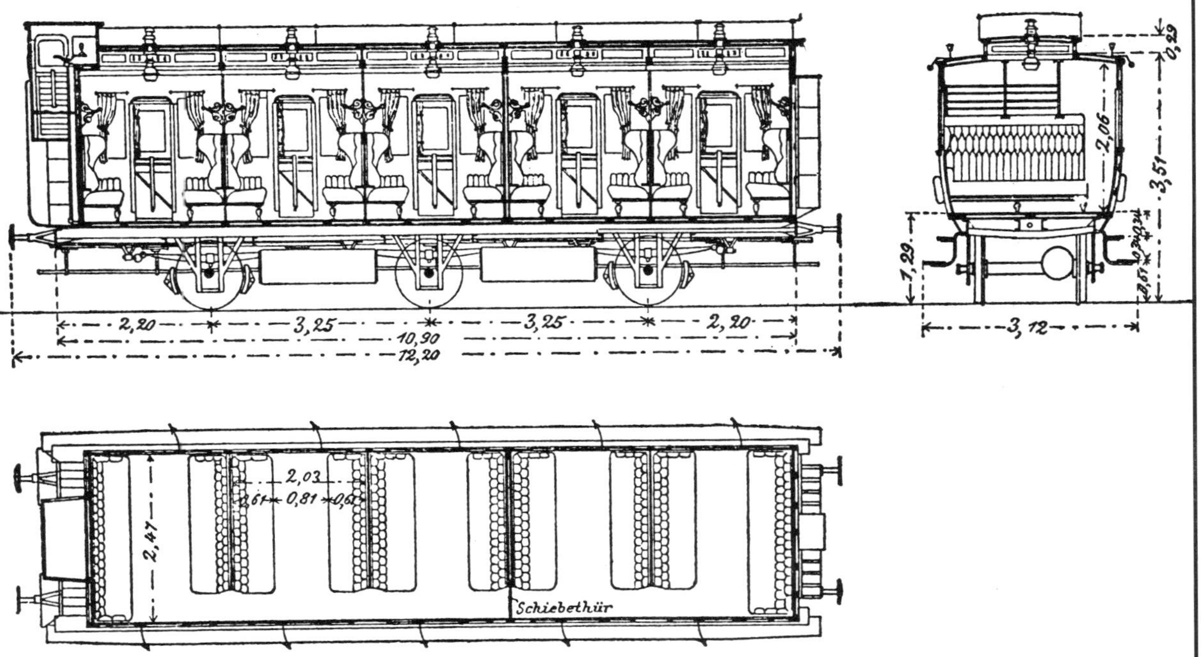

Wagen II. Klasse für Vorortverkehr (Ausführung als Einzelwagen).

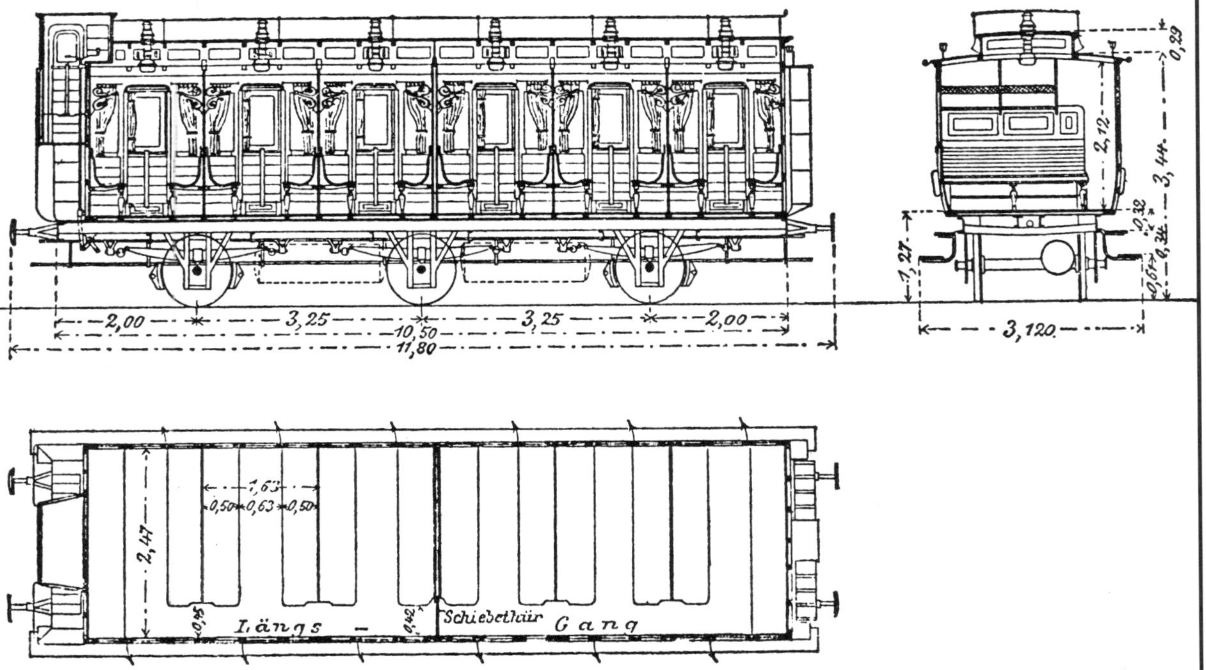

Wagen III. Klasse für Vorortverkehr (Ausführung als Einzelwagen).

len wurde bei Anbruch der Dämmerung vom Dach her entzündet. Später gingen Betriebsarbeiter mit ihrer Ölfunzel zu diesem Zweck von Abteil zu Abteil.
Die mit derartigen Waggons gebildeten Züge erforderten zwangsläufig auch stärkere Maschinen. Vornehmlich als Vorortlokomotive entwickelte daher die Lokomotivfabrik Henschel & Sohn in Cassel eine vierachsige Tenderlokomotive mit in der Mitte liegenden Treibachsen, während sich vorn und hinten je eine Laufachse befand (Abb. 65), die nach 1906 das preußische Gattungszeichen T 5 erhielt. Heizfläche und Wasservorrat waren um 10 v. H. höher als bei der T 4-Lokomotive. Bei nur 2 m festem Radstand vermochte sie die zahlreichen Krümmungen der Stadtbahn anstandslos zu durchfahren, neigte jedoch bei hohen Geschwindigkeiten zum Schlingern. Auch sie wurde zunächst mit Regulatoraufsatz, später jedoch überwiegend mit Dampfdom gebaut. Der Wasservorrat wurde in Kästen zwischen den Rahmenwangen untergebracht, die Kohlen in üblicher Weise in einem Behälter an der Führerhausrückwand. Diese Bauart hatte sich so gut bewährt, daß sie auch von anderen preußischen Eisenbahndirektionen beschafft wurde und beispielsweise die T 4-Lokomotive im Verkehr Berlin (Anhalter Bahnhof)–Groß Beeren ablöste (Abb. 66).
Auch nichtpreußische Bahnen jener Zeit beschafften diese Lokomotiven. So lieferte die Hanomag im Jahre 1907 drei Stück unter Fabriknummer 5001 bis 5003 an die Oldenburgischen Staatsbahnen, wo sie mit den Betriebsnummern 185 JEVER, 186 VAREL und 187 DELMENHORST in Dienst gestellt wurden, während Henschel & Sohn 17 Stück an Oldenburg und 5 Stück an die luxemburgische Prinz Heinrich-Bahn lieferte. Eine dieser letztgenannten Lokomotiven trug die Fabriknummer 6000. Die T 5-Lokomotive war die erste Stadtbahnmaschine, bei der die Heusingersteuerung Anwendung fand. Ebenfalls erhielt sie von Anfang an die Luftdruckbremse Bauart Westinghouse, die zunächst im Berliner Vorortverkehr eingeführt wurde, später jedoch allgemein auch im Stadt- und Ringbahnbetrieb Eingang fand.
Die neuen Vorortzüge sollten eine schnellere Verbindung zwischen Berlin und Potsdam schaffen, wurde doch nicht selten an sie auch ein auf dem Potsdamer Fernbahnhof stationierter Hofwagen – ein Abteilwagen in rotbrauner Farbe mit in der Mitte zurückgesetztem Einstieg und goldener Krone – angehängt. Eine leistungsfähige Vorortmaschine war also unumgänglich, denn die bisherige T 5-Lokomotive mit führenden Laufachsen vorn und hinten konnte wegen ihres unruhigen Laufs bei 75 km/h Geschwindigkeit auf die Dauer nicht eingesetzt werden, da die Werderzüge bis Neubabelsberg (heute Griebnitzsee) mit Personenzuggeschwindigkeit durchfahren mußten.
Aus diesem Grunde entschloß sich die KED Berlin zur Beschaffung einer von Henschel & Sohn im Jahre 1898 gebauten Personenzug-Tenderlokomotive mit vorderem Drehgestell, eine Ausführung, die später gleichfalls in die Gattung T 5 eingereiht wurde und selbst bei 75 km/h Geschwindigkeit noch ruhig lief (Abb. 67). Ein höherer Achsdruck, ein leistungsfähigerer Kessel und ein größerer Wasservorrat gegenüber der T 5-Bauart, wie wir sie bisher kennengelernt haben, befähigten diese Lokomotive zu der von ihnen geforderten Leistung. Diese Bauart war sonst in Deutschland so gut wie gar nicht anderweitig vertreten (zwei Stück lieferte Henschel & Sohn an die Eutin–Lübecker Eisenbahn), kam jedoch in England und in der Schweiz sehr zahlreich vor. In letzterem Land hatte die

65 1B1-n2-Vorortzug-Tenderlokomotive, Gattung T5, Betriebs-Nr. „Berlin 6601“. Gebaut 1895 von Henschel & Sohn, Cassel. Fabr.-Nr. 4140 (Bahnhof Zoologischer Garten)

66 1B1-n2-Vorortzug -Tenderlokomotive der KED Halle vor Personenzug nach Groß Beeren auf dem Anhalter Bahnhof

67 2B-n2-Personenzug-Tenderlokomotive Gattung T5 der KED Berlin, Betriebs-Nr. 6672. Gebaut 1900 von Henschel & Sohn, Cassel. Fabr.-Nr. 5497 (Bahnhof Zoologischer Garten)

68 2B-h2-Personenzug-Tenderlokomotive Gattung T5, Betriebs-Nr. „Berlin 6682“. Gebaut 1900 von Henschel & Sohn, Cassel. Fabr.-Nr. 5414

Maschinenfabrik Esslingen mit dieser Bauart schon 1863 begonnen und damit die erste Maschine auf dem Kontinent mit langem, führendem Drehgestell und zwischenliegenden Dampfzylindern geschaffen. Obwohl, wie eine spätere Tabelle ausweist, von den insgesamt für die KED Berlin gebauten 38 Lokomotiven nur zehn Stück aus der Elsässischen Maschinen- und Lokomotivfabrik Grafenstaden stammten, wurde diese Type „Grafenstadener T 5" genannt, ihres Aussehens halber erhielt sie von den Personalen die Bezeichnung „Bulle". In Fachkreisen dagegen bezeichnete man sie ihres Verwendungszweckes halber auch als „Wannseetyp". Zwei Maschinen, von Henschel als letzte dieser Bauart geliefert, erhielten als erste Heißdampf-Tenderlokomotiven der preußischen Staatsbahnen dem Schmidtschen Rauchkammerüberhitzer (Abb. 68), mit dem eine Dampftemperatur von 240 Grad Celsius erreicht wurde. Das Foto zeigt die Maschine auf dem Stadtbahngleis des Bahnhofs Zoologischer Garten.

Verweilen wir noch einen Augenblick bei den Werderzügen als Beispiel des Ausflugsverkehrs auch in andere Richtungen der Windrose Berlins, wenn auch nicht mit so hoher Geschwindigkeit. Der ständig wachsende Andrang des Reisepublikums machte es erforderlich, noch geräumigere Waggons für den Vorortverkehr zu bauen und in der durch die Bahnsteige festgelegten Zuglänge ein möglichst großes Platzangebot unterzubringen. So kam es zur Konstruktion von Vorortwagen (Abb. 69), von denen je zwei zu einer Einheit kurz gekuppelt waren; diese Bauart bildete schließlich die Einheitsausführung für das gesamte Netz der Berliner Stadt-, Ring- und Vorortbahnen. Das blieb natürlich nicht ohne Auswirkung auf die Anforderungen der Lokomotivleistung, die jetzt entsprechend höher angesetzt werden mußte. Dabei traf es sich günstig, daß in der Zeit, als die beiden T 5-Lokomotiven mit Rauchkammerüberhitzer ihre ersten Erfolge aufzuweisen hat-

69 Moderne Stadt- und Vorortwagen, dreiachsig, kurzgekuppelt. Gebaut von der Waggonfabrik Gebr. Castell, Mainz

ten, die KED Frankfurt die Entwicklung einer vierachsigen Personenzug-Tenderlokomotive mit drei Treibachsen für eine Grundgeschwindigkeit von 65 km/h beantragt hatte. Die Uniongießerei, vorm. G. Ostendorf in Königsberg (Ostpreußen), erhielt daraufhin den Auftrag zum Entwurf einer derartigen Maschine mit einer Höchstgeschwindigkeit von 80 km/h, die schließlich bis zum Jahre 1910 von mehreren Lokomotivfabriken für die preußischen Staatsbahnen in einer Gesamtzahl von 471 Stück als Gattung T 11 gebaut wurden (Abb. 70). Sie war als Naßdampflokomotive mit Flachschiebern konstruiert; doch da hatte sich bereits die ebenfalls im Jahre 1902 von der Uniongießerei entworfene, aus der T 11 abgeleitete vierachsige 1C-h2-Personenzug-Tenderlokomotive durchgesetzt, die später eine eingehende Behandlung erfahren wird.

Der Ausflugsverkehr nach Werder, insbesondere zum Fest der Obstbaumblüte mit seinem recht heimtückischen Obstwein, nahm nicht selten Formen an, die man vergeblich in jenem Hymnus sucht, den der Berliner Hugo Salus vor über neunzig Jahren in der Berliner Wochenschrift „Der Bär" anstimmte:

„Zum Bahnhof geh' ich gern am Sonntagabend,
Und fahren donnernd dann die Züge ein,
Bringt jeder Wagen, meine Seele labend
Ein Stückchen Land mir in die Stadt hinein.
Und alle Wagen glüh'n vom Sonnenbrande
Und jede Hand trägt einen Blumenkranz,
Und alle bringen Grüße mir vom Lande,
Feldblumen, Waldesduft und Sonnenglanz."

70 1C-n2-Personenzug-Tenderlokomotive Gattung T11, Betriebs-Nr. „Berlin 7536". Gebaut 1904 von der Uniongießerei, Königsberg. Fabr.-Nr. 1322

70a Zugunfall um 1914/15 am Schöneberger Dreieck (Potsdamer Bahnhof–Bhf Ebersstraße bzw. Bhf Tempelhof sowie Bhf Ebersstraße–Bhf Tempelhof). T5-Lokomotive Grafenstadener Bauart

Das mag zu jener Zeit sicher so gewesen sei; später jedoch konnte man es nicht selten erleben, daß, insbesondere bei den letzten Zügen aus Werder, die Abteile voll von „Weinleichen" lagen, die man auf dem Potsdamer Bahnhof kurzerhand wie Koffer auf einen Gepäckkarren lud, sie zur Polizeiwache fuhr und dort „hinterlegte".
Das eigentliche Gesicht des Potsdamer Bahnhofs aber wurde seit Bestehen der von Berlin über Potsdam und Magdeburg führenden Eisenbahn durch den Fernverkehr geprägt, ganz gleich, ob zu Beginn der Sommerferien die Berliner mit Kind und Kegel in den Harz fuhren oder Geschäftsreisende die Schnellzüge nach Westdeutschland mit Kurswagen nach Frankreich oder Italien bestiegen. Dem Verfasser steht noch der 31. Juli 1914 vor Augen, als die durch die Kriegsdrohung aufs höchste beunruhigten Kurgäste in Bad Harzburg nachmittags gegen vier Uhr mit einem Sonderzug, den bis Magdeburg eine vierachsige Personenzuglokomotive der Gattung P 4 und von dort eine Heißdampf-Schnellzugmaschine der Gattung S 6 zog, ohne Halt bis Berlin befördert wurden, wo der Ankunftsbahnsteig des Potsdamer Bahnhofs bergehoch mit Reisegepäck schon vorher eingelaufener Fernzüge angefüllt war.
Das war unsere „Stammbahn" im Auf und Ab ihrer weit über hundertjährigen Geschichte, heute nur noch ein einzelner Schienenstrang, der die Verbindung zum einstigen Potsdamer Güterbahnhof bildet. Der Fernbahnhof – er ist nicht mehr. Symbolhaft steht an einem der markantesten Punkte der Stammbahn auf Schöneberger Gelände das Signal auf „Halt" (Abb. 71).

71 Die einstige Berlin–Potsdamer Stammbahn vor hundert Jahren – heute ein grasüberwucherter Torso

Der Südosten der Stadt – das Fluß- und Seengebiet inmitten einer Industrielandschaft –, auch er ist erst groß geworden durch die Eisenbahn. In seinem liebenswürdigen Roman „Irrungen und Wirrungen“ läßt Theodor Fontane ein Liebespaar mit dem Görlitzer Nachmittagszug einen Wochenendausflug zu „Henkels Ablage“ hinter Grünau machen: „Der Zug, den sie vom Görlitzer Bahnhof aus benutzten [Abb. 72], hatte nur wenige Wagen, aber selbst diese waren schwach besetzt.“ Aus diesem Grunde betrieb die Berlin–Görlitzer Eisenbahn den Nahverkehr von Berlin aus mit sog. Omnibuszügen. Der Verkehr wurde im Jahre 1879 mit dem Ziel aufgenommen, auf billigere Art und Weise als mit Vollbahnzügen die zur Hebung des Lokalverkehrs zwischen Berlin und den nächstgelegenen Haltepunkten Johannisthal, Adlershof und Grünau gebotenen häufigeren Bahnverbindungen herzustellen, die Kolonisation des im Osten Berlins zwischen dem linken Spreeufer und der Görlitzer Bahn gelegenen ausgedehnten Villenterrains zu fördern und dadurch einen neuen größeren Verkehr der Bahn zuzuführen. Schon zwei Jahre später war der beabsichtigte Zweck erreicht. Eine starke Nachfrage nach Sommerwohnungen setzte ein, die zu vielfachen Neubauten führte, insbesondere, nachdem der Fahrplan der Omnibuszüge vom 1. April bis 1. Oktober dem Schulbesuch der Kinder sowie den Bedürfnissen eines Berufsverkehr angeglichen worden war. Während des Winterfahrplans wurden täglich vier, im Sommerfahrplan täglich sechs Omnibuszüge in jeder Richtung eingesetzt, vorübergehend freilich der Zug morgens ab 8 Uhr 25 nach Grünau und abends 11 Uhr ab Grünau nach Berlin wegen ungenügender Benutzung auch wieder aus dem Verkehr gezogen, so daß im Winter nur drei Züge in jeder Richtung fuhren.

72 Der Görlitzer Bahnhof im Jahre 1866

73 Omnibuszug der Berlin–Görlitzer Eisenbahn im Jahre 1879 vor dem Bahnhof Grünau

Das rollende Material bestand aus zwei kleinen „Omnibuslokomotiven" mit den Namen ADLERSHOF und GRUENAU sowie einem zweistöckigen Omnibuswagen (Abb. 73). Sämtliche Fahrzeuge stammten aus der Maschinen- und Lokomotivfabrik Krauss & Co in München. Die Lokomotive ADLERSHOF wurde am 5. November 1877 unter Fabriknummer 570 und die GRUENAU am 25. Mai 1878 unter Fabriknummer 572 an die Berlin–Görlitzer Eisenbahn geliefert. Eine gleiche Maschine erhielt ein Jahr später die Preußische Militäreisenbahn in Schöneberg bei Berlin als sog. „Aviso" mit der Betriebsnummer 6. Abb. 73 zeigt den Zug auf Bahnhof Grünau mit der Lok GRUENAU, die ursprünglich keine Fenster besaß. Die Glaswände stammen daher aus einer späteren Zeit. Der zweistökkige Omnibuswagen mit vier Achsen in zwei Drehgestellen war trotz seiner leichten Konstruktion um eine Tonne schwerer als ein gewöhnlicher Wagen III. Klasse, so daß im Winterfahrplan nur ein solcher gefahren wurde, da ihn kaum mehr als vierzig Reisende benutzten. Bei dem Ende April einsetzenden stärkeren Verkehr jedoch wurde der zweistöckige Wagen eingestellt, dem je nach Bedarf zwei bis vier gewöhnliche zweiachsige Wagen III. Klasse angehängt wurden. Der am stärksten besetzte Bahnomnibus beförderte 286 Personen und bestand aus dem vollbesetzten zweistöckigen Wagen und vier ebenfalls vollbesetzten III. Klasse-Wagen. Die Maschine ADLERSHOF zog spielend diesen 56 700 kg schweren Zug. Lediglich im Winter mußten bisweilen die Züge bei hohem Schneefall mit Vollbahnlokomotiven gefahren werden, da der Zwischenraum zwischen Schienenkopf und Unterkante der Umkleidung der Omnibuslokomotive nur 15 cm betrug.

Die Einrichtung derartiger Züge erwies sich als recht gewinnbringend, wenn auch das Reisepublikum, das die Omnibuszüge anfangs sehr begrüßt hatte, im Laufe der Zeit über zu lange Fahrzeit, über mangelnde Heizung der Wagen im Winter und über das Fehlen von Nichtraucherabteilen und Damenabteilen klagte. Die Geschwindigkeit der Züge, die sich auch andere, Berlin anfahrende Bahnverwaltungen zu eigen gemacht hatten, betrug 30 km/h; eine Erhöhung derselben wurde jedoch von Fachleuten als bedenklich bezeichnet, „da das Reisepublikum sich an den Gedanken gewöhnen mußte, daß der Omnibusverkehr eben ein Ausnahmebetrieb gegenüber dem Vollbahnverkehr sei“ (!).

Bevor wie die Berlin–Görlitzer Eisenbahn verlassen, dürfte ein Blick auf ihre Entstehung und ihren Gründer interessant sein. Sie war die Schöpfung eines der schillernsten Persönlichkeiten aus der Mitte des vorigen Jahrhunderts: Dr. Henry Bethel Strousberg, genannt „Der Eisenbahnkönig“. Er, der als Baruch Hirsch in Neidenburg (Ostpreußen) zur Welt gekommen war, wurde zu einem Industriellen größten Ausmaßes, der sich vor allem in Eisenbahngründungen engagierte. Zu diesen Gründungen gehörte auch die etwa 320 km Streckenlänge umfassende Berlin–Görlitzer Eisenbahn, die ihren Betrieb im Jahre 1866 aufnahm. Für sie bestellte Strousberg u.a. dreißig Lokomotiven bei Borsig in Berlin. Doch schon zu jener Zeit kamen die Lieferanten Strousberg nur zurückhaltend entgegen. Da er auf die von Borsig gestellten Zahlungsbedingungen nicht eingehen wollte, bauten die Borsigschen Monteure nach erfolgter Probefahrt die Dampfschieber wieder aus und hielten sie solange fest, bis die Maschinen bezahlt waren. Der erboste Strousberg erwarb daraufhin die Lokomotivfabrik von Georg Egestorff in Linden bei Hannover, um seine Lokomotiven in Zukunft in seiner eigenen Fabrik zu bauen. Doch die Mitte der siebziger Jahre des vorigen Jahrhunderts auftretende Wirtschaftskrise zwang ihn, die Fabrik wieder an ein Konsortium abzustoßen, das das Unternehmen in eine Aktiengesellschaft, die „Hannoversche Maschinenbau AG (Hanomag)“, umwandelte. Strousberg, der in der Wilhelmstraße in Berlin ein fürstliches Palais bewohnte, versuchte beim Zusammenbruch der europäischen Wirtschaft als Folge der Gründerjahre nach dem deutsch-französischen Krieg 1870/71 durch zweifelhafte Manipulationen mit russischen Bankkrediten seine Waggonfabrik in Prag-Bubna zu sanieren. Das führte in Moskau zu seiner Verhaftung und damit letzten Endes zu seinem Bankrott. Das Palais in Berlin übernahm die britische Krone als Sitz ihres Botschafters.

Moniteur des Interêts Industriels
Paris, le 31. Octobre 1875

— **Sondermeldung aus Moskau!** —
Strousberg verhört. Schlußwort seiner Aussage: „Wenn der Löwe auf dem Boden liegt, wagen auch die Feigsten auf ihn loszuschlagen! Aber ich komme zurück! Ich komme zurück und bringe alles wieder in Ordnung.“

Das aufstrebende Berlin hatte die Krisenjahre und deren Zeitgenossen bald vergessen. Es wuchs und wuchs, und statt gemütlich durch die Landschaft dahinbummelnder Omnibuszüge verbanden um die Jahrhundertwende bereits rasch fahrende Vorortzüge die Stadt mit ihrer näheren Umgebung, strebte man nach Vervollkommnung einer hierfür besonders geeigneten Lokomotive. Und dennoch – ein letzter Hauch aus jener Zeit, in der man sich die Köpfe heiß redete, ob im Vorortverkehr mit dreißig oder vierzig Stundenkilometern gefahren werden sollte, schwebte noch lange über der Eisenbahnlandschaft Berlins, umfing die Züge, die durch diese Landschaft rollten und wehte aus stillen Winkeln den Lokomotivfreund an, der diese Winkel suchte – und sie bisweilen auch fand.

74 Stadt- und Fernbahnhof Friedrichstraße um 1910

VI. Gleise, Züge, stille Winkel

Georgenstraße 44, zwischen Bahnhof Friedrichstraße und dem Kupfergraben. Das Haus steht heute nicht mehr. Hier wohnte vor etwa siebzig Jahren eine sehr attraktive Tante des Verfassers: die Fenster der Vorderzimmer ihrer Wohnung gingen zur Straße hin und damit zum Bahnkörper der Stadtbahn hinaus. Womit alles gesagt ist. Der Ausblick aus dem Wohnzimmerfenster, dort wo der Nähtisch und auf ihm das Riechfläschchen mit dem Hirschhornsalz ihren Platz hatten, sollte für die Entwicklung eines Zehnjährigen von tiefgreifender Bedeutung für sein ganzes Leben werden. Wie aus einer Proszeniumsloge gesehen, breiteten sich vor seinen Augen, im Sommer sonnenflimmernd, im Winter schwarzliniert, die Gleise der Stadt- und der Fernbahn aus, auf dem das gewaltigste Schauspiel jener Zeit, der Eisenbahnverkehr, in ununterbrochener Szenenfolge abrollte.

Da naht mit schwachdumpfem Auspuff und klappernden Stangen eine fünfachsige Schnellzuglokomotive vom „Atlantic-Typ" vor dem D-Zug nach Wirballen; da kommt aus der Gegenrichtung stumm, weil bereits mit geschlossenem Regler einfahrend, eine vierachsige Personenzuglokomotive mit dem Personenzug nach Belzig auf die Bühne, während im Hintergrund die unterschiedlichsten Stadtbahnlokomotiven mit ihren von West nach Ost, von Ost nach West fahrenden Stadt- und Vorortzügen sich mit der Exaktheit eines Balletts begegnen (Abb. 74).

Einige Jahre später saß die Tante allein auf ihrem Fensterplatz und ihr Haupt, auf dem sich erste Silberfäden zogen, beugte sich über eine Handarbeit. Der Junge aber fand nur noch selten den Weg zu ihr; er fuhr jetzt oft drüben mit den Zügen vorbei und grüßte das Fenster, an dem er einst gestanden. Denn er hatte inzwischen all diese Lokomotiven, die hier vorbeifuhren, nach Gattung und Betriebsnummern zu unterscheiden gelernt. Und mit der wachsenden Kenntnis dieser Unterscheidungsmerkmale wuchs auch die Entdeckerfreude in ihm, und bald gehörten seine „Studienfahrten", wie er seine ersten Ausflüge mit der Stadtbahn nannte, zu den Gewohnheiten seines jungen Lebens.

Blättert er heute nach Beendigung eines reichen Berufslebens mit und auf der Dampflokomotive in den alten Wachstuchheften aus jener Zeit, so fallen darin bestimmte Anlässe auf, bei denen sonst auf der Stadtbahn ungewohnte Lokomotiven in Erscheinung traten. Das war einmal der Himmelfahrtstag mit seinem vermehrten Einsatz von Ausflüglerzügen, und das waren zum andern die an schönen Sommertagen über die Ferngleise laufenden sog. „Rennbahnzüge" zu den Pferderennen in Karlshorst und in Hoppegarten.

„Stadtbahnblüten am Himmelfahrtstag", so steht es auf mancher Seite der alten Hefte. Darunter fiel vor allem die fünfachsige Dreizylinder-Personenzug-Tenderlokomotive. Nach einem im Jahre 1900 von dem Kgl. Baurat Wittfeld gemachten

Vorschlag wurden für die Direktion Berlin insgesamt zwölf 1'C 1'-n3-Tenderlokomotiven der späteren Gattung T 6 von der Berliner Maschinenbau-AG, vorm. L. Schwartzkopff in Wildau bei Berlin, gebaut (Abb. 75). Sie sollten wesentlich leistungsfähiger werden als die badischen 1'C 1'-Lokomotiven, Gattung VIc, von denen im Jahre 1921 vorübergehend eine Anzahl Maschinen auf verschiedenen Berliner Vorortstrecken zum Einsatz kamen, doch waren die Hauptabmessungen der preußischen Maschine äußerst unglücklich gewählt. So stand die Heizfläche in Mißverhältnis zu den drei Zylindern von 500 mm Durchmesser, und ebenso ungünstig war das Verhältnis des Zylinderinhalts zum Reibungsgewicht. Bei Versuchsfahrten auf der Stadtbahn im Jahre 1903 waren die T 6-Lokomotiven den ersten vierachsigen Heißdampf-Tenderlokomotiven mit Rauchkammerüberhitzer, auf die wir im nächsten Kapitel eingehend zu sprechen kommen, wirtschaftlich weit unterlegen. Da die T 6-Maschinen durch Umbau auf Heißdampf wohl wirtschaftlicher, aber schwerer geworden wären, sah man von einem solchen Umbau ab und entfernte lieber den mittleren Zylinder; doch lag nach wie vor der Hauptfehler in der falschen Bemessung von Zylinder und Kessel.
Die T 6-Lokomotiven wurden nur aushilfsweise im Stadtbahnverkehr eingesetzt, meistens fuhren sie im Berliner Vorortverkehr Eilgüterzüge. Im Jahre 1914 wurden sie an andere Direktionen, wie beispielsweise an die KED Danzig abgegeben, die die Maschinen Betriebsnummer 6701 bis 6704 erhielt. Die Maschine 6705 lief nach den Aufzeichnungen des Verfassers noch im September 1914 in Berlin und ging dann an die KED Halle.
Als weitere „Himmelfahrtsblüte" fuhr die vierachsige Naßdampf-Tenderlokomotive der Gattungsbezeichnung T 9 mit vorderer Laufachse (Abb. 76) auf der Stadtbahn, obwohl sie, als Güterzug-Tenderlokomotive ausgelegt, einen kleineren Treibraddurchmesser besaß als die früher erwähnte T 11-Lokomotive. Aber da sie immerhin eine zulässige Geschwindigkeit von 60 km/h entwickelte, konnte die Type unbedenklich aushilfsweise im Stadt- und Ringbahnverkehr eingesetzt werden, wie sie ja auch ganz allgemein auf den Nebenbahnstrecken der Preußischen Staatseisenbahnen gute Dienste geleistet hat. Die Gattung T 9 hat die verschiedenartigsten Entwicklungsstufen durchgemacht; bei der Behandlung des Güterverkehrs auf der Berliner Ringbahn werden wir noch einmal darauf zu sprechen kommen.
Als weiteres besonderes Merkmal wurden bereits die sog. „Rennbahnzüge" erwähnt. Diese Züge verließen an Renntagen normalerweise um die Mittagszeit den Bahnhof Charlottenburg in Richtung Osten und fuhren über die Ferngleise zum Bahnhof Zoologischer Garten (Abb. 77) – dem Hauptbetätigungsfeld des Verfassers –, wo bereits ein illustres Reisepublikum sie erwartete. Selbstverständlich bestand der Zug nur aus Wagen II. Klasse; für die Herren der Rennleitung – sportlich vornehm und trotz der Wärme mit glänzendem Zylinderhut – waren ein bis zwei Wagen der I. Klasse eingestellt. Diese Wagen ähnelten sehr den früher erwähnten Hofwagen mit Mitteleinstieg vom Potsdamer Bahnhof, nur daß an ihnen die Krone fehlte. Der Besonderheit solcher „Rennbahnzüge" entsprachen auch die Lokomotiven. Nich selten sah man hier eine vierachsige Schnellzuglokomotive der Gattung S 6, wie diese Gattung auf den Berliner Fernbahnhöfen und nicht zuletzt auf denen der Stadtbahn häufig anzutreffen war, wie hier auf dem Bahnhof Charlottenburg(Abb. 78).

75 1'C 1'-n2-Personenzug-Tenderlokomotive, Gattung T6, „Berlin 6701". Gebaut 1902 von der Berliner Maschinenbau-AG. Fabr.-Nr. 3048

76 1'C-n2-Personenzug-Tenderlokomotive, Gattung T9, „Berlin 7281". Gebaut 1902 von Uniongießerei. Fabr.-Nr. 1192

77 Bahnhof Zoologischer Garten im alten Zustand (etwa 1925)

78 2′B-h2-Schnellzuglokomotive, Gattung S6, „Hannover 623". Gebaut von Humboldt 1911. Fabr.-Nr. 757

79 2′B 1′-n4v-Schnellzuglokomotive, Gattung S9, „Hannover 901". Gebaut von Hanomag 1908. Fabr.-Nr. 5146

Der eigentliche Renner vor den Fernzügen auf der Stadtbahn war unstreitig die 2'B1'-n4-Schnellzuglokomotive, Gattung S 9 (Abb. 79), die u. a. sowohl die Luxuszüge nach Paris (London) als auch nach Warschau (Peking) fuhren. Als Gegenzug zum Luxuszug nach Paris lief der Nordexpress über Eydtkuhnen (deutsche Grenzstation) – Wirballen (russische Grenzstation) nach Petersburg.
Der Hinweis „Berlin (Stadtbahn)" auf den Richtungsschildern der Schnellzüge von und nach Berlin hatte im Jahre 1910 eine ganz andere Bedeutung als heute. Der zentral gelegene Bahnhof Friedrichstraße beispielsweise war damals die An- und Abfahrtstation gekrönter und ungekrönter Häupter und Diplomaten, während sich auf dem Fernbahnsteig des Bahnhofes Zoologischer Garten die elegante Welt aus dem vornehmen Berliner Westen ein Stelldichein gab, um von hier aus in die internationalen Badeorte entlang der Atlantikküste zu reisen. Und noch heute, nach siebzig Jahren, steht dem Verfasser das Richtungsschild am Schlafwagen des D 185 mit dem Zielort „Vlissingen" vor Augen, den sein Onkel an einem Sommerabend in attraktiver Begleitung bestieg.
Um 1910 verkehrten über die Ferngleise der Stadtbahn innerhalb von 24 Stunden in beiden Richtungen:

Richtung Hannover	40 Reisezüge
Richtung Königsberg (Preußen)	38 Reisezüge
Richtung Frankfurt/Oder–Breslau	40 Reisezüge
Richtung Belzig–Güsten	18 Reizüge

Über die Stadtbahngleise verkehrten im gleichen Zeitraum:

Nordring	Werktags 192 – Sonntags 108 Züge
Südring	Werktags 146 – Sonntags 110 Züge
Vorortzüge (Nordring)	Werktags 60 – Sonntags 136 Züge
Vorortzüge (Südring)	Werktags 20 – Sonntags 192 Züge
Potsdam–Stadtbahn–Fürstenwalde	Werktags 28 – Sonntags 28 Züge
Potsdam–Stadtbahn–Erkner	Werktags 48 – Sonntags 70 Züge
Potsdam–Stadtbahn–Friedrichshagen	Werktags 48 – Sonntags 80 Züge

Ein Zugpaar ganz besonderer Art war während des Ersten Weltkrieges der „Balkanzug", eine Direktverbindung des Deutschen Reiches mit Konstantinopel. Zwei getrennte Zugteile verließen Berlin, der eine vom Anhalter Bahnhof in Richtung Wien, wo er mit einem von München kommenden Zugteil vereint wurde. Ein anderer Zugteil verkehrte über die Stadtbahn in Richtung Breslau/Oderberg (Reichsgrenze) und wurde vor Budapest mit den aus Wien kommenden beiden Zweigen zusammengekoppelt. Der Zug fuhr nun über Budapest(Westbahnhof)–Belgrad–Nisch–Sofia–Kuleliburgas bis Konstantinopel. Am 15. Januar 1915 traten morgens Stunde 7 die beiden Berliner Zweige ihre erste Fahrt an. Infolge der militärischen Lage wurde diese Verbindung drei Jahre später wieder eingestellt.
Neben den erwähnten Sonderzügen zu den Rennsportplätzen gab es den Vorortverkehr zu den Regattaplätzen der Oberspreee nach Grünau. Diesen Verkehr bestritten vornehmlich eine Anzahl dreiachsiger, dreifach gekuppelter Heiß-

80 (Seite 89–94) Fahrplan der Berliner Stadt- und Ringbahn, Sommer 1910

I—IV

Die Züge kommen bzw. gehen von oder nach Grünau, Spindlersfeld, Erkner, Karlshorst, Friedrichshagen, Nied.-Schöneweide, Köpenick.

Berliner Stadtbahn.

Die Züge tragen vorn an der Lokomotive ein Schild mit der entsprechenden Bezeichnung.

Grunewald bis Stralau-Rummelsburg. Grunewald ab 418, 438, 441, 448, 455, 505, 508, 515, 518, 525, 535, 538, 545, 548, 555, 6·05, 6·08, 6·15, 6·25, 6·35, 6·45, 6·55, 7·05, 7·15, 7·23, 7·25, 7·35, 7·45, 7·55, 8·05, 8·15, 8·25, 8·35, 8·45, 8·55, 9·05, 9·15, ‡9·25, 9·35, 9·45, 9·55, 1005, 1015, 10·25, 10·35, 10·45, 10·55, 1105, 1115, 1125, 1135, 1145, 1155, 1201, 1205, 1215, 1225, 1231, 1235, 12·45, 12·55, dann alle 10 Min. bis 4·05, dann 4·15, 4·23, 4·25, 4·33, 4·35, 4·45, 4·53, 4·55, 5·05, 5·15, 5·25, dann alle 10 Min. bis 1025, 1045, 1055, 1105, ‡1125, 1135, 1153, ☿1225. — **F** geänderter Fahrpl. ‡ bis Kaulsdorf. ☿ bis Schles.Bhf. ‡ umsteig. i. Charlottenburg.

Westend bis Stralau-R. Westend ab 457, 527, 557, 6·17, 6·27, 6·37, 6·47, 6·57, 7·07, dann alle 10 Min. bis 9·27, 9·47, 9·57, 10 17, 1027, 1047, 1057, 1117, 1127, 1147, 1157, 1217, 1227, 1237, 1247, 1257, 1·07, 1·17, 1·27, dann alle 10 Min. bis 627, weiter 627, 637, 657, 707, 727, 737, 757, 807, 827, 857, 917, 927, 957, 1027, 1057, 1127, 1157.

Ab Charlottenburg nach Schles. Bhf. u. Stralau-R. 418, v. 428 bis 1248 alle 2–5 Min.

Bis Kaulsdorf W: ab Charlottenb. 438, 508, *518, *6·08, *6·38, *7·08, 7 38, *8·08, 8 38, *9·38, *10 38, *11 38, *12 08, *12 38, *1·08, *1·38, *2·08, *2·38, *3·08, *3·38, *4·08, *4·38, 5·08, *5·38, *608, *638, *708, *718, *738. **F**: während der Hauptverkehrszeiten alle 30 Min., sonst stündl. * Züge kommen von Halensee, ab 3 Min. früher.

Charlottenburg—Lichtenberg-Friedrichsf. 418, während der Hauptverkehrszeiten alle 10 Min., sonst alle 20 Min.

Fahrtdauer in Minuten		Station	
	ab	**Grunewald** . .	an
3	an	Eichkamp . . .	ab
	ab	*Westend* . .	an
3	an	*Witzleben* . .	ab
7	ab	**Charlottenburg**	an
11		Savignyplatz . .	↑
14		Zoologischer Garten	
16		Tiergarten . . .	
19		Bellevue	
23		Lehrter Stadtbhf.	
27		Friedrichstrasse .	
30		Börse	
33		Alexanderplatz .	
35		Jannowitzbrücke	
38		**Schlesisch.** Bhf.	
41		Warschauer Str.	
45		**Stralau-Rummelsb.**	
48		Neu-Lichtenberg	
53		Lichtenb.-Friedrichsf.	
57		Friedrichsfelde Ost	
62	↓	Biesdorf	
66	an	**Kaulsdorf** . .	ab

Ab Stralau-R. nach Grunewald von 508—1235, 1238 währ. d. Hauptverkehrszeit. alle 3 u. 10 Min., sonst alle 20 Min.

Ab Stralau-R. nach Westend. Stralau-R. ab 505, 515, 535, 545, 555, 6·05, 6·15, 6·25, 6·35, 6·45, 6·55, 7·05, 7·15, 7·25, 7·35, 7·45, 7·55, 8·05, 8·15, 8·25, 8·35, 8·55, 9·05, 9·25, 9·35, 9·55, 10·05, 10·25, 10·35, 10·55, 11·05, 11·35, ‡11·55, 12·05, ‡12·25, 12·35, 12·45, 12·55, 1·05, dann alle 10 Min. bis 715, 735, dann alle 30 Min. bis 1205.
‡ aus Lichtenberg, ab 6 Min. früher.

Ab Kaulsdorf nach Charlottenburg **W**: 512, 6·12, 6·42, 7·12, 7·42, 8·12, 8·42, 9·12, 9·42, 10·25, 10·42, 11·42, 12·42, 1·42, 2·12, 2·42, 3·12, weiter halbstündl. bis 942 dann *1012, *1042, 1112, 1142, 1212. **F** während d. Hauptverkehrszeiten alle 30 Min., sonst stündlich. * bis Grunewald, an 8 Min. später.

Ab Lichtenberg-Frdf. nach Charlottenburg **W**: 425, 435, 455, 505, 515, 535, 545, 556, 6·02, 6·06, 6·15, dann alle 3, 5 bis 10 Min. bis 10·45, §1055, 1105, 1115, §1125, 1135, 1145, §1155, 1205, 1215, §1225, 1235. — **F** geänderter Fahrplan.
§ bis Grunewald, an 8 Min. später.

Ab Stralau-R. und Schles. Bhf. nach Charlottenburg alle 2—5 Minuten.

Westend—Grunewald u. zur. *Nur Werktagsverkehr.*

																Station																			
...	5·38	6·08	6·38	7·08	7·28	7·38	1·38	Sb2·08	2·28	2·38	3·08	3·38	4·38	5·18	5·38	ab **Westend** . an	448	458	518	528	548	6·18	6·48	7·18	7·48	2·18	2·48	2·58	3·18	3·48	3·58	4·18	4·48	5·18	...
...	5·49	6·19	6·49	7·19	7·38	7·49	1·49	§2·19	2·39	2·47	3·18	3·49	4·49	5·26	5·49	an **Grunewald** ab	437	447	507	517	537	6·07	6·37	7·07	7·37	2·07	2·37	2·47	3·07	3·37	3·47	4·07	4·37	5·12	..

V

Wilmersdorf—Friedenau—Grünau u. zur. siehe Seite VIII.

Ringverkehr.

Werktagsverkehr. — Sonntagsverkehr s. S. VI.
‡ usw. alle 10 Min. bis 4·59 von Schles. Bhf. bis Potsd. Ringb.

						Station									
...	...	...	4·46	Weiter: **Potsdam.** Ringbhf.-Weissensee	...	ab **Potsdam.** Rgbhf. an	‡4·42	5·42	5·52	...	...	...	6·32	...	Weiter: **Potsdam.** Ringbhf.—
...	...	...	4·51	—**Westend**: 456, 506 usw. alle 10 Min. bis	...	Schöneberg . . ↑	4·36	5·36	5·48	...	...	...	6·26	...	Witzleben—**Westend**: 509, 519,
...	...	...	4·57	936, 916 (bis Weissensee), dann 956, 1006, 1026,	...	Papestrasse . . .	4·31	5·31	5·41	...	...	...	6·21	...	539, 549, 609, weiter alle 10 Min. bis 849,
...	...	...	5·00	1036, 1056, 1106, 1126, 1136, 1156, 1206, 1226, 1236,	...	Tempelhof . . .	4·28	5·28	5·38	...	...	...	6·18	...	sowie ab Schönebg. 841, 851, dann ab Potsd.
...	4·21	4·56	5·06	1256 usw. alle 10 Min. bis 536, dann 556,	...	Hermannstr. . .	4·22	5·22	5·32	...	...	...	6·12	...	Bhf 909, 919, 939, 949, 1009, 1019, 1039,
...	4·23	4·58	5·08	606, 616, 626, 636, 656, 706, 726, 736, 756,	...	Neukölln 214 . .	4·19	5·19	5·29	...	...	...	6·09	...	1049, 1109, 1119, 1139, 1149, 1159, 1209, 1219,
...	↓	↓	↓	806, 826, 836, 856, 906, 926, 936, 956, 1006,	...		↑	↑	↑	...	...	...	↑	...	1239, 1249, 1259, 109, 119, 139, 149, 159,
...				1026, 1036, 1056, 1106, ⊕1126, 1136, ⊕1156, 1206,	...					...	...	...		...	weiter alle 10 Min. bis 609, 619, 639, 649
...				⊕1226, ⊕1256, 106 (bis Neukölln).	...					...	...	...		...	usw. zu dens. Min. bis 1149, dann
...				**Schöneberg—Westend**: 6·43 bis	...	↓				...	...	...		...	12·09, *12·19, *12·49.
4·07				8 13, 2·43—5·13 verstärkter Verkehr.	...	ab *Niederschönew.-J.* an				...	...	..		*8·21*	**Westend**-Weissensee-**Potsdam.**
4·11	↓	↓	↓	**Hermannstrasse—Westend:**	...	*Baumschulenw.* ↑				...	...	...		*8·17*	Ringbhf. 443, ‡448, 453, 503, Ψ518, 528, 538,
↓	4·26	5·01	5·11	5·13, 5·49, 7·06, 7·36, ⊕8·06, ⊕8·36.	...	Kaiser Friedrichstr.	4·17	5·17	5·27	...	...	...	6 07	↑	548, Ψ548, 558, 603, 613, Ψ618, 623, 638,
4·19	4·31	5·06	5·16	**Stralau-R.—Westend:** 504, 514,	...	Treptow	4·13	5·13	5·23	...	...	...	6·03	8·10	648, Ψ648, 653, 703, 7·13, 728, 738, 758,
4·24	4·34	5·09	5·19	544, 554, 6·14, 2·04, 2·14, Sb2·34, Sb3·04.	...	Stralau-Rummelsburg	4·09	5·09	5·19	5·24	5·44	6·00	5·59	8·06	818, 8·23, 8·43, 8·53, 9·13, 9·23, 9·43,
4·28	4·38	5·13	5·23	**Niederschöneweide—Westend:** §439,	...	Frankfurter Allee	Von Schles. Bhf.	5·05	5·15	5·20	5·40	5·55	5·55	8·00	9·53, 1013, 1023, 1043, 1053, 1113, 1128,
4·31	4·41	5·16	5·26	507, 607, 617, §627, §637, 647, §707, §233,	...	Zentralviehhof .		5·02	5·12	5·17	5·37	5·50	5 52	7·57	1143, 1158, 1203, 1213, 1223, 1233, 1243, 1258,
4·34	4·44	5·19	5·29	2·37, §4·33, 4·37, ☿5·03.	...	Landsberger Allee		4·59	5·09	5 15	5·35	5·47	5·49	7 55	103, § 113, 128, 133, 143, 153, 203, 218,
4·39	4·49	5·24	5·34	**Weissensee—Westend:** In der	...	Weissensee . . .		4·55	5·05	5·11	5·31	5·41	5·45	7 51	223, 238, 243, 253, 308, 318, 323, 333, 348,
4·42	4·52	5·27	5·37	Regel alle 5 Min.	...	Prenzlauer Allee		4·52	5·02	5 08	5·28	5·38	5·42	7·48	Ψ348, 358, 408, Ψ408, 413, Ψ†418, 423,
4·44	4·54	5·29	5·39	**Westend**—Witzleben—**Potsdam.**	...	Schönhauser Allee		4·50	5·00	5·05	5·25	5·35	5·40	7·45	‡433, 443, Ψ†448, ⊕453, 503, 513, Ψ†518,
4·49	4·59	5·34	5·44	Ringbhf.: *411, *431, 444, 454, 514, 524,	...	Gesundbrunnen .		4·45	4·55	5·00	5 20	5·30	5·35	7·40	523, ‡533, 543, 553, ‡603, 613, ⊕Ψ621,
4·52	5·02	5·37	5·47	544 usw. alle 10 Min. bis 8·24, dann 8·44,	...	Wedding		4·41	4·51	4·56	5·16	5·26	5·31	7·36	628, 633, 648, 653, ‡703, 713, 723, 743,
4·56	5·06	5·41	5·51	8 54, 9·14, 9·24, 9·44, 9·54, 1014, 1024,	...	Putlitzstrasse .	...	4·36	4·46	4·51	5·11	5·21	5·26	7·31	753, 813, 823, 843, 853, 913, 923, 943,
4·58	5·08	5·43	5·53	1044, 1054, 1114, 1124, 11·44, 11·54, 12·14,	...	Beusselstrasse .	...	4·32	4·42	4·47	5·07	5·17	5·22	7·27	953, 1013, 1023, 1043, 1053, 1113,
5·03	5·13	5·48	5·58	12·24, 12·44, 1254, 1·14 usw. alle 10 Min.	...	↓ Jungfernheide .	...	4·28	4·48	4·43	5·03	5·13	5·18	7·23	1123, 1143, ‡1153. † Mo bis Fr.
5·08	5·18	5·53	6·03	bis 624, dann 644, 654, 714, 724, 744.	...	an Westend . . . . ab	...	4·23	4·33	4·38	4·58	5·08	5·13	7·18	**Westend—Schöneberg:**
...	...	...	...	754, 814, 824, 844, 854, 914, 924, 944.	...	an *Grunewald* . . ab	...	...	...	...	...	...	...	...	528—7·28, 1·28—3·38.
...	5·24	5·54	6·04	9·54, 10·14, 10·24, 10·44, 10·54, 1114,	...	ab Westend . . . . an	...	...	...	4·36	...	...	5·12	...	**Westend—N.-Schöneweide:** 3·18,
...	5·27	5·57	6·07	11·24, 11·44, 11·54.	...	Witzleben . . . ↑	...	...	...	4·34	...	...	5·09	...	358, 428, 438, 458, ☨5·08, 5·28, ☨5·38,
...	5·31	6·01	6·11	⊕ nach Schles. Bhf. üb. Stral.-Rummelsburg.	...	Halensee	...	...	...	4·31	...	...	5·06	...	☿607, ☨608. ☿ ab Beusselstr.
...	5·34	6·04	6·14		...	Hohenzollerndamm							5·00	...	**Westend—Weissensee:** In
...	5·37	6·07	6·17	* ab Halensee. ☿ bis Beusselstr.	...	Schmargendorf .							4·57	...	der Regel alle 5 Min.
...	5·42	6·12	6·22	§ Halensee-Beusselstr. bzw. Westend	...	Wilmersdorf-Fried.	**Westend—Grunewald siehe Seite I—IV.**						4·53	...	⊕ ab Weissensee. ☿ ab Schöneberg.
...	5·45	6·15	6·25	Sb 1244. Sb 1·27. 1·57, 2·45, 3·24, 3·44	...	Ebersstrasse . .							4·50	...	* bis Halensee—Charlottenburg.
...	5·50	6·20	6·30	(ab Wilmersdorf), von Grünau, ab	...	↓ Schöneberg . . .	...	...	...	...	...	...	4·46	...	‡ bis Hermannstrasse.
...	5·55	6·25	6·35	12 Min. früher.	...	an **Potsdam.** Rgbhf. ab	...	...	...	...	...	...	4·39	...	Ψ nach Halensee. ☨ bis Grünau.

VI

Ringverkehr (nur Sonntagsverkehr).

					Station				
...	...	...	5·47	ab	Potsd. Rgbf.	an	6·21	6·51	7·21	7·41
...	...	...	5·52		Schöneberg .		6·15	6·45	7·15	7·35
...	...	...	5·57		Papestrasse .		6·11	6·41	7·11	7·31
...	...	...	6·00		Tempelhof .		6·08	6·38	7·08	7·28
...	506	536	6·06		Hermannstr.		6·02	6·32	7·02	7·22
...	508	538	6·08		Neukölln 214		5·59	6·29	6 59	7·19
...	↓	↓	↓	ab	Niederschönew. J.	an	↑	↑	↑	↑
...					Baumschulenw.					
...	511	541	6·11		Kais. Friedrichstr.		5·57	6·27	6·57	7·17
...	515	545	6·15		Treptow . .		5·53	6·23	6·53	7·13
...	519	549	6·19		Stralau-Rummelsb.		5·49	6·19	6·49	7·09
...	522	552	6·22		Frankft. Allee		5·46	6·16	6·46	7·06
...	525	555	6 25		Zentralviehhof		5·43	6·13	6·43	7·03
...	528	558	6·28		Landsb. Allee		5·40	6·10	6·40	7·00
...	531	6·01	6·31		Weissensee .		5·37	6·07	6·37	6·57
...	534	6·04	6·34		Prenzlauer Allee		5·34	6·04	6·34	6·54
...	537	6·07	6·37		Schönhaus. Allee		5·31	6·01	6·31	6·51
...	541	6·11	6·41		Gesundbrunn.		5·27	557	6·27	6·47
...	544	6·14	6 44		Wedding . .		5·24	554	6·24	6·44
...	548	6·18	6·48		Putlitzstrasse		5·20	550	6·20	6·40
...	550	6·20	6·50		Beusselstrasse		5·16	546	6·16	6·37
...	555	6·25	6·55		Jungfernheide		5·11	541	6·11	6·33
Ab Charlottenb.	6·00	6·30	7·00	an	Westend . .	ab	5·06	536	6·06	6·28
...	...	...	...	ab	Grunewald	an	...	...	...	...
	6·05	6·35	7·05	ab	Westend . .	an	...	...	6·03	...
5·06	6·08	6·38	7·08		Witzleben .		...	...	6·00	...
511	6·11	6·41	7·11		Halensee . .		...	...	5·57	...
514	6·14	6·44	7·14		Hohenzollernd.		...	...	5·53	...
517	6·17	6·47	7·17		Schmargendorf		...	...	5·50	...
521	6·21	6·51	7·21		Wilmersd.-Fried.		...	...	5·46	...
524	6·24	6·54	7·24		Ebersstrasse		...	...	5·43	...
528	6·28	6·58	7·28		Schöneberg .		...	...	5·39	...
534	6·34	7·04	7·34	an	Potsd. Rgbf.	ab	...	...	5·34	...

weiter ab Potsd. Rgbf. 6·17, 6·47, 7·17, ‡7·26, 7·37, 7·47, 8·07, 8·17, *8·37, 8·47, *9·07, 9·17, *9·37, 9·47, 10·17, 10·47, 11·17, 11·32, ‡11·51, 11·47, 12·07, 12·17, 12·37, 12·47 usw. um 07, 17, 37, 47 bis 9·41, *10 07, 1017, *1037, 1047, *11·07, *11·17, *11·31, 11·41, §12·01, §12·11, §12·31, §12·41. Ausserdem ab Hermannstrasse 7·26, ab Halensee (von Charlottenburg) 5·11, 7·01. Ab Westend nach Potsd. Rgbf. 5·15, 7·25, 7·55, 11·55. ‡ ab Hermannstr. § bis Schles. Bhf. über Stralau-Rummelsbg. * bis Westend. ‡ ab Weissensee.

usw. um 6·04, 6·34, §6·58, 7·04, 7·24, §7·27, 7·34, 7·54, 8·04, ‡8·24, 8·34, ‡8·54, 9·04, *9·24, 9·34, 9·54, 10·04, 10·34, §10·6, 11·04, §11·26, 11·34, §11·56, §12·28, dann um 12·04, 24, 54 und 54 bis 1004, dann ‡1024, 1054, ‡1104, ‡1124, ‡1134, §1154, §1124, §1254; ausserd. 449, 519 ab Stralau-Rummelsb. bis Potsd. Rgbf.
‡ bis Papestr. § bis Charlottenburg. ‡ bis Hermannstr. * bis Westend.

Wilmersdorf—Friedenau—Baumschulenweg—Grünau nur an Werktagen, s. Seite VIII.
Ringverkehr, Werktagsfahrplan, s. Seite V.

Wünsdorf—Zossen—Berlin (Potsd. Ringbhf.) u. zurück.

Wünsdorf ab	...	...	...	628	W744	...	...	F	W1042	...	...	Sb u. F nicht	...	Sb u. F nicht	...	☽847	☽1007	1046
Zossen 42 .	448	528	...	640	753	808	9·28	1048	1053	...	...		...		818	858	1018	1056
Dabendorf .	452	532	...	644	757	812	9·32	1052	1057	...	...		...		822	902	1022	1100
Rangsdorf 42	502	542	...	653	807	822	9·42	1102	1107	...	...		...		832	912	1032	1109
Dahlewitz .	508	548	...	659	813	828	9·48	1108	1113	...	...		...		838	918	1038	1116
Mahlow 42 .	515	555	...	706	820	835	9·55	1115	1120	...	...		...		845	925	1045	1123
Lichtenrade	520	6·00	W	711	825	840	10 00	1120	1125	Sb	Sb		W		850	930	1050	1129
Marienfelde 42	527	6·07	706	718	832	847	10 07	1127	1132	1257	157	357	427	417	857	937	1057	1136
Mariendorf .	532	6·12	711	723	837	852	10 12	1132	1137	102	202	402	432	422	902	942	1102	1142
Papestrasse	539	6·19	718	729	844	859	10 19	1139	1144	109	209	409	439	429	909	949	1109	1149
Yorkstrasse	543	6·23	721	733	848	903	10 23	1143	1148	113	213	413	443	432	913	953	1113	1153
Berlin Pd. Rgb. an	547	6·27	725	737	852	907	10 27	1147	1152	117	217	417	447	...	917	957	1117	1157

weiter ab Zossen 1128, 1228, 128, 217 ab Wünsdorf, ☽328, 427, 5·18, 5·57, 658, 741, F956

km																
	Berlin Ptsd. Rgb.	503	W	W618	W	W632	6·38	7·18	8·29	9·38	W648	728	828	9·28	1048	1148	...
1	Yorkstrasse	507	6 12	623	6·31	6·36	6·42	7·22	8 33	9·42	652	732	832	9·32	1052	1152	...
4	Papestrasse	512	6 17	627	6·36	6·41	6·47	7·27	8·38	9·46	656	736	836	9·36	1056	1156	...
7	Mariendorf .	520	6 24	634	6·42	6·48	6·54	7·33	8·44	9·53	703	743	843	9·43	1103	1203	...
9	Marienfelde 42	525	6 29	640	6·47	6·54	7·01	7·39	8·49	9·58	708	748	848	9·48	1108	1208	...
14	Lichtenrade	532	...	647	...	7·00	7·08	7·46	8·55	10 04	714	754	854	9·54	1114	1214	...
17	Mahlow 42 .	538	...	653	...	7·06	7·14	7·52	9 01	10 10	720	800	900	10·00	1120	1220	...
21	Dahlewitz .	544	...	659	...	...	7·21	7 58	9·08	10 17	727	807	907	F10 07	1127	1227	...
24	Rangsdorf 42	554	...	706	...	...	7·27	8·05	9·14	10 23	733	813	913	1013	1133	1233	...
30	Dabendorf .	6·00	...	715	...	...	7·37	8·14	9·24	10 33	743	823	923	1023	1143	1243	...
33	Zossen 42 .	6·05	...	719	...	...	7·41	8·18	9·29	10 37	747	828	928	1028	1148	1248	...
39	Wünsdorf an	6·15	...	729	...	...	...	...	9·39	...	...	‡838	‡938	1038	1158	...	...

weiter ab Potsd. Bhf. nach Zossen 10·38, 11·58, §12·38, ‡1 38, F208, 238, 338, §438, 538, 628

Ausserdem:												
Mahlow . . ab	W6·25	W727	W805	F915	F1015	F2 25	F3 25	W424	605	718	F748	F835
Berlin P.Rgb. an	6·57	7·59	8 37	947	10 47	2·57	3 57	4·57	637	747	817	907
Berlin P.Rgb. ab	W7·28	F8 08	F9 08	F10 18	F1 18	3·18	4·08	5·08	...			
Mahlow . . . an	7·59	8·40	9·40	1050	1·52	3·50	4·40	5·40	...			

☽ F ab Wünsdorf. § bis Wünsdorf. ‡ F bis Wünsdorf.

3

Erkner—Fürstenwalde und zurück.

km																				
	Erkner . ab	W518	F6·26	W7·00	F9·05	W9·30	11·00	W12·30	F12·56	W2·30	F3·26	W4·30	W5·35	F5·56	W705	8·00	W9 00	F10·26	W1000	11·58
6	Fangschleuse	523	6·36	7·10	9·15	9·40	11·10	12·40	1·06	2·40	3·36	4·40	5·45	6·06	7·15	8·10	9·12	10·36	10·10	12·08
12	Hangelsberg	531	6·47	7·21	9·26	9·51	11·21	12·51	1·17	2·51	3·47	4·51	5·56	6·17	7·25	8·21	9·21	10·47	10·21	12·19
23	Fürstenw. an	544	7·01	7·35	9·40	10 05	11·35	1·08	1·31	3·05	4·01	5·05	6·10	6·31	7·40	8·35	9·35	11·01	10·35	12·33

Fürstenw. 17 ab	W429	F517	W542	W7·13	F8·07	W8·43	F10 00	W10 43	F11 56	W1·43	F2·37	W3·10	F4·37	W4·43	W5·43	W643	F7·07	W813	9·11	F1109	W1113
Hangelsberg . .	4·42	5·51	5·56	7·27	8·21	8·57	10·14	10·57	12·10	1·57	2·51	3·24	4·51	4·57	5·57	651	7·21	8·27	9·25	1123	1127
Fangschleuse . .	4·52	6·02	6·07	7·38	8·32	9·08	10·25	11·08	12·21	2·08	3·02	3·35	5·02	5·08	6·08	708	7·32	8·38	9·36	1134	1138
Erkner . . . an	5·02	6·12	6·17	7·48	8·42	9·18	10·35	11·18	12·31	2·18	3·12	3·45	5·12	5·18	6·18	718	7·42	8·48	9·46	1144	1148

VII

Berlin [Wannseebhf.]—Wannsee—Potsdam u. zur.

					km	Station		
455	510	W520	530	W550		ab Berlin Wannsbl. an	W514	549
459	514	524	534	554	1	Gr. Görschenstr.	509	544
504	519	529	539	559	4	Friedenau . . .	504	539
508	523	533	543	6·03	6	Steglitz . . .	500	535
511	526	536	546	6·06	8	Botan. Garten .	457	532
514	529	539	549	6·09	9	Gr. Lichterfelde W	454	528
519	533	544	553	6·13	11	Zehlendorf Mitte	449	524
523	W	548	W	6·18	12	Zehlendorf West	445	W
526	...	551	...	6·21	15	Schlachtensee .	442	...
530	...	555	...	6·25	17	Nikolassee . .	439	...
533	...	558	...	6·28	18	Wannsee . . .	435	...
540	...	6·05	...	6·35	23	Neubabelsberg	428	...
545	...	6·10	...	6·40	25	Nowawes . .	423	...
549	...	6·14	...	6·44	27	an Potsdam Wbhl. ab	420	...

Weiter:
a) bis **Potsdam** an W: 640, 722, 755, 1215, 130, 245, 340, 440, 510, 540, 650, 1150, 1220; an F von 100 bis 1080 halbstündlich u. 1150, 1220.
Werktags:
b) bis **Wannsee** 620, §820, 828, 850, 910, 930, 950, 1010, 1030, 1050, 1120, 1150, 1245, 115, 150, 215, 300, §325, 330, 400, 420 §455, 450, §530, 580, 600, §620, 620, 680, 710, 720, 740 750, 810, 830, 850, 920, 950, 1010, 1030, 1050, 1120.
c) bis **Schlachtensee** ausserd. 1230, 640, 700, 820.
d) bis **Zehlendorf** Mitte ausserd. 610, 630, 655, 706, 714, 726, 735, 748, 751, 803, 815, 840, 900, 100, 140, 200, Sb225, 230, Sb240, 310, 320, 350, 410, 430, 500, 520, 550, 610, 720, 800, 910. F stündlich.
e) bis **Gr. Lichterfelde** West 5—15 Min.-Verkehr. F halbstündlich.

Weiter:
a) ab **Potsdam** an W: 525, 605, 635, 714, 745, 830, 900, 100, 310, 410, 500, 610, 650, 700, 800 an F 549, 649, 146, 218 usw. halbstündl. bis 1148.
Werktags:
b) ab **Wannsee** 552, 610, 520, 650, §716, 728, §740, 748, 800, §815, 845, §905, 915, 945, 1000, 1015, 1030, 1045, 1105, 1145, 1205, 1245, 105, 115, 215, 245, 305, 325, 345, §410, 425, 435, 445, 505, 515, 545, 615, 625, 635, 645, 705, 715, 725, 745, 545, 820, 845, 910, 915, 950 945, 1005, 1025, 1045, 1115, 1145, 1215.
c) ab **Schlachtensee** ausserd. noch 711, 122, 732, 812, 932.
d) ab **Zehlendorf** Mitte ausserd. noch 524, 542, 640, 657, 714, 726, 730, 738, 746, 750, 758, 806, 819, 829, 804, 841, 849, 909, 919, 939, 139, 219, 289, 309, Sb329, 409, 419, 429, 539, 549, 609, 649, 809. F stündlich.
e) ab **Gr. Lichterfelde West** 5—15 Min.-Verkehr. F halbstündlich.

Sonn- und Festtags besonderer Fahrplan; Berlin Wannseebhf.—Wannsee u. zurück. Vorm. halbstündlich, nachm. in der Regel viertelstündl.
§ diese Züge entspringen u. endigen auf dem Potsd. Hbf. u. halt zwisch. Berlin u. Zehlendorf Mitte nicht.

4

VIII

Fernzüge Berlin Lehrt. Bhf.—Wustermark und zurück.

Zwischen Berlin u. Spandau W. sind die Züge zur Benutzung mit Vorortkarten freigegeben.

									km	Station									
F542	7 27	Von Charlottenburg	9 10	140	3 49	607	832	1010		ab Berlin L. Bhf. an	535	8 07	nach Charlottenburg	1126	1 10	3 28	428	[illegible]	902
553	7 33		9 15	151	3 54	612	844	1015	3	↓ Putlitzstrasse ↑ s. a. XV.	530	8 02		1121	1 05	3 23	418	[illegible]	854
6 00	7 40		9 21	157	4 00	618	850	1021	6	Jungfernheide	524	7 54		1115	1259	3 17	412	[illegible]	851
6 05	7 45		9 25	201	4 04	622	854	1025	8	Fürstenbrunn	520	7 50		1111	1255	3 13	408	[illegible]	847
6 13	7 52	8 40	9 32	208	4 11	629	901	1032	12	Spandau 44. 57	513	7 43	1040	1104	1248	3 06	401	[illegible]	840
6 16	7 55	8 43	9 35	211	4 15	632	904	1035	13	„ West	510	7 40	1037	1101	1245	3 03	357	[illegible]	837
6 23	8 02	8 50	9 42	218	4 23	639	911	1042	17	Staaken 57. 57a	503	7 33	1030	1054	1238	2 56	350	[illegible]	830
6 33	8 12	9 00	9 52	228	4 34	649	921	1052	22	Dallgow-Döberitz	453	7 23	1020	1044	1228	2 46	340	[illegible]	820
6 41	8 20	9 09	1005	...	4 41	656	930	1101		Wusterm. Verschiebebf.	447	7 17	1014	1038	1222	2 40	F	[illegible]	814
6 48	8 26	9 16	1012	...	4 48	705	937	1108	30	an Wustermark ab	440	7 10	1007	1031	1215	2 33	...	[illegible]	807

Ausserdem:																			
W442	W523	647	W1006	1206	1259	W255	511	706	1186	Berlin L.Bhf. an	W658	937	W1207	218	W518	558	1010	1121	135
539	6 20	750	1103	1 03	1 57	3 53	608	803	1236	Wustermark ab	6 00	842	1112	128	4 17	502	915	1036	1240

Berlin Görlitzer Bahnhof—Grünau—Königswusterhausen u. zurück.

(Züge von der Stadtbahn nach Grünau siehe Seite IX.) Werktagsfahrplan.

Station																												
Berlin Görl. Bf. ab	510	527	548	...	617	635	7 20	7 40	8 40	9 50	1030	1127	1227	Sb1250	127	2 10	247	3·27	3 40	4 27	520	5 50	627	727	847	9 47	1105	1150
Baumschulenw.	519	536	557	607	626	644	7 29	7 49	8 49	9 59	1039	1136	1236	1259	1 36	2 19	256	3·36	3 49	4 36	529	5 59	636	736	856	9 56	1114	1159
Niederschönew.-Joh.	523	541	608	611	630	648	7 33	7 53	8 53	1003	1043	1141	1241	1·03	1 41	2 23	300	3 41	3 53	4 41	533	603	641	741	901	1001	1118	1203
Adlersh.-Altglien.	529	547	609	616	636	654	7 39	7 59	8 59	1009	1049	1147	1247	1·09	1 47	2 29	306	3 47	3 59	4 47	539	609	647	747	907	1007	1124	1209
Grünau	535	553	615	622	642	700	7 45	8 05	9 05	1015	1055	1153	1253	1·15	1 53	2 35	312	3·53	4 05	4 53	545	615	653	753	913	1013	1130	1215
Eichw.-Schmöckw.	543	6 01	623	630	650	708	...	8 13	9 13	1023	1103	1201	1 01	1·23	2 01	2 43	320	Sb401	4 13	5 01	553	623	701	801	921	1021	1138	1223
Zeuthen	548	6 06	628	635	655	713	...	8 18	9 18	1028	1108	1206	1 06	1·28	2 06	2 48	325	4·06	4 18	5 06	558	628	706	806	926	1026	1143	1228
Wildau	553	6 13	635	641	702	720	...	8 25	9 25	1035	1115	1213	1 13	1·35	2 13	2 55	332	4·13	4 25	5 13	605	635	713	813	933	1033	1150	1235
Königswusterh. 24. 26. 215	559	6 17	639	646	706	724	...	8 29	9 30	1039	1119	1217	1 17	1·39	2 17	2 59	336	4·17	4 29	5 17	609	639	717	817	937	1037	1154	1239
Königswusterh. 24. 26. 215	449	549	624	639	6 59	729	7 49	9 19	1019	1059	1149	1249	139	Sb	Sb204	2 49	3 49	...	409	Sb439	4 49	5·49	649	719	749	909	1029	1140
Wildau	454	554	629	644	7 04	734	7 54	9 24	1024	1104	1154	1254	144	2·02	2·09	2 54	3 54	4 02	414	4·44	4 54	5·54	654	724	754	914	1034	1145
Zeuthen	500	6 00	635	650	7 10	740	8 00	9 30	1030	1110	1200	1 00	150	2·07	2·15	3 00	4 00	4 07	420	4·50	5 00	600	700	730	800	920	1040	1151
Eichw.-Schmöckw.	505	6 05	640	655	7 15	745	8 05	9 35	1035	1115	1205	1 05	155	2 11	2·20	3 05	4 05	4 11	425	4·55	5 05	605	705	735	805	925	1048	1156
Grünau	513	6 13	648	703	7 23	753	8 13	9 43	1043	1123	1213	1 13	203	2·19	2·28	3 13	4 13	4 19	433	5·03	5 13	613	713	743	813	933	1053	1204
Adlersh.-Altglien.	520	6 20	655	710	7 30	800	8 20	9 50	1050	1130	1220	1 20	210	2·25	2·35	3 20	4 20	4 25	440	5·10	5 20	620	720	750	820	940	1100	1211
Niederschönew.-Joh.	528	6 28	701	716	7 36	806	8 28	9 56	1056	1136	1228	1 28	216	2·33	2·41	3 28	4 27	4 33	446	5·16	5 28	628	728	759	828	948	1106	1217
Baumschulenw.	532	6 32	705	720	7 40	810	8 32	1000	1100	1140	1232	1 32	220	2·36	2·45	3 32	4 31	4 36	450	5·20	5 32	632	732	800	832	952	1110	1221
Berlin Görl. Bf. an	542	6 42	715	730	7 50	820	8 42	1010	1110	1150	1242	1 42	230	...	2·55	3 42	4 41	8	500	5·30	5 42	642	742	812	842	1002	1120	1231

...	6·50	2·00	Sb2 25	5·00	1035	ab Berlin Görl. Bf. an	6·10	9·35	Sb2 10	3·10	4·10	610	Ausserdem: Wildau ab Sb208, 8 4 08; Königswusterh. an 2·12, 4·12. 8 Mo bis Fr.
...	7·15	2·25	2·59	5·25	1100	an Grünau ab	5·43	9·08	1·43	2 43	3·43	5·43	

Sonntagsverkehr: Berlin Görl. Bf. ab nach Königswusterhausen: 545, 6·25, 7·40, 7·50 ‡8·00, 8·50, 9·20 u. halbstündl. bis 1050, dann 1150, 1250, 1·20, 1·50, 2·15, 2·50, 3·20, 3·50, 4·50. 5·50, 625, 650, 740, 850. 950, 1050, 1150: zurück: 519, 6·49, 7·49, 8·19, 9·19, 1019, 1049, 1119, 1149, 1249, 1·19, 2·49, 3·19, 4·19, 5·19, 5·49, 624, 709, 719, 729, 749, 819, 919, 944, 1039, 1119.
Görl. Bhf.—Grünau u. Zeuthen u. nur verstärkter Verkehr. ‡ bis Grünau.

Wilmersdorf-Friedenau—Grünau u. zur.

b Züge halt. in Köllnische Heide. Nur Werktagsverkehr. Siehe auch Ringverkehr, Seite V.

					Station			
506	...	Von 5·06 bis 8·06,	...	...	ab Wilmersdf.-Fr. an	441	Von 4·01 bis 7·31,	...
508	...	von 2·06 bis 6·36	...	...	↓ Ebersstrasse ↑	438	von 1·31 bis 5·31	...
511	...	alle 30 Min., sowie	...	...	Papestrasse	435	alle 30 Min., sowie	...
515	...	736, 836 von Wil-	...	...	Tempelhof	432	631, 731 v. Grünau	...
521	8·51	mersdorf bis Grünau.	9·51	10 51	Hermannstrasse	426	bis Wilmersdorf.	8·26
523	8·53	Ausserdem:	9·53	10 53	Neukölln b	424	Ausserdem:	8·23
529	9·00	von Hermannstr.	10 00	11 00	Baumschulenweg b	416	bis Hermannstr.	8·16
535	9·05	nach Grünau 9 51	10 05	11 05	Niederschönew.-J.	413	8·31, 9·31, 10·31,	8·13
542	9·12	10·51, 11·51, 12·51,	10 12	11 12	Adlersh.-Alt-Glienicke	407	11·31, 12·31, 931 u. ab	8·07
547	9·17	1·51.	10 17	11 17	an Grünau ab	401	Niederschönew. 843.	8·01

An F aus Schöneberg nach Grünau 6·02, 6·44, 7·16, 7·46, 12 46 halbstündlich bis 4·16. stündlich bis 1116, sowie 846, 946, 1046 nach Niederschönew, 8·16 bis 1216 halbstündl. Zurück nach Schöneberg ab Grünau 523, 546, 623, 653, 723, 753, 823, vom 123 stdl. bis 1023 u. 1·23, 2·53, 753, 853, 953; ab Niederschönew. 904 bis 104 halbstdl.

5

IX

Grunewald / Westend —Stadtbahn— Spindlersfeld / Grünau (Mark).

Station															
Grunewald	4·18	4·38	4·48	...	5·08	5·18	...	5·38	5·48	...	6·08	6·18	...	...	...
Eichkamp	4·21	4·41	4·51	...	5·11	5·21	...	5·41	5·51	...	6·11	6·21	...	...	...
Westend	↓	↓	↓	4·57	↓	↓	5·27	↓	↓	5·57	↓	↓	6·27	6·37	6·47
Witzleben	↓	↓	↓	5·01	↓	↓	5·31	↓	↓	6·01	↓	↓	6·31	6·41	6·51
Charlottenbg.	4·26	4·46	4·56	5·06	5·16	5·26	5·36	5·46	5·56	6·06	6·16	6·26	6·36	6·46	6·56
Savignyplatz	4·29	4·49	4·59	5·09	5·19	5·29	5·39	5·49	5·59	6·09	6·19	6·29	6·39	6·49	6·59
Zoologischer Gart.	4·32	4·52	5·02	5·12	5·22	5·32	5·42	5·52	6·02	6·12	6·22	6·32	6·42	6·52	7·02
Tiergarten	4·35	4·55	5·05	5·15	5·25	5·35	5·45	5·55	6·05	6·15	6·25	6·35	6·45	6·55	7·05
Bellevue	4·38	4·58	5·08	5·18	5·28	5·38	5·48	5·58	6·08	6·18	6·28	6·38	6·48	6·58	7·08
Lehrter Stadtbhf.	4·42	5·02	5·12	5·22	5·32	5·42	5·52	6·02	6·12	6·22	6·32	6·42	6·52	7·02	7·12
Friedrichstrasse	4·46	5·06	5·16	5·26	5·36	5·46	5·56	6·06	6·16	6·26	6·36	6·46	6·56	7·06	7·16
Börse	4·49	5·09	5·19	5·29	5·39	5·49	5·59	6·09	6·19	6·29	6·39	6·49	6·59	7·09	7·19
Alexanderplatz	4·51	5·11	5·21	5·31	5·41	5·51	6·01	6·11	6·21	6·31	6·41	6·51	7·01	7·11	7·21
Jannowitzbrücke	4·54	5·14	5·24	5·34	5·44	5·54	6·04	6·14	6·24	6·34	6·44	6·54	7·04	7·14	7·24
Schles. Bhf.	4·57	5·17	5·27	5·37	5·47	5·57	6·07	6·17	6·27	6·37	6·47	6·57	7·07	7·17	7·27
Warschauer Str.	5·00	5·20	5·30	5·40	5·50	6·00	6·10	6·20	6·30	6·40	6·50	7·00	7·10	7·20	7·30
Stral.-Rummelsb. Bhf.	5·03	5·23	5·33	5·43	5·53	6·03	6·13	6·23	6·33	6·43	6·53	7·03	7·13	7·23	7·33
Treptow	5·07	5·27	5·37	5·47	5·57	6·07	6·17	6·27	6·37	6·47	6·57	7·07	7·17	7·27	7·37
Baumschulenweg	5·13	5·33	5·43	5·53	6·03	6·13	6·23	6·33	6·43	6·53	7·03	7·13	7·23	7·33	7·43
Niederschöneweide-Joh.	5·18	5·38	5·48	5·58	6 08	6·18	6·28	6·38	6·48	6·58	7·08	7·18	7·28	7·38	7·48
Adlersh.-Altglien.	5·24	—	5·54	6·04	↓	6 24	6·34	↓	6·54	7·04	...	7·24	7 34	↓	7·54
Grünau 24 . an	5·29	...	6·00	6·10	↓	6·30	6·40	↓	7·00	7·10	...	7·30	7·40	↓	8·00
Niederschönew.-Joh.	5·42	4·48	...	...	6·14	...	...	6·38	...	...	...	...	...	7·39	...
Oberspree	5·45	4·52	...	...	6·20	...	...	6·42	...	...	...	...	...	7·42	...
Spindlersfeld	5·51	4·57	...	...	6·24	...	...	6·47	...	...	...	...	...	7·47	...

Es werden ferner gefahren an Werktagen:

Westend—Charlottenburg—Schles. Bhf.—Stralau-R.—Niederschöneweide—Grünau. Westend ab 6·57, •7·07, 7·17, 7·27, •7·37, 7·47, 7·57, •8·07, •8·17, 8·27, •8·47, •8·59, •9·17, 9·27, ▯9·47, •9·57, 1027, •1057, •11·17, 11·27, •11·47, 11·57, •12·17, 12·27, 12·47, 12·57, •1·07, 1·17, 1·27, 1·47, 1·57, •2·07, 2·17, 2·27, 2·37, 2·47, 2·57, •3·07, 3·17, 3·27, 3·47, 3·57, •4·07, 4·17, 4·27, •4·37, 4·47, 4·57, •5·07, 5·17, 5·27, •5·37, •5·47, 5·57, •607, ▯617, 627, ▯647, 657, •707, ▯717, 727, •737, ▯747, •757, •807, ▯817, 827, ▯847, •857, •917, 927, ▯947, •957, ▯1017, 1027, ▯1047, 1057, ▯1117, 1127, 1157. Ab Charlottenburg immer 7 Minuten später.
• nur bis Niederschöneweide. ▯ bis Schles. Bhf.

Charlottenburg—Schles. Bhf.—Niederschöneweide—Spindlersfeld. 11·46, ‡12·37, 1·37, ‡2·46, ‡3·46, ‡4·46, 5·46, ‡6·46, ‡8·06, ‡9·06. ‡ von Westend ab 7 Minuten früher.

Westend— u. Charlottenburg—Stralau-Rummelsburg 10 Min.-Verkehr.

Von Grunewald kommen nur die aufgeführten Frühzüge, alle anderen Züge beginnen in Westend resp. Charlottenburg.

Sonntagsfahrplan. ✗ ab Charlottenburg bis Spindlersfeld: 551, dann stündl. bis 1051. ✗ ab Charlottenburg bis Grünau: 434, 504, 534, 6·04 und weiter alle 30 Min. bis 12·04. ✗ ab Charlottenburg bis Niederschöneweide-J.: 5·04, 5·21, 5·34, 5·51 und weiter stündlich 4 mal zu denselben Minuten bis 12·24. Ausserdem ab N.-Schönew.-Joh. 5·48 nach Spindlersfeld. Charlottenburg ab 4·51 bis Schles. Bhf. 5·21 an. Halensee ab 12·29 bis Charlottenburg.

✗ die ersten Züge kommen aus Grunewald, die übrigen aus Halensee.

Rückstrecke siehe Seite X.

6

Spindlersfeld / Grünau (Mark) —Stadtbahn— Grunewald / Westend.

Spindlersfeld .	...	...	...	...	5·16	...	...	6·16	...	...	...	...	...	...	...
Oberspree . . .	...	...	...	...	5·20	...	...	6·20	...	...	...	...	...	...	...
Niederschönew. Joh.	...	...	...	...	5·25	...	...	6·25	...	...	...	...	...	...	...
Grünau 24 . ab	...	4·38	..	5·08	↓	...	5·48	↓	6·28	...	...	...	12·08	...	...
Adlersh.-Altglien.	...	4·43	...	5·13	↓	...	5·53	↓	6·33	...	...	...	12·13	...	...
Niederschöneweide-Joh.	...	4·50	5·00	5·20	5·30	5·40	6·00	6·30	6·40	...	...	...	12·20	...	...
Baumschulenweg	...	4·54	5·04	5·24	5·34	5·44	6·04	6·34	6·44	...	...	...	12·24	...	...
Treptow	...	5·02	5·12	5·32	5·42	5·52	6·12	6·42	6·52	...	...	...	12·32	...	...
Stral.-Rummelsb.Bst.A	...	5·05	5·15	5·35	5·45	5·55	6·15	6·45	6·55	...	...	...	12·35	...	...
Warschauer Str.	...	5·08	5·18	5·38	5·48	5·58	6·18	6·48	6·58	...	...	...	12·38	...	...
Schles. Bhf. .	...	5·11	5·21	5·41	5·51	6·01	6·21	6·51	7·01	...	...	...	12·41	...	...
Jannowitzbrücke	...	5·14	5·24	5·44	5·54	6·04	6·24	6·54	7·04	...	...	...	12·44	...	...
Alexanderplatz .	...	5·16	5·26	5·46	5·56	6·06	6·26	6·56	7·06	...	...	...	12·46	...	...
Börse	...	5·19	5·29	5·49	5·59	6·09	6·29	6·59	7·09	...	...	...	12·49	...	...
Friedrichstrasse .	...	5·22	5·32	5·52	6·02	6·12	6·32	7·02	7·12	...	...	...	12·52	...	...
Lehrter Stadtbhf.	...	5·26	5·36	5·56	6·06	6·16	6·36	7·06	7·16	...	...	...	12·56	...	...
Bellevue	...	5·30	5·40	6·00	6·10	6·20	6·40	7·10	7·20	...	...	...	1·00	...	...
Tiergarten . . .	...	5·33	5·43	6·03	6·13	6·23	6·43	7·13	7·23	...	...	...	1·03	...	...
Zoologischer Gart.	...	5·35	5·45	6·05	6·16	6·25	6·45	7·15	7·25	...	...	...	1·05	...	...
Savignyplatz . .	...	5·38	5·48	6·08	6·18	6·28	6·48	7·18	7·28	...	...	...	1·08	...	...
Charlottenburg an	...	5·42	5·52	6·12	6·22	6·32	6·52	7·22	7·32	...	...	...	1·12	...	...
Witzleben . . ab	...	5·46	5·56	6·16	...	6·36	6·56	7·26	7·36	...	...	...	↓	...	...
Westend . . an	...	5·49	5·59	6·19	...	6·39	6·59	7·29	7·39	...	...	...	↓	...	...
Eichkamp . . ab	...	...	...	...	...	...	...	...	...	...	...	...	1·16	...	...
Grunewald . an	...	...	...	...	...	...	...	...	...	...	...	...	1·20	...	...

Es werden ferner gefahren an Werktagen:

Spindlersfeld – Niederschöneweide – Stralau-R. – Schles. Bhf. – Charlottenburg – Westend: ‡5·16, 6·16, 6·38, 7·21, ‡8·16, 12·16, 1·16, 2·16, 3·16, 4·16, 5·16, 6·16, §7·16, §8·16, 9·36, 10·36, 11·36. ‡ nur bis Charlottenburg. § nach Charlottenburg – Grunewald.

Grünau – Niederschöneweide – Stralau-R. – Schles. Bhf. – Charlottenburg – Westend: 5·38, 5·58, 6·08, 6·28, §6·30, 6·38, 6·58, §7·00, 7·08 7·28, §7·30, 7·38, 7·58, §8·00, 8·08, 8·28, ‡8·30, 8·38, 9·08, §9·10, §9·40, §9·50, §10·00, 10·08, §10·40, §10·50 11·08, ‡11 21, §11·50, ‡11·51, 12·08, ‡12·21, 12·38, §12·40, §1·00, 1·08, §1·10 1·28, §1·30, 1·38, 1·58, §2·00, 2·08, 2·28, §2·30, 2·38, 2·58, §3·00, 3·08, 3·28, §3·30, 3·38, 3·58, §4·00, 4·08, 4·28, §4·30, 4·38, 4·58, §5·00, 5·08, 5·28, ‡5·30, 5·38, 5·58, §6·00, 6·08, 6·28, §6·30, 6·38, §7·00, 7·08, 7·10, ‡7·11, 7·30, 7·38, ‡8·00, ‡8·01, 8·08, ‡8·10, 8·38, ‡9·01, 9·08, ‡9·31, §9·50, 9·58, 10·08, §10·50, ‡‡11·01, 11·08, §11·50.

§ ab Niederschöneweide. ‡ nur bis Charlottenburg.
‡ ab Niederschöneweide bis Charlottenburg.
‡ ab Niederschöneweide bis Grunewald.
‡ ab Berlin Schles. Bhf.

Stralau-Rummelsbg. – Charlottenb. u. – Westend 10 Min.-Verkehr.

Sonntagsfahrplan: Ab Spindlersfeld nach Charlottenburg ●: stündl. von 6·18 bis 11·18, 12·18 (bis Niederschöneweide). Ab Grünau nach Charlottenburg ●: halbstündlich von 4·31, 5·01 bis 11·31, 12·01. Ab Niederschönew.-J. nach Charlottenburg ⊙: 4·42, 5·12, 5·32, 5·42, 5·57, 6·12, 6·27, 6·42, 6·57 und weiter stündlich 4 mal zu denselben Minuten bis 11·51.

● **die letzten Züge fahren nach Grunewald, die übrigen alle nach Halensee.**

Rückstrecke siehe Seite IX.

XI

Stahnsdorf Friedhof und Potsdam—Stadtbahn—Erkner und zurück.

Stahnsd. Friedhof ab	...	...	...	...
Dreilinden . . . ab	...	...	...	...
Potsdam . . . ab	...	...	...	452
Nowawes	...	...	...	455
Neubabelsberg .	...	...	...	500
Wannsee	...	...	...	508
Nikolassee . . .	...	...	...	512
Grunewald . .	...	...	...	525
Eichkamp . . .	...	...	...	528
Charlottenburg	...	...	...	533
Savignyplatz .	...	...	...	537
Zoologisch. Garten	...	...	...	540
Tiergarten . . .	...	...	...	542
Bellevue	...	...	...	545
Lehrter Bahnhof	...	...	...	549
Friedrichstrasse .	...	...	...	553
Börse	...	...	...	556
Alexanderplatz .	...	...	...	559
Jannowitzbrücke	...	...	...	6·01
Schles. Bhf. .	415	...	...	6·05
Stralau-Rumm. Bstg. B	421	...	5·31	6·11
Rummelsburg . .	424	...	5·34	6·14
Karlshorst . . .	431	...	5·41	6·21
Sadowa	435	...	5·45	6·25
Cöpenick	440	520	5·50	6·30
Hirschgarten . .	443	523	5·53	6·33
Friedrichshagen	447	531	5·57	6·37
Rahnsdorf . . .	454	538	...	6·44
Wilhelmshagen .	459	543	...	6·49
Erkner ⊡ . . . an	504	549	...	6·54

Es werden gefahren an Werktagen:

Potsd. – Grunewald – Charlottenb. – Schles. Bhf. – Friedrichshagen – Erkner. Potsdam ab 452, 522, 552, 622, 652, 722, 752, 822, 852, 922, 952, 1022, 1122, weiter stündl. bis 422 u. 412, 452, 522, 552, 622, 652, 722, 752, 822, 852, 922, 952, 1022, *1052, 1122, ‡1152. ‡ bis Schles. Bhf. * bis Charlottenburg.
Ausserd. ab Wannsee: 1108, 1208, ‡1258, 108, 208, ‡258, 528, 628, ‡658, 728, ‡828, ‡858, §928, 958 (bis Stralau-R.), §1028.

Grunewald – Charlottenburg – Schlesisch. Bhf. – Cöpenick – Friedrichshagen – Erkner. Grunewald ab von 525—1055 halbstündl., ausserd. 455, 515, ‡545, ‡605, ‡615, ‡635, ‡645, §705, ‡715, §815, §845, 1145, ‡1215, 1245, 145, §158, ‡215, ‡235, 245, ‡305, ‡335, 345, ‡405, §423, ‡435, §453, ‡505, ‡535, ‡605, ‡635, ‡705, ‡735, §905.
‡ bis Friedrichsh. ‡ bis Schles. Bhf. § bis Cöpenick. ‡ bis Karlshorst.

Grunewald – Charlottenb. – Schles. Bhf. – Karlshorst. 4·55 bis 8·55 und 11·35 bis 9·25 alle 10 Min., während der übrigen Zeit alle 20 resp. 30 Min. bis 1135.

Grunewald – Stralau-R. von 455 bis 1105 alle 10 Min.

Ab **Stahnsdorf Friedhof fahren** mit Halt auf allen Stationen:

Stahnsd. Friedh. ab	6 42	7 19	8·49	12 49	2 59	✕ 3·49 nach Friedrichshag.	3 59	4 49	5 49	7 49
Wannsee . .	6 58	7 28	8·58	12 58	3 08		4 08	4 58	5 58	7 58
Grunewald . .	7 15	7 45	9·15	1 15	3 25		4 25	5 15	6 15	8 15
Charlottenburg	7 23	7 53	9·23	1 23	3 33		4 33	5 23	6 23	8 23
Schlesisch. Bhf.	7 55	8 25	9·55	1·55	4 05		5 05	5 55	6 55	8 55
Stralau-R. . .	8 01	8 31	10 00	2·01	4 11		5 11	6 01	7 01	9 01
Cöpenick . . .	8 20	8 50	...	2·20	4 30		5 30	6 20	7 20	9 20
Friedrichshagen	8 27	...	...	2·27	4 37		5 37	6 27	7 27	9 27
Erkner . . . an	...	...	...	...	4 54		5 54	...	...	...

Erkner ⊡ . . . ab	⊡ Fürstenwalde-Erkner s. Seite VII.	...	423	...
Wilhelmshagen .		...	428	...
Rahnsdorf . . .		...	433	...
Friedrichshagen		...	441	...
Hirschgarten . .		...	444	...
Cöpenick		...	448	...
Sadowa		...	452	...
Karlshorst . . .		...	457	5·17
Rummelsburg . .		...	504	5·24
Stral.-Rumm. Bstg. E		...	508	5·28
Schles. Bhf. .		443	513	5·33
Jannowitzbrücke		446	516	5·36
Alexanderplatz .		449	519	5·39
Börse		451	521	5·41
Friedrichstrasse .		454	524	5·44
Lehrter Bahnhof		458	528	5·48
Bellevue		502	532	5 52
Tiergarten . . .		505	535	5·55
Zoologisch. Garten		508	538	5·58
Savignyplatz . .		511	541	6·01
Charlottenburg	445	515	545	6 05
Eichkamp . . .	450	520	550	6·10
Grunewald . .	455	525	555	6·13
Nikolassee . . .	506	536	6·06	...
Wannsee	511	541	6·11	...
Neubabelsberg .	518	548	6·18	...
Nowawes	523	553	6·23	...
Potsdam . . an	527	557	6 27	...
Dreilinden . . . an	...	...	...	...
Stahnsd. Friedhof an	...	...	...	...

Es werden gefahren an Werktagen:

Erkner – Friedrichshagen – Schles. Bhf. – Charlottenburg – Grunewald – Potsdam. 453, 523, 553, 623, *643, 653, *723, 753, ‡823, 853 usw. bis 923 halbstündlich bis Potsdam, sowie ab Erkner *513, *633, *643, *703, 143, ‡243, ‡343, ‡443, ‡543, ‡643, ‡743, *953, 1023, §1053, §1153, sow. ab Schles. Bhf. 1213.
‡ bis Wannsee. * bis Grunewald. § bis Charlottenburg.

Friedrichshagen – Cöpenick – Schles. Bhf. – Charlottenburg – Grunewald. 441, 511, 531, 541, 551, 601, 611, 621, 631, weiter alle 10 Min. bis 841, §908, 938, dann alle 30 Min. bis 111, weiter §1238 §108, 131, 141, 201, 211, 231, 241, 311, 331, 341, §358, ‡431, dann alle 10 Min. bis 911, weiter 931, 941, 1001, 1011, 1041, ‡1108, §1208. § bis Charlottenburg.
§ ab Cöpenick. ‡ bis Schles. Bhf. ‡ bis Wannsee.

Karlshorst – Schles. Bhf. – Charlottenb. – Grunewald. 4·57 bis 9 57 und 12·27 bis 10·27 alle 10 Min., während der übrigen Zeit alle 20 resp. 30 Min. bis 1057.

Stralau-R. – Grunewald 528 bis 1128 alle 10 Min.

Nach **Wannsee – Stahnsdorf Friedhof** mit Halt auf allen Stationen:

Erkner . . . . ab	...	...	...	12·23	...	...	...	...
Friedrichshagen	...	6·31	...	12 41	1·31	2·31	3·31	5·31
Cöpenick . . .	...	6·38	...	12·48	1·38	2·38	3·38	5·38
Stralau-R. . .	...	6·58	10·28	1·08	1·58	2·58	3 58	5·58
Schles. Bhf. .	...	7·03	10·33	1·13	2·03	3·03	4·03	6·03
Charlottenburg	...	7·35	11·05	1·45	2·35	3·35	4·35	6·35
Grunewald .	6·05	7 45	11·15	1·55	2·45	3·45	4·45	6·45
Wannsee . . .	6·21	8·01	11·31	2 11	3·05	4·01	5·01	7·01
Stahnsd. Friedh. an	6·29	8·09	11·39	2 19	3·13	4·09	5 09	7·09

‡ bis Schles. Bhf. ‡ bis Charlottenburg.

Sonn- und Feiertags zwischen Potsdam—Erkner und zurück halbstündlicher Verkehr, ab Potsdam von 519, 554, 6·24, 6·55—1123, ab Erkner von 4·47—1117 u. 1147 (bis Grunewald). — Zwischen Wannsee u. Friedrichshagen alle 12—30 Min. — Zwischen Grunewald u. Friedrichshagen alle 10—20 Min. — Nach Stahnsdorf Friedhof nachmittags Stundenverkehr.

XII

Stadtbahnzüge Berlin-Kaulsdorf s. S. V. **Spandau—Berlin (Stadtbahn)—Strausberg u. zur.** Züge halten b in Petershagen.

	Spandau West ab		...	...	...	...	...	6·56	7·30	8 10	...	9·11	F9 54	W11 33	10 37	W12 24	F1 09	...	1 47	...	2·35	3 18	3 34	...	4·33	...	5 17	6 37	7 32	W8 30	...	...	11 32	...
	Spandau Hbf.		...	...	...	...	...	6·59	7·34	8 13	...	9·24	9·57	11 36	10 40	12 27	1 12	...	1·50	...	2·38	3 21	3 37	...	4·36	...	5 20	6 40	7 38	8 33	...	...	11 25	...
	Pichelsberg		...	...	...	...	...	7·05	7·40	8 19	...	9·30	10 02	11 42	10 46	12 33	1 18	...	1·56	...	2·44	3 27	3 43	...	4·42	...	5 26	6 46	7 44	8 39	...	...	11 31	...
	Rennbahn		...	...	...	...	...	7·08	7·43	8 22	...	9·33	10 06	11 45	10 49	12 36	1 21	...	1·59	...	2·47	3 30	3 46	...	4·45	...	5 29	6 49	7 47	8 42	...	...	11 34	...
	Heerstrasse		...	...	...	...	...	7·12	7·47	8 25	F	9·37	10 10	11 49	10 53	12 40	1 25	...	2·03	...	2·51	3 34	3 50	...	4·49	...	5 33	6 53	7 51	8 46	F	...	11 38	...
	Charlottenburg		...	5 23	5·53	...	...	7·22	7·56	F8 51	9·54	9·44	10 17	11 57	11 00	12 49	1·50	...	2·10	...	2·58	3 41	3 57	...	4·57	...	5 55	7 00	7 59	8 54	10 51	...	11 45	...
	Berlin Zoolog. Gart.		...	5 31	5·59	...	...	7·30	8·03	8 59	10 00	W	—	12 03	W	12 57	1·57	..	W	...	3·04	W	4 03	...	5·03	...	6 01	7 05	8 04	9 01	10 58	...	—	...
	Friedrichstr.		...	5 40	6·10	...	...	7·42	8·13	9 11	10 11	—	...	12 13	—	1·09	2·09	...	—	...	3·14	—	4 13	...	5·13	...	6 11	7 14	8 14	9 12	11 10	...	...	...
	Alexanderpl.		F	5 45	6·17	...	F	7·48	8·19	9 18	10 18	...	F	12 19	W	1·17	2·17	W	F	W	3·19	W	4 19	...	5·19	W	6 17	7 19	8 19	9 18	11 17	...	...	...
0	Schles. Bf.	W 4 30	5 23	5 55	6·25	7 22	8 19	F7 55	8·25	9 25	10 25	11 25	1·55	12·25	1·19	1·25	2 25	2 19	2 55	3 19	3·25	4 19	4 25	4 55	5 25	5 55	6 25	7 25	8 25	9 25	11 25	...	12 25	...
11	Kaulsdorf	4 49	5 44	6 14	6·44	7 44	8 37	8·14	8·44	9 44	10 44	11 44	2·14	12·44	1·38	1·44	2·44	2 33	3·14	3 38	3·44	4 38	4 44	5 14	5·44	6 14	6 44	7 44	8 44	9 44	11 44	...	12 44	...
12	Mahlsdorf	4 53	5 48	6 18	6·48	7 48	8 41	8·18	8·48	9 48	10 48	11 48	2·18	12 48	1·42	1·48	2·48	2 42	3·18	3 42	3·48	4 42	4 48	5 18	5·48	6 18	6 48	7 48	8 48	9 48	11 48	...	12 48	...
16	Hoppegarten 200	5 00	5 52	6 25	6·55	7 55	8 48	8·25	8·53	9 55	10 55	11 55	2·25	12·55	1·49	1·55	2·55	2 49	3·25	3 49	3·55	4 49	4 55	5 25	5·55	6 25	6 55	7 55	8 55	9 55	11 55	...	12 55	...
18	Neuenhagen 200	5 04	5 59	6 29	6 59	7 59	8 52	8·29	8 59	9 59	10 59	11 59	2·29	12·59	1·53	1·59	2·59	2 58	3·29	3 58	3·59	4 58	4 59	5 29	5·59	6 29	6 59	7 59	8 59	9 59	11 59	...	12 59	...
23	Fredersdorf an	5 11	6 06	6 36	7·07	8 07	9 00	8·36	9·06	10 06	11 06	12 06	2·36	1·06	2·01	2·06	3·06	3 01	3·36	4 01	4·06	5 01	5 06	5 36	6 06	6 36	7 06	8 06	9 06	10 06	12 06	...	1 06	...
28	*Fredersdorf* b ab	5·40	↓	6 40	7·40	↓	9 10	↓	9 10	F11 10	F11 10	↓	↓	1·10	2 10	↓	3 10	3 10	↓	4 10	4 10	5 10	5 10	↓	6 10	↓	7 10	F8 15	9 10	10 10	↓	...	↓	...
	Rüdersdorf an	5·50	↓	6 50	7·50	↓	9 20	↓	9 20	11 20	11 20	↓	↓	1·20	2 20	↓	3 20	3 20	↓	4 20	4 20	5 20	5 20	↓	6 20	↓	7 20	F8 27	9 20	10 20	↓	...	↓	...
28	**Strausb. Ostb.** 4; 199/200 an	5 19	6 14	6 44	7·14	8 14	...	8·44	9·14	10 14	11 14	12 14	2·44	1·14	...	2·14	3·14	...	3·44	...	4·14	...	5 14	5 44	6 14	6 44	7 14	8 14	9 14	10 14	12 14	...	1 14	...

Ausserdem ab Spandau nach Charlottenburg 6 03, 8·40, F1105, F12·00, F3·06, W4·15, F4·21, F5·38, W604, F654, F706, F809, F907, 938, F1018, 1048, 1202, F1240.
Ab Schles. Bhf. nach Strausberg F9·00, F10·15, 10·25.

Strausb. Ostb. 5; 199/200 ab		4 25	6 11	5·26	5·56	...	6·41	7·26	8·26	F9 29	9·56	10·56	11 56	12 56	...	1·49	...	2 56	...	3 56	...	4·56	5 26	...	W5 56	6 56	7 56	8 26	8 56	F9 32	9 56
Rüdersdorf b ab		↓	↓	5·20	↓	6·15	↓	7·15	8·15	↓	↓	10·45	11 45	↓	1 45	1 45	2 45	↓	3·45	3 45	4·45	4 45	↓	5 45	5 45	6 45	F7 45	F	8 45	↓	F9 45
Fredersdorf an		↓	↓	5·30	↓	6·25	↓	7·25	8·25	↓	↓	11·05	11 55	↓	1 55	1 55	2 55	↓	3·55	3 55	4·55	4 55	↓	5 55	5 55	6 55	F7 57	↓	8 57	↓	9 55
Fredersdorf ab		4 35	6·19	5·35	6 05	6·25	6·50	7·35	8·35	9 38	10·04	11·05	12 05	1·05	1·55	2·08	2 55	3 05	3·35	4·05	4·55	5·05	5 35	6 05	6 05	7 05	8 05	8 35	9 07	9 41	10 05
Neuenhagen 200		4 43	—	5·43	6·13	6·33	6·58	7·43	8·43	9 46	10·13	11·13	12 13	1·13	2·03	2·16	3 03	3 13	4·03	4·13	5·03	5·13	5 43	6 13	6 12	7 13	8 13	8 43	9 12	9 49	10 13
Hoppegarten 200		4 48	...	5·48	6·18	6·38	7·03	7·48	8·48	9 51	10·18	11·18	12 18	1·18	2·08	2·21	3 08	3 18	4 08	4·18	5·08	5·18	5 48	6 18	6 18	7 18	8 18	8 48	9 17	9 54	10 18
Mahlsdorf		4 56	...	5·56	6·26	6·46	7·11	7·56	8·56	9 59	10·26	11·26	12 26	1·26	2·16	2·29	3 16	3 26	4·16	4·26	5·16	5·26	5 56	6 26	6 26	7 26	8 26	8 56	9 24	10 01	10 26
Kaulsdorf		4 59	...	5·59	6 29	6·49	7·14	7·59	8·59	10 02	10·29	11·29	12 29	1·29	2·19	2·32	3 19	3 29	4·19	4·29	5·19	5·29	5 59	6 29	6 29	7 29	8 29	8 59	9 27	10 05	10 29
Berlin Schles. Bhf.		5 18	...	6·18	6·48	7·11	7·35	8·10	9·15	10 18	10·45	11·48	12 46	1·45	2·35	2·52	3 35	3 45	4·35	4·44	5·35	5·48	6 15	6 46	6 46	7 48	8 48	9 17	9 44	10 23	10 45
Alexanderpl.		5 23	...	6·23	6·53	—	7·42	8·29	...	10 20	—	11·55	12 50	—	—	3·01	—	—	—	4·53	—	5·56	F	6 52	6 52	7 53	8 56	9 23	9 50	10 28	—
Friedrichstr.		5 28	...	6·29	6·59	...	7·50	8·39	...	10 26	...	12·02	12 58	...	...	3·09	...	...		5·00	...	6 04	—	6 58	6 58	8 05	9 04	9 30	9 57	10 34	...
Zoolog. Garten		5 37	W	6·39	7·09	W	8·01	8·51	...	10 32	W	12·15	1 07	...	‡	3·22	F	W	‡ an F 1·55 ab Schles. Bhf.	5·08	...	6 16	✕	7 08	7 05	8 17	9 15	9 41	10 07	10 44	W
Charlottenburg	5 15	5 43	6 22	6·47	7·14	7·25	8·06	8·59	...	10 59	11 50	F12 18	1 12	1·53	2·27	3·31	4 03	4 22		5·15	5·58	F6 24	6 53	F7 18	7 13	8 25	9 23	10 00	10 22	10 50	11 24
Heerstrasse	5 21	5 49	6 28	6·53	W	7·31	...	9·05	...	11 05	11 56	12·25	1 17	1·59	2·33	3·37	4 09	4 28		...	6·04	6 30	6 59	7 25	...	8 31	9 28	10 06	10 28	10 56	11 30
Rennbahn	5 25	5 53	6 32	6·57	...	7·35	...	9·09	...	11 09	12 00	12·29	1 23	2 03	2·37	3·41	4 13	4 32		...	6·08	6 34	7 03	7 29	...	8 35	9 32	10 10	10 32	11 00	11 34
Pichelsberg	5 29	5 57	6 36	7·01	...	7·39	...	9·13	...	11 13	12 04	12·33	1 27	2·07	2·41	3·45	4 17	4 36		...	6·12	6 38	7 07	7 33	...	8 39	9 36	10 14	10 36	11 04	11 38
Spandau Hbf.	5 35	6·03	6 42	7·07	...	7·45	...	9·23	...	11 19	12 10	12·29	1 33	2 13	2·47	3·51	4 23	4 42		...	6·18	6 44	7 13	7 39	...	8 49	9 43	10 20	10 42	11 10	11 44
Spandau West 44/57 an	5 38	6·06	6 45	7·10	...	7·48	...	9·26	...	11 22	12 13	12·42	1 36	2·16	2·50	3·54	4 26	4 45		...	6·21	6 47	7 16	7 42	...	8 52	9 46	10 23	10 45	11 28	11 50

Ausserdem ab Charlottenburg nach Spandau: W6·22, W7·07, F7·56, W8·20, F1023 3·02, F4·43, W4·58, F5·27, F5·58, W735, F756, F1020, F1151.
Ab Strausberg nach Schles. Bhf. 6·56, F6·26, F7·26, F9·06, F1026, 10·56. Ab Rüdersdorf nach Schles. Bhf. F6·45, F8·45, F9·45.

9

XIII

Werktagsfahrplan. ‡ ausserd. 8 20. **Berlin—Oranienburg und zurück.** ⊙

	Berlin Stett. Vbf. ab	5 22	6 10	[illegible]	6 50	7 20	7 50	‡8 50	9 50	10 50	[illegible]	12 20	12 50	1 20	1 50	2 20	2 50	3·05	3 20	‡3 50	[illegible]	4 50	5·20	5·50	6 20	6 50	7 20	8 20	8 50	9 20	10 20	11 20	12 20
2	Gesundbrunnen	5 26	6 16	6 26	6 56	7 26	7 56	8 56	9·56	10 56	11 56	12 26	12 56	1 25	1 56	2 26	2 56	3·11	3 26	3 56	4 26	4 56	5·26	5·56	6 26	6 56	7 26	8 26	8 56	9 26	10 26	11 26	12 26
5	Pankow-Nordb.	5 32	6 22	6 32	7 02	7 32	8 02	9 02	10 02	11 02	12 02	12 32	1 02	1 32	2 02	2 32	3 02	3·17	3 32	4 02	4 32	5 02	5·32	6 02	6 32	7 02	7 32	8 32	9 02	9 32	10 32	11 32	12 32
6	Schönholz-Rein.	5 35	6 25	6 35	7 05	7 35	8 05	9 05	10 05	11 05	12 05	12 35	1 05	1 35	2 05	2 35	3 05	3·20	3 35	4 05	4 35	5 05	5·35	6 05	6 35	7 05	7 35	8 35	9 05	9 35	10 35	11 35	12 35
7	Reinickendf. Ros.	5 39	6 29	6 39	7 09	7 39	8 09	9 09	10 09	11 09	12 09	12 39	1 09	1 39	2 09	2 39	3 09	3·24	3 39	4 09	4 39	5 09	5·39	6 09	6 39	7 09	7 39	8 39	9 09	9 39	10 39	11 39	12 39
10	Wittenau Nord	5 44	6 34	6 44	7 14	7 44	8 14	9 14	10 14	11 14	12 14	12 44	1 14	1 44	2 14	2 44	3 14	3·29	3 44	4 14	4 44	5 14	5·44	6 14	6 44	7 14	7 44	8 44	9 14	9 44	10 44	11 44	12 44
12	Waidmannslust	5 47	6 37	6 47	7 17	7 47	8 17	9 17	10 17	11 17	12 17	12 47	1 17	1 47	2 17	2 47	3 17	3·32	3 47	4 17	4 47	5 17	5·47	6 17	6 47	7 17	7 47	8 47	9 17	9 47	10 47	11 47	12 47
13	Hermsdorf b. Bln.	5 51	6 41	6 51	7 21	7 52	8 21	9 22	10 21	11 21	12 21	12 51	1 21	1 51	2 21	2 52	3 21	3·36	3 51	4 21	4 51	5 21	5·51	6 21	6 51	7 21	7 51	8 51	9 21	9 51	10 51	11 51	12 51
15	Frohnau (Mark)	5 56	...	6 56	7 26	Vz. 10 Min. früher.	8 26	9 26	10 26	11 26	12 26	...	1 26	1 56	2 26	...	3 26	Sb.	3 56	4 26	4 56	5 26	5·56	6 26	6 56	7 26	7 56	8 56	9 26	9 56	10 56	11 56	12 56
18	Stolpe b. Hermsdf.	6·02	...	7 02	7 32		8 32	9 32	10 32	11 32	12 32	...	1 32	2 02	2 32	...	3 32	...	4 02	4 32	5 02	5 32	6 02	6 32	7 02	7 32	8 02	9 02	9 32	10 02	11 01	12 02	1 02
19	Hohen-Neuendf.	6 05	...	7 05	7 35		8 35	9 35	10 35	11 35	12 35	...	1 35	2 05	2 35	...	3 35	...	4 05	4 35	5 05	5 35	6 05	6 35	7 05	7 35	8 05	9 05	9 35	10 05	11 05	12 05	1 05
22	Birkenwerder	6·09	...	7 09	7 39		8 39	9 39	10 39	11 39	12 39	...	1 39	2 09	2 39	...	3 39	...	4 09	4 39	5 09	5 39	6 09	6 39	7 09	7 39	8 09	9 09	9 39	10 09	11 09	12 09	1 09
24	Borgsdorf	6·14	...	7 14	7 44		8 44	9 44	10 44	11 44	12 44	...	1 44	2 14	2 44	...	3 44	...	4 14	4 44	5 14	5 44	6 14	6 44	7 14	7 44	8 14	9 14	9 44	10 14	11 14	12 14	1 14
28	Lehnitz	6·19	...	7 19	7 49		8 49	9 49	10 49	11 49	12 49	...	1 49	2 19	2 49	...	3 49	...	4 19	4 49	5 19	5 49	6 19	6 49	7 19	7 49	8 19	9 19	9 48	10 19	11 19	12 19	1 19
29	**Oranienb.** 12 an	6·24	...	7 24	7 54		8 54	‡9 54	10 54	11 54	12 54	...	1 54	2 24	2 54	...	3 54	...	4 24	4 54	5 24	5 54	6 24	6 54	7 24	7 54	8 24	9 24	9 54	10 24	11 24	12 24	1 24

vorher: 3 35, § 4 35, § 5 35, ▯ 7 20, Ψ 10 50 sämtlich bis Hermsdorf.

Oranienb. 12 ab	4 15	5 05	5 35	6 05	6 15	...	6 35	6·50	7·35	...	8·35	‡10 35	11 35	12 35	...	1 35	2 05	...	...	3 05	...	‡4 35	5·05	5·35	6 05	6 35	7 05	7 35	8 05	8 35	9 35	10 35	11 05
Lehnitz	4 19	5 09	5 39	6 09	6 19	...	6·39	6·54	7·39	...	8·39	10 39	11 39	12 39	...	1 39	2 09	...	...	3 09	...	4 39	5·09	5·39	6 09	6 39	7 09	7 39	8 09	8 39	9 39	10 39	11 09
Borgsdorf	4 23	5 13	5 43	6 13	6 23	...	6·43	6·58	7·43	..	8·43	10 43	11 43	12 43	...	1 43	2 13	...	...	3 13	...	4 43	5·13	5·43	6 13	6 43	7 13	7 43	8 13	8 43	9 43	10 43	11 13
Birkenwerder	4 29	5 19	5 49	6 19	6 29	...	6·49	7·04	7·49	...	8·49	10 49	11 49	12 49	...	1 49	2 19	...	...	3 19	...	4 49	5·19	5·49	6 19	6 49	7 19	7 49	8 19	8 49	9 49	10 49	11 19
Hohen-Neuendorf	4 33	5 23	5 53	6 23	6 33	...	6·53	7 08	7·53	...	8 53	10 53	11 53	12 53	...	1 53	2 23	...	...	3 23	...	4 53	5·23	5·53	6 23	6 53	7 23	7 53	8 23	8 53	9 53	10 53	11 23
Stolpe b. Hermsdf.	4 36	5 26	5 56	6 26	6 36	...	6·56	7·11	7·56	...	8·56	10 56	11 56	12 56	...	1 56	2 26	...	...	3 26	...	4 56	5·26	5·56	6 26	6 56	7 26	7 56	8 26	8 56	9 56	10 56	11 26
Frohnau (Mark)	4 42	5 32	6·02	6 32	6 42	...	7·02	7·17	8·02	...	9·02	11 02	12 02	1·02	...	2 02	2 32	...	...	3 32	...	5 02	5·32	6 02	6 32	7 02	7 32	8 02	8 32	9 02	10 02	11 02	11 32
Hermsdorf b. Bln.	4 46	5 36	6·06	6 36	6 46	7 01	7·06	7·21	‡8 06	8 36	9·06	11 06	12 06	1·06	1 36	2 06	2 36	2·46	3·46	3 36	4·41	5 06	‡5 36	6 06	6 36	7 06	7 36	8 06	8 36	9 06	‡10 06	11 06	11 36
Waidmannslust	4 50	5 40	6·10	6 40	6 50	7 05	7·10	7·25	8·10	8 40	9·10	11 10	12 10	1·10	1 40	2 10	2 40	2·50	3·50	3 40	4·45	5 10	5·40	6 10	6 40	7 10	7 40	8 10	8 40	9 10	10 10	11 10	11 40
Wittenau Nord	4 53	5 43	6·13	6 43	6 53	7 08	7·13	7·28	8·13	8 43	9·13	11 13	12 13	1·13	1 43	2 13	2 43	2·53	3·53	3 43	4·48	5 13	5·43	6 13	6 43	7 13	7 43	8 13	8 43	9 13	10 13	11 13	11 43
Reinickendorf Ros.	4 58	5 48	6·18	6 48	6 58	7 13	7·18	7·33	8·18	8 48	9·18	11 18	12 18	1·18	1 48	2 18	2 48	2·58	3·58	3 48	4·53	5 18	5·48	6 18	6 48	7 18	7 48	8 18	8 48	9 18	10 18	11 18	11 48
Schönholz-Rein.	5 03	5 53	6·23	6 53	7 03	7 18	7·23	7·38	8·23	8 53	9·23	11 23	12 23	1·23	1 53	2 23	2 53	3 03	4·03	3 53	4·58	5 23	5·53	6 23	6 53	7 23	7 53	8 23	8 53	9 23	10 23	11 23	11 53
Pankow Nordb.	5 06	5 56	6·26	6 56	7 06	7 21	7·26	7·41	8·26	8 56	9·26	11 26	12 26	1·26	1 56	2 26	2 56	3·06	4·06	3 56	5·01	5 26	5·56	6 26	6 56	7 26	7 56	8 26	8 56	9 26	10 26	11 26	11 56
Gesundbrunnen	5 12	6 02	6·32	7 02	7 12	7 27	7 32	7·47	8 32	9 02	9·32	11 32	12 32	1·32	2 02	2 32	3 02	3·12	4·12	4 02	5·07	5 32	6 02	6 32	7 02	7 32	8 02	8 32	9 01	9 32	10 32	11 32	12 02
Berlin St. Vbf. 8 an	5 18	6 08	6·38	7 08	7 18	7 33	7·38	7·53	8 38	9 08	9·38	11 38	12 38	1·38	2 08	2 38	3 08	3·18	4·18	4 08	5·13	5 38	6 08	6 38	7 08	7 38	8 08	8 38	9 08	9 38	10 38	11 38	12 08

‡ von Hermsdorf ab Vz. 7 51, 5 26, 9 26. | ‡ ausserd.: von Oranienburg ab 9·5, 3 35, 4 05.

Sonntagsfahrplan.

Berlin Stett. Vorortbhf. ab bis Oranienb.: 5 20, 5 50, 6 20, 6 50, 7 05, 7 20, • 7 41, 7 45, 7 50, 8 05, 8 20, • 8 41, 8 50, 9 20, 9 50, 10 20, 10 50, 11 20, 11 50, 12 20, • 12 41, 12 50, • 1 11, 1 20, • 1 41, 1 50, 1 55, • 2 41, 2 50, • 3 11, 3 20, 3 50, 4 05, 4 20, 4 50, 5 50, 6 20, 6 50, 7 20, 7 50, 8 20, 8 50, 9 20, 9 50, 10 20, 10 50, 11 20, 11 50, 12 20; bis Birkenwerder: 2·20; bis Hermsdorf: • 2·11, 5·20. Ausserdem: Berl. St. Vorortbhf. nach Hermsdorf: 9·05.

Oranienburg ab: 4·35, 5·05, 5·35, 6·15, 6·35, 7·35, 8·35, 9·35, 10·35, 11·35, 12 05, 12·35, 1·35, 2·05, 2·35, 3·05, 3·35, • 3·55, 4·05, 4·35, 4·50, 5·05, 5 20, 5·35, 6 05, 6 20, 6 35, 6 50, 7 05, 7 35, 7 50, 8 05, • 8 20, 8 35, 9 05, 9 35, 10 05, 10 35, 11 05, 11 35. Ausserdem Birkenwerder ab: 8 24, 9 34, • 10 04; Hermsdorf ab: 1·36, 6 21, 7 20, 8 11, 8 50, 9 11, 10 11, 11 01, 11 51.

• nur ab u. bis Gesundbrunnen.

10

Züge halten in Schulzendorf, Heiligensee u. Hennigsdorf.

Berlin (Stett. Vorortbhf.)—Tegel—Velten und zurück.

Fernzüge auf S. 13a bei Berlin-Kremmen.

km																							
		Berlin St. V. Bf. ab	5 15	6 30	7·00	7·30	9 30	10 30	12 00	...	1·30	2·00	2·30	3·30	4·00	...	5 00	6 00	...	7 30	8 30	...	10 00	11 30
2	—	Gesundbrunnen	5 21	6·36	7·06	7·36	9 36	10 36	12 06	12 36	1·36	2·06	2·36	3·36	4·06	...	5 06	6 06	...	7 36	8 36	...	10 06	11 36
5	—	Pankow Nordb.	5 26	6·4[illegible]	7·11	7·41	9 41	10 41	12 11	12 41	1·41	2·1[illegible]	2·41	3 41	4·11	...	5 11	6 11	...	7 41	8 41	...	10 11	11 41
6		Schönholz-Reinickend.	[illegible]	[illegible]	[illegible]	7·44	[illegible]	[illegible]	[illegible]	12 44	1·44	2·14	2·44	[illegible]	[illegible]	...	5 14	[illegible]	...	[illegible]	[illegible]	...	[illegible]	[illegible]
8	5	Reinickendorf	5 34	6·49	7·19	7·49	9 49	10 49	12 19	12 49	1·49	2·19	2·49	3·49	4·19	...	5 19	6 19	...	7 49	8 49	...	10 19	11 49
9	—	Wittenau Kremm. B.	5 38	6·53	7·23	7·53	9 53	10 53	12 23	12 53	1·53	2·23	2·53	3·53	4·23	...	5 23	6 23	...	7 53	8 53	...	10 23	11 53
10	—	Eichbornstrasse	5 40	6 55	7·25	7·55	9 55	10 55	12 25	12 55	1·55	2·25	2·55	3·55	4·25	...	5 25	6 25	...	7 55	8 55	...	10 25	11 55
11	11	Tegel	5 47	7·02	7·35	8·02	10 02	11 01	12 32	1·02	2·04	2·31	3·02	4·02	4·32	...	5 32	6 32	...	8 02	9 02	...	10 32	12 02
25		Velten an	6·14	7·31	✕	8·31	10 31	...	1·01	✕	2·31	...	3·31	4·31	5·01	...	6 01	7 01	...	8 31	9 31	...	11 01	12 [illegible]

✕ bis Hennigsdorf

Velten ab	5·01	6·15	...	...	7·01	8·01	9·31	...	11 31	...	2·01	3·01	...	4·01	4·31	...	5·31	6 31	7 31	8 31	9 31	11 31
Tegel	5·28	6·51	...	7·12	7·28	8·28	9·58	10 58	11 58	...	2·28	3·28	3·12	4·28	4 58	...	5·58	6 58	7 58	8 58	9 58	11 58
Eichbornstrasse	5·33	6·56	...	7·18	7·33	8·33	10 03	11 03	12 03	...	2·33	3·33	3·18	4 33	5·03	...	6 03	7 03	8 03	9 03	10 03	12 03
Wittenau Kremm. B.	5·35	6·58	...	7·20	7·35	8·35	10 05	11 05	12 05	...	2·35	3·35	3·20	4·3[illegible]	5·05	...	6 05	7 05	8 05	9 05	10 05	12 05
Reinickendorf	5·39	7·02	...	7·24	7·39	8·39	10 09	11 09	12 09	...	2·39	3·39	3·24	4·39	5·09	...	6 09	7 09	8 09	9 09	10 09	12 09
Schönholz-Reinickend.	5·44	7·14	...	7·29	7 44	8·44	10 14	11 14	12 14	...	2·44	3·44	3·29	4 44	5·14	...	6 14	7 14	8 14	9 14	10 14	12 14
Pankow Nordb.	5·46	7·16	...	7·32	7·46	8·46	10 16	11 16	12 16	...	2·46	3·46	3·31	4·46	5·16	...	6 16	7 16	8 16	9 16	10 16	12 16
Gesundbrunnen	5·52	7·21	...	7·37	7·52	8·52	10 22	11 22	12 22	...	2·52	3·52	3·37	4·52	5·22	...	6 22	7 22	8 22	9 22	10 22	12 23
Berlin St. V. Bf. an	5·58	7·28	...	7·43	7·58	8·58	10 28	11 28	12 28	...	2·58	3·58	3·45	4·58	5·28	...	6 28	7 28	8 28	9 28	10 28	12 28

Werktagsfahrplan.

An Sonn- und Festtagen bis Velten: 6 00, *6 30, 7 00, *7 30, [illegible], *8 30, 9 30, 10 30, 12 00, *12 30, 1·00, 1 30, [illegible], 2 30, 3 30, 4 00, 5 00, 6 00, 7 30, 8 30, 10 00, [illegible], 11 30; bis Tegel: 5 00, 11 30, 3 00, 9 30. — Ab Velten bis Stett. Bhf.: 5 55, 7 01, 8 01, 9 01, 10 01, 11 31, [illegible]31, 1 01, 1 31, 2 01, *3 10, 3 31, 4 31, 5 31, *6 10, [illegible], 7 31, 8 01, 8 31, *9 25, 9 31, 10 01, 11 01; ab Tegel bis Stett. Bhf.: 5 58, 12 28, 2 58, 7 43, 9 28.

* bis resp. von Hennigsdorf. — † bis Gesundbrunnen.

Berlin (Stettiner Vorortbahnhof)—Bernau und zurück.

km	StB																											
		Berlin St. VB. 7/10a ab	5 10	5 40	6·40	7·40	8·40	9·40	10 40	11 40	12 40	1·10	1·40	2·40	3·10	3·40	4·10	4·40	5·10	5 40	6 10	7 10	7 40	8 10	9 10	10 10	11 10	11 40
2	—	Gesundbrunnen	5 16	5 46	6·46	7·46	8·46	9·46	10 46	11 46	12 46	1·16	1·46	2·46	3·16	3·46	4·16	4·46	5·16	5 46	6 46	7 16	7 46	8 16	9 16	10 16	11 16	11 46
5		Pank.-Schönh.	5 21	5 51	6·51	7·51	8·51	9·51	10 51	11 51	12 51	1·21	1·51	2·51	3·21	3·51	4·21	4·51	5·21	5 51	6 51	7 21	7 51	8 21	9 21	10 21	11 21	11 51
7	—	Pankow-Hein	5 25	5 55	6·55	7·55	8 55	9·55	10 55	11 55	12 55	1·25	1·55	2·55	3·25	3·55	4·25	4·55	5·25	5 55	6 55	7 25	7 55	8 25	9 25	10 25	11 25	11 55
8	9	Blankenburg	5 29	5 59	6·59	7·59	8·59	9·59	10 59	11 59	12 59	1·29	1·59	2·59	3·29	3·59	4·29	4·59	5·29	5 59	6 59	7 29	7 59	8 29	9 29	10 29	11 29	11 59
12	—	Karow	5 34	6 04	7·04	8·04	9·04	10 04	11 04	12 04	1·04	1·34	2·04	3·04	3·34	4 04	4·34	5·04	5·34	6 04	7 04	7 34	8 04	8 34	9 34	10 34	11 34	12 04
14	15	Buch	5 39	6 09	7·09	8 09	9·09	10 09	11 09	12 09	1·09	1·39	2·09	3·09	3·39	4·09	4·39	5·09	5·40	6 09	7 09	7 40	8 09	8 40	9 39	10 39	11 39	12 9
17		Röntgental	5 44	6 14	7·14	8·14	9·14	10 14	11 14	12 14	1·14	1·44	2·14	3·14	3·44	4·14	4·44	5·14	...	6 14	7 14	...	8 14	8 44	9 44	10 44	11 44	12 14
18	19	Zepernick	5 48	6 18	7·18	8·18	9·18	10 18	11 18	12 18	1·18	1·48	2·18	3·18	3·48	4·18	4·48	5·18	...	6 1[illegible]	7 18	...	8 18	8 48	9 48	10 48	11 48	12 18
23	22	Bernau 10a an	5 56	6 26	7·26	8 26	9 26	10 26	11 26	12 26	1·26	1 56	2·26	3·26	3·56	4·26	4·56	5·26	...	6 26	7 26	...	8 26	8 56	9 56	10 56	11 56	12 26

Bernau 10a ab	5·01	6·01	6·36	7·01	7·31	8 01	9·01	10·01	11 01	12·01	1·01	2·01	3·01	4·01	4·31	5·01	5·31	6 01	7 01	...	8 01	8 31	9 01	...	10 01	11 01	...
Zepernick	5·0[illegible]	6·08	6·43	7·08	7·38	8·08	9·08	10·08	11 08	12·08	1·08	2·08	3·08	4·08	4 38	5 08	5 38	6 08	7 08	...	8 08	8 38	9 08	...	10 08	11 08	...
Röntgental	5·12	6·12	6·47	7·12	7·42	8·12	9·12	10·12	11 12	12·12	1·12	2·12	3·12	4·12	4·42	5·12	5·42	6 12	7 12	...	8 12	8 42	9 12	...	10 12	11 12	...
Buch	5·17	6·17	6·52	7·17	7·47	8·17	9·17	10·17	11 17	12·17	1·17	2·17	3·17	4·17	4·47	5·17	5·47	6 17	7 17	7 47	8 17	8 47	9 17	9·47	10 17	11 17	...
Karow	5·22	6·22	6·57	7 22	7·52	8·22	9·22	10·22	11 22	12·22	1·22	2·22	3·22	4·22	4 52	5·22	5·52	6 22	7 22	7 52	8 22	8 52	9 22	9 52	10 22	11 22	...
Blankenburg	5·27	6·27	7·02	7·27	7·57	8·27	9 27	10·27	11 27	12·27	1·27	2·27	3·27	4·27	4·57	5·27	5·57	6 27	7 27	7 57	8 27	8 57	9 27	9·57	10 27	11 27	...
Pankow-Hein.	5·30	6·30	7 05	7·30	8·00	8·30	9·30	10·30	11 30	12·30	1·30	2·30	3 30	4·30	5·00	5·30	6·00	6 30	7 30	8 00	8 30	9 00	9 30	10 00	10 30	11 30	...
Pank.-Schönh.	5·35	6·35	7·10	7·35	8·05	8·35	9·35	10·35	11 35	12·35	1·35	2·35	3·35	4·35	5·05	5·35	6·05	6 35	7 35	8 05	8 35	9 05	9 35	10 05	10 35	11 35	...
Gesundbrunnen	5·42	6·42	7·19	7 42	8·12	8·42	9·42	10 42	11 42	12·42	1 42	2·42	3·42	4·42	5·12	5·42	6·12	6 42	7 42	8 12	8 42	9 12	9 42	10 12	10 42	11 42	...
Berlin St. VB. 7/10a an	5·48	6·48	7·23	7 48	8·18	8 48	9·48	10·48	11 48	12·48	1·48	2·48	3·48	4 48	5·18	5·48	6·18	6 48	7 48	8 18	8 48	9 18	9 48	10 18	10 48	11 48	...

F-Züge. Stett. Bhf. nach Bernau verstärkter Verkehr Stett. Bhf. ab 5 10—11 40; ab Stett. Bhf. bis Buch ausserd. 7 25, 12 40, 2 10, 2 25, 3 25, 4 10, 8 10, 9 10. — Bernau ab 5 01, dann stdl. bis 11 01, ausserd. 6 31, 7 32, stündl. bis 9 31; Buch ab *3 02, 5 47, 7 02, 9 02, 10 02, 10 47 bis Stett. Bhf.

* bis Gesundbrunnen.

XIV

Berlin (Potsd. Bhf.)—Potsdam—Werder u. zurück.

Fernzüge s. S. 91.

km																								
	Berlin P. Bf. ab	...	6·30	7·55	9·05	10·25	11·25	12 25	1·25	2·25	3·15	4 00	4·25	5·15	5·25	6 25	7 30	8 00	8 30	9 00	10 05	10 55	...	12 05
22	Neubabelsbg.	...	6·58	8·23	9·33	10 53	11·53	12 53	1·53	2·53	3·43	4·28	4·55	5·4[illegible]	5·43	6 53	7·38	8 28	8 58	9 28	10 33	11 22	...	12 33
2[illegible]	Potsdam	6·13	[illegible]	8·20	9·40	11·00	[illegible]	[illegible]	[illegible]	3·50	4 35	[illegible]	[illegible]	[illegible]	[illegible]	[illegible]	[illegible]	[illegible]	[illegible]	[illegible]	F10 16	11 30	...	12 40
28	Charlottenhof	6·18	7·10	8·35	9·45	11·05	12·05	1 05	2·05	3·05	3·55	4·40	5·05	5·55	6·25	7 05	8·10	8 40	9 10	9 40	10 15	11 35	...	12 45
30	Wildpark 42/91	6·22	7·14	8·39	9·48	11·09	12·09	1 09	2·09	3·09	3·59	4·44	5·09	5 59	6·09	7 09	8·14	8 44	9 14	9 44	10 49	11 39	...	12 49
36	Werder an	6·30	7·22	8·47	9·57	11·17	12·17	1 17	2·17	3·17	4·07	W	5·17	W	6·17	7 17	F8 22	F†	9 22	F	...	11 47	...	12 57

Werder ab	5·10	W	6·47	F7·49	W	9·00	W	F10 26	F	11·43	12 45	1·54	2·55	3·57	4·47	5·5[illegible]	6·35	7 2[illegible]	...	F	9 31	F	12 00
Wildpark 42. 91	5·19	6·40	6·56	7·58	7·53	9·09	10 35	10 35	10 59	11·52	12 54	2·03	3·04	4·06	4·56	5·59	6·44	7 37	8·39	9 20	9 40	10 59	12 09
Charlottenhof	5·23	6·44	7·00	8·02	7·57	9·13	10 29	10 39	11 03	11·56	12 58	2·07	3·08	4·10	5·00	6·03	6·48	7 41	8·43	9 24	9 44	11 03	12 13
Potsdam	5·29	6·56	7·06	8·08	8·03	9·19	10 45	10 45	11 09	12·02	1·04	2·12	3·14	4·16	5·06	6·09	6·54	7 47	8·49	9 30	9 50	11 09	12 19
Neubabelsberg	5·35	7·02	7·12	8·19	8·09	9·25	10 51	10 51	11 15	12·08	1·10	2·19	3·20	4·24	5·1[illegible]	6·15	7·00	7 53	8·55	9 36	9 56	11 15	12 25
Berlin P. Bf. an	6·03	7·30	7·40	8·42	8 37	9·53	11 19	11 19	11 43	12·36	1·38	2·47	3·48	4·59	5·40	6·43	7·28	8 21	9 23	10 04	10 24	11 45	12 33

415 nach Spandau-W. Berlin (Lehrt. Bf.)—Nauen u. zurück. Berlin L. Bf.—Spandau s. a. S. VIII. Züge halt. b in Brieselang.

km																											
	Berlin L. Bf. ab	4·42	5 02	5 2[illegible]	6·26	6·54	7·15	8 05	8 50	9·43	11 03	12 35	1·36	2·45	2·55	3·49	3·54	4 26	5 01	5 39	6 30	7 43	8 10	9 06	9·46	11 10	12 00
3	Putlitzstr.	4·47	5 07	5 28	6·33	7·01	7·21	8 16	8 55	9·48	11 08	12 40	1·41	2·50	3·00	3·54	3·59	4 31	5 06	5·44	6 35	7 48	8 15	9 11	9·51	11 15	12 05
6	Jungfernheide	4·53	5 13	5 34	6·40	7·08	7·26	8 16	9 01	9·54	11 14	12 46	1·47	2·56	3·06	4·00	4·05	4 37	5 12	5·50	6 41	7 54	8 21	9 17	9·57	11 21	12 11
8	Fürstenbrunn	4·57	5 17	5 38	6·45	7·13	7·30	8 20	9 05	9·58	11 18	12 50	1·51	3 03	3·10	4·04	4·09	4 41	5 16	5·54	6 45	7 58	8 25	9 21	10 01	11 25	12 15
12	Spandau Hbf. 44/57	5·04	5 24	5 45	6·53	7·21	7·37	8 27	9 12	10 05	11 25	12 57	1·58	3 06	3·17	4·11	4·16	4 48	5 23	6 01	6 52	8·05	8 32	9 28	10 08	11 32	12 22
13	XII West	5 07	5 27	5 48	6·56	7·24	7·40	8 30	9 15	10 08	11 28	1·06	2·01	3·10	3·20	4·15	4·19	4 51	5 26	6 04	6 55	8 08	8 35	9 31	10 11	11 35	12 25
21	Seegefeld	...	5 38	...	7 07	...	7·51	8 41	...	10 19	11 39	1·11	2·12	3 21	...	...	4·30	5 02	5 37	...	7 06	8 12	8 46	9 42	10 22	11 46	12 36
23	Finkenkrug b	...	5 43	...	7·12	...	7·56	8 46	...	b10 24	11 44	1·16	2·17	3·26	...	...	4·35	5 07	5 42	...	7 11	8 24	8 51	9 47	10 27	11 56	12 41
36	Nauen 42/44 an	...	6·02	...	7·31	...	8·15	9 05	...	b10 43	12 03	1·35	2·36	3·45	...	...	4·54	...	6 01	...	7 49	8 43	9 10	10 06	...	12 15	1·00

Nauen ab	5 02	5 36	...	6·41	...	7·52	8·52	...	9·55	11 02	12 15	...	1·52	...	2·55	...	4 05	...	5·25	...	...	...	6 53	8 52	9 51	10 44	12 00
Finkenkrug	5 21	5 55	6·26	7 00	...	8·11	9·11	...	10 14	11·21	12 34	...	2·12	...	3·14	...	4 22	...	5·29	...	5·44	...	7 12	9 11	10 10	11 03	12 10
Seegefeld	5 28	6 00	6·31	7·08	...	8·16	9·16	...	10 19	11·26	12 39	...	2·17	...	3·19	...	4 27	...	5·34	...	5·49	...	7 17	9 16	10 15	11 08	12 24
Spandau West	5 31	6 11	6·42	7 16	...	8·27	9·27	9 45	10 30	11·37	12 50	...	2·32	2·57	3·30	3·47	4 38	5 08	5·45	...	6 09	6 47	7 28	9 27	10 26	11 19	12 35
Spandau Hbf. 44/57	5 10	6 14	6·45	7·19	...	8·30	9·30	9 48	10 33	11·40	12 53	...	2·35	3·00	3·33	3 51	4 42	5 12	5·49	...	6 03	6 50	7·31	9 30	10 29	11 22	12 38
Fürstenbrunn	5 17	6 21	6·53	7 26	...	8·37	9 37	9 55	10 40	11·47	1 00	...	2·42	3 07	3·40	3·58	4 49	5 19	5 56	...	6 10	6 57	7 38	9 38	10 36	11 29	12 45
Jungfernheide	5 21	6 25	6·58	7·30	...	8·41	9·41	9 59	10 44	11·51	1 04	...	2·46	3·11	3·44	4·02	4 53	5 23	6 00	...	6 14	7 01	7 42	9 41	10 40	11 33	12 49
Berl. Putlitzstr.	5 57	6 31	7·05	7·36	...	8·47	9 47	10 05	10 50	11·57	1 10	...	2·52	3·17	3·50	4·08	4 59	5 29	6 06	...	6 20	7 07	7 48	9 47	10 46	11 39	12 55
Lehrt. Bf. an	6 02	6 36	7·10	7·41	...	8·52	9·52	10 10	10 55	12·02	1 15	...	2·57	3·22	3·55	4·13	5 04	5 34	6 11	...	6 25	7 12	7 53	9 52	10 51	11 44	1·00

Sonntagsverkehr:

Berlin L. Bf. ab	6 26	7 15	8 05	9·52	11 03	12 35	1 30	2·26	3 31	4 26	5·30	6 30	7 12	7 43	8 18	9 15	10 15	10 52	11 10	[illegible]
Nauen an	7 31	8 15	9 05	10 52	12 04	1 35	2 30	†3 12	4 31	5 26	6 30	†7 11	8 12	†8 24	9 18	10 15	11 15	11 52	†11 51	[illegible]
Nauen ab	5 36	6·41	7·52	8 52	9 55	11 02	†12 17	12 49	1 53	2 55	†4 22	5·39	6 22	6 53	†8 46	8 52	9·32	10 44	12 00	
Berlin L. Bf. an	6·36	7·41	8·52	9 52	10 55	12 02	12·58	1 49	2 53	3 55	5·04	6 39	7 22	7 53	9·27	9 52	10 32	11 44	1 00	
Berlin L. Bf. ab	5·18	...	8·40	...	10·30	...	2·45	3·14	...	5·46	7·32	9·37	9·51	...	...					
Spandau W. an	5·48	...	9·05	...	10·55	...	3·10	3·39	..	6·11	7·57	10·02	10·16	...	...					
Spandau W. ab	6·42	9·45	10·33	12·20	12·33	4·12	5·09	...	6·34	7·50	8·12	10·15	10·51	...	...					
Berlin L. Bf. an	7·10	10 10	10·55	12·45	12·58	4·37	5·34	...	7·00	8·15	8·37	10·40	11·22	...	...					

† bis resp. ab Finkenkrug.

Berlin (Potsd. Ringbahnh.)—Gr.-Lichterfelde Ost und zurück.														
	4 55	W 5 12	W 5 35	5 52	W 5 55	weit. W alle 10 u. 20 Min.;	12 35	ab Berlin Potsd. Rbf. an	5 32	W 5 52	W 6 12	F 6 32	20 Min. Verkehr.	1 12
	4 58	5 20	5 38	5 48	5 58	F: 5 42 bis 11·45 alle	12 38	Yorkstrasse	5 28	5 49	6 08	6·18	W bis 6·35,	1 08
	5 01	5 23	5 41	5 51	6·01	30 Min., von 11·45	12 41	Papestrasse	5 25	5 46	6 05	6·15	dann alle 10 und 20 Min.;	1 05
	5 06	5 28	5 46	5 56	6·06	dann alle 20 Min.	12 46	Südende	5 20	5 41	6 00	6·10	F: 6·05, von 6·55 bis	1 00
	5 09	5 31	5 49	5 59	6·09		12 49	Lankwitz	5 17	5 38	5 57	6·07	11·25 alle 30 Min., dann	12 57
	5 13	5 34	5 52	6·02	6·12		12 52	an Gr. Lichterf. Ost 215 ab	5 15	5 36	5 55	6·05	alle 20 Min.	12 55

XV

dampf-Tenderlokomotiven der Gattung T 8, die in Westend stationiert waren. An sich war diese Bauart für Rangierzwecke mit schweren Güterzügen gedacht und daher im Jahre 1905 nach den Plänen des Oberbaurats Garbe von der Breslauer Maschinenbau AG als Heißdampflokomotive entwickelt worden. Die Maschine war mit ihren drei Treibachsen bei einem Treibraddurchmesser von 1350 mm die kleinste vollspurige Heißdampflokomotive der preußischen Staatsbahnen. Mit ihr sowie einer vierachsigen 1'C-n2-Personenzug-Tenderlokomotive der Gattung T 11 wurden im Januar 1906 auf der Versuchsstrecke Grunewald–Belzig und zurück (126 km) Vergleichsfahrten unternommen, die, bezogen auf die Leistung, zugunsten der kleinen T 8-Lokomotive sprachen, wie nachstehende Zahlentafel erkennen läßt:

Lfd. Nr.	Lok-Bauart	Belastung to	Fahrzeit min	Mittlere Geschwindigkeit km/h	Verbrauch Kohle to	Verbrauch Wasser to	Temperatur C° Rauchkammer	Temperatur C° Heißdampf	Rauchk. Unterdruck mm
1	1C-n2	343	165	45,9	2,8	15,6	243	–	124
	C-h2	343	162	46,8	1,425	8,9	207	320	41,6
2	1C-n2	513	178	42,5	3,680	20,0	274	–	196
	C-h2	507	173	43,8	1,600	10,3	233	318	69
3	1C-n2	565	223	34,0	4,200	25,3	260,5	–	182
	C-h2	664	190	39,9	1,750	13,3	248,5	316	57
4	C-h2	829	213	35,6	2,125	14,6	250	323	73,8

Den Vergleichsfahrten lag der Personenzugfahrplan zugrunde, der auf der Strecke Grunewald–Belzig bei einer ziemlich stark gebrochenen Linienführung mit Steigungen bis 5 v.T. und einer vor Belzig lang anhaltenden Steigung von 6,7 v.T. zum Fläming hinauf eine mittlere Geschwindigkeit von 34 km/h vorsah. Waren schon die zugelegten Belastungen, 11 bis 26 Wagen von 44 bis 104 Achsen Stärke, ungewöhnlich, ja, für solche Züge recht selten, so erst recht die Bauart der beiden Versuchslokomotiven. Bei 5 to Inhalt der Wasserkästen auf der T 8 und 25 cbm Verbrauch war etwa fünfmaliges Nachfüllen erforderlich. Der Kohlevorrat mußte zweimal ergänzt werden. In der dritten Versuchsreihe mit 664 to Belastung war praktisch die 1'C-n2-Tenderlokomotive T 11 schon überlastet, während die kleine Heißdampflokomotive noch die unglaubliche Last von 829 to mit Personenzugfahrzeit beförderte und dabei noch die Fahrzeit um zehn Minuten verkürzte. Geradezu verblüffend aber sind, wie aus der Zahlentafel 1 hervorgeht, die Unterschiede in den Verbrauchsziffern gewesen, welche bei der T 11 bis zur 2,4fachen Kohlenmenge für eine geringere Leistung stiegen.

Aus Abb. 81 ist jedoch auch ein baulicher Nachteil der T 8-Lokomotive zu erkennen, die vorn und hinten einen ungewöhnlich großen Überhang aufweist, der während der Fahrt ein starkes Nicken der Maschine zur Folge hatte. Schon aus diesem Grunde wagte man nicht, noch den Kohlevorrat an der Führerhaus-Rückwand unterzubringen, sondern wählte hierfür den linken Seitenbunker. Trotzdem wippten die Fahrgäste im ersten Wagen hinter der Lokomotive auf und nieder, was der T 8 den Spitznamen „Knochenschüttler" einbrachte. Dieser Nachteil war auch die Hauptursache, daß die Maschinen, von denen die KED Berlin insgesamt 23 Stück besaß, nach verhältnismäßig kurzer Dienstzeit auf der Stadtbahn zurückgezogen und im Sommer 1914 an andere Direktionen abgegeben wurden. So erhielt beispielsweise Bw Goslar die früheren Lokomotiven „Berlin 7006 und 7023", das die Maschinen auf der Strecke Goslar–Altenau einsetzte.

Nach wie vor aber fuhren die Stadt- und Ringbahnzüge mit den in früheren Kapiteln besprochenen Lokomotiven der Gattungen T 5 und T 11, zu denen sich eine aus letzterer Bauart hervorgegangene Heißdampf-Personenzug-Tenderlokomotive mit Rauchkammerüberhitzer gesellte (Abb. 82), die sich in einer einmaligen, wenn auch zwei Jahrzehnte durchlaufenden Entwicklung an die Spitze aller Personenzug-Tenderlokomotiven der KPEV für Nahverkehr setzen sollte. Doch das ist eine besondere Geschichte in einer bewegten Zeit.

Noch aber lebt die Stadt ihr friedlich-geschäftiges Leben vor dem Ersten Weltkrieg, schlägt sich ein traditionsgebundenes Dasein auch im Eisenbahnverkehr in und um Berlin vielfältig nieder, dessen Gleisanlagen gleich dem Netz einer Spinne, von Hauptsträngen durchzogen, ein verwirrendes Geäder kleiner und kleinster Nebenstrecken und Gleisanschlüsse in sich birgt, die sich schließlich irgendwo in stillen Winkeln verlieren (siehe vordere Vorsatzkarte).

Das Jahr 1913 sah die Herrscher Europas anläßlich der Hochzeit der Kaisertochter Victoria Luise mit dem Braunschweiger Welfenherzog Ernst August in den Mauern der Reichshauptstadt, und über die Ferngleise der Stadtbahn fuhr in diesen Tagen und Wochen so mancher Salonzug. Ganz besonderes Aufsehen aber erregte die Ankunft des russischen Zaren auf dem Bahnhof Friedrichstraße, dessen Hofzug aus zehn dunkelbau glänzenden Wagen bestand, auf deren Fensterscheiben goldene Kronen schimmerten. Nachdem die hohen Gäste den Bahnsteig verlassen hatten, rollte der Zug weiter in Richtung Bahnhof Charlottenburg, wo er am Bahnsteig B hielt, bevor er Ausfahrt zum Werkstättenbahnhof Grunewald erhielt. Ein seltsamer Zufall wollte es, daß auf der gegenüberliegenden Bahnsteigseite gerade ein nur aus IV. Klasse-Wagen bestehender Auswandererzug hielt, wie solche Züge oft von Ost nach West Berlin auf der Stadtbahn durchquerten. Ihre Insassen waren polnische und russische Menschen, die mit ihren Familien in Übersee ein Fortkommen suchten, das ihnen das Schicksal in der Heimat vorenthielt. Dicht gedrängt an den Fenstern blickten sie auf den Salonzug, mit dem Mütterchen Rußland ihre Kinder noch einmal grüßte – zwei Welten, nur einige Meter voneinander getrennt und dennoch unüberbrückbar. Niemand vermochte sich in diesen Tagen auch nur im entferntesten vorzustellen, daß schon einige Jahre später jene aus den ärmlichen Holzwagen der niedrigsten Beförderungsklasse sich anschicken würden, die Breite des Bahnsteiges zu überqueren, um in einem revolutionären Geschehen weltweiten Ausmaßes den Fuß auf die Stufen zu einer Welt zu setzen, die sich heute und hier noch hinter blitzende Fensterscheiben hoheitsvoller Salonwagen zurückzog.

Doch da glitt dieser Traum auf Rädern aus dem Bahnhof, zurück blieb ein Personenzug mit seiner armseligen Fracht, der, von einer alten, vierachsigen Schnellzuglokomotive, Gattung S 2 der preußischen Eisenbahndirektion Magdeburg gezogen (Abb. 83), nach respektvollem Warten seine Fahrt fortsetzen durfte.

81 C-h2-Tenderlokomotive, Gattung T8, „Berlin 7020". Gebaut 1908 von Orenstein & Koppel. Fabr.-Nr. 2572

82 1'C-h2-Personenzug-Tenderlokomotive, Gattung T12, „Berlin 7762" mit Rauchkammerüberhitzer. Gebaut 1906 von Borsig. Fabr.-Nr. 5984

83 2'B-n2-Schnellzuglokomotive, Gattung S2, „Magdeburg 106". Gebaut 1891 von Henschel & Sohn. Fabr.-Nr. 3680

84 Reste des Auswandererbahnhofs Ruhleben um 1920

Viele von den östlichen Auswanderern kamen auch in Gruppen nach Berlin, wo sie in dem vor Spandau gelegenen Auswandererbahnhof (siehe hintere Vorsatzkarte) gesammelt wurden. Anfang der neunziger Jahre des vorigen Jahrhunderts wurde er an dem Straßenzug, der vom heutigen Hauptbahnhof Spandau ausgehend an der Hamburg–Lehrter Bahn entlangführte und den Namen „Freiheit" trägt, angelegt und umfaßte neben einer geräumigen Halle mit Übernachtungsmöglichkeiten für etwa einhundert Menschen mehrere Nebengebäude mit Büroräumen für die Vertretungen verschiedener Schiffahrtsgesellschaften sowie eine Entlausungsanstalt (Abb. 84). Reste derselben sowie mehrere Baracken erinnerten noch lange Zeit an den einstigen „Bahnhof der Hoffnung", der durch einen zwei Meter hohen Plankenzaun gegen die Straße „Freiheit" abgeschirmt und bis zum Jahre 1913 in Betrieb gewesen war.
Und damit führen unsere Entdeckungsausflüge schon über die Ringbahn hinaus. Der Werkstättenbahnhof Grunewald zum Beispiel und das davorgelegene, aus drei zusammenhängenden Rundschuppen mit innen befindlichen Drehscheiben bestehende Lokomotivbetriebswerk wurden jahrelang zum Eldorado zweier lokomotivbegeisterter Schüler, für die der damalige Dienststellenleiter Klingberg Herz und Verständnis hatte, und die daher zu allen möglichen Tageszeiten in den Schuppen auf Entdeckungen ausgingen. Es würde zu weit führen, hier nun der Erinnerung Zügel schießen zu lassen, zumal in unmittelbarer Nachbarschaft auch die Versuchswerkstatt Grunewald lag – später das Lokomotiv-Versuchsamt der Deutschen Reichsbahn-Gesellschaft –, die schon damals angesichts des Durchganges interessanter Neuheiten einen besonderen Anreiz bot. Der Verfasser erlebte es sogar, daß die Gattin des damaligen Werkstättenvorstehers, Baurat Cordes, an einem Sonnabendnachmittag in Abwesenheit ihres Mannes bereit war, dem Vierzehnjährigen die gerade eingetroffene erste Großdiesellokomotive mit direktem Stangenantrieb, gebaut von Borsig in Berlin-Tegel und Gebr. Sulzer in Winterthur (Schweiz), zu zeigen und zu erklären. In einem stillen Winkel zwischen der Werkstatt und den Lokomotivschuppen dämmerte jahrlelang eine ausgemusterte dreiachsige Personenzuglokomotive ihrem Zerfall entgegen, an der einst Versuche zur Dampftrocknung unternommen worden waren. Der Versuch, hierüber Näheres zu erfahren, scheiterte an der Antwort des Werkstättenvorstandes mit folgendem Brief:

Grunewald, den 8. Dez. 1916

Vorstand des Königlichen
Werkstätten-Amtes a

An den
Oberprimaner Herrn Kurt Pierson
Berlin

„Mit Bezug auf Ihr Schreiben vom 5. d. Mts. teile ich Ihnen in Vertretung des erkrankten Herrn Geh. Baurat Cordes ergebenst mit, daß eine Beantwortung der von Ihnen gestellten Fragen bestimmungsgemäß nicht erteilt werden kann.
Eine Befriedigung Ihres Interesses an den Einrichtungen und den Betriebsmitteln muß Ihrer späteren Beschäftigung bei der Eisenbahnverwaltung als Maschinenbaubeflissener vorbehalten bleiben."

I. V.
(gez.) Wendlar

So streng waren damals die Bräuche!

Vorstand des Königlichen Eisenbahn-

Werkstätten ~~Inspektion~~ Amtes a Grunewald, den 8. Dezbr. 1916.

G.-Nr. ....

Bei Rückschreiben wird um Angabe der Geschäftsbuchnummer ersucht.

Für die Königliche Eisenbahnhauptkasse Berlin besteht:
Reichsbankgirokonto,
Postscheckkonto Berlin Nr. 2909,
Telegrammadresse: Staatsbahnhauptkasse Berlin.

Bei Ueberweisungen auf Giro- oder Postscheckkonto ist der Eisenbahnhauptkasse mitzuteilen, wofür die Zahlung erfolgt.

An
den Oberprimaner
Herrn Kurt Pierson
Berlin

Mit Bezug auf Ihr Schreiben vom 5. d. Mts. teile ich Ihnen in Vertretung des erkrankten Herrn Geh. Baurat Cordes ergebenst mit, daß eine Beantwortung der von Ihnen gestellten Fragen bestimmungsgemäß nicht erteilt werden kann.

Eine Befriedigung Ihres Interesses an den Einrichtungen u. den Betriebsmitteln der Staatseisenbahn muß Ihrer späteren Beschäftigung bei der Eisenbahn-Verwaltung als Maschinenbaubeflissener vorbehalten bleiben.

I. V.
Nordmann.

Recht. Anfrage wegen der [illegible]

Zu Blatt 67

[illegible] 8/12.

Dreiachsige Schlepptenderlokomotiven waren zu jener Zeit auf den Berliner Fernbahnhöfen eine Seltenheit; außerhalb Berlins jedoch, schon kurz hinter den letzten Vorortbahnhöfen, wo die Geltungsbereiche der benachbarten preußischen Eisenbahndirektionen begannen, gehörten sie zum ständigen Bild, das sich dem Reisenden vor den Fenstern seines Zugabteils bot. Der Anhalter Bahnhof in Berlin war durch die Vielfalt seiner Lokomotiven zweier königlicher Eisenbahnverwaltungen, der preußischen wie der sächsischen Staatsbahnen, ein ganz besonderer Anziehungspunkt. Fuhren die Schnellzüge mit in damaliger Zeit bereits hochmodernen fünfachsigen Heißdampflokomotiven, so qualmte daneben friedlich eine dreiachsige Personenzuglokomotive vor einem Personenzug nach Jüterbog (Abb. 85).
An keiner Stelle Berlins herrschte ein derartiger Eisenbahnbetrieb wie im Süden der Stadt, wo sich die Gleisanlagen der Anhalter-, Dresdener und Potsdamer sowie der Königlichen Militäreisenbahn, dazwischen der Postbahnhof, wie ein riesiger Fächer mitten im Häusermeer ausbreiteten (Abb. 86–88). Unbestrittene Herrscherin auf allen Gleisen war die bereits in Abb. 21 auf dem Anhalter Außenbahnhof vorgestellte kleine dreiachsige Rangierlokomotive, die, oft kopiert und vielfach abgewandelt, dennoch nur in der dort abgebildeten nach preußischen Normalien gebauten Ausführung das Gattungszeichen T 3 zu Recht führte. Es gab natürlich auch bei den preußischen Staatsbahnen eine kleine Zahl von Maschinen, die von der Normalausführung abwichen, aber das waren Ausnahmen.
Diese „Teckel“ bildeten jahrzehntelang für jeden Rangierer eine unverwüstliche Hilfe, wie sie hier, im Süden Berlins, fauchend und zischend hin und her huschten. Je weiter man jedoch auf dem Führerstand einer solchen Lokomotive mitfahrend, in die Außenbezirke des Gleisfächers gelangte, um so mehr begegneten einem die

85 1 B-n2-Personenzuglokomotive, Gattung P3, „Halle 1651“. Gebaut 1896 von Henschel & Sohn. Fabr.-Nr. 4488

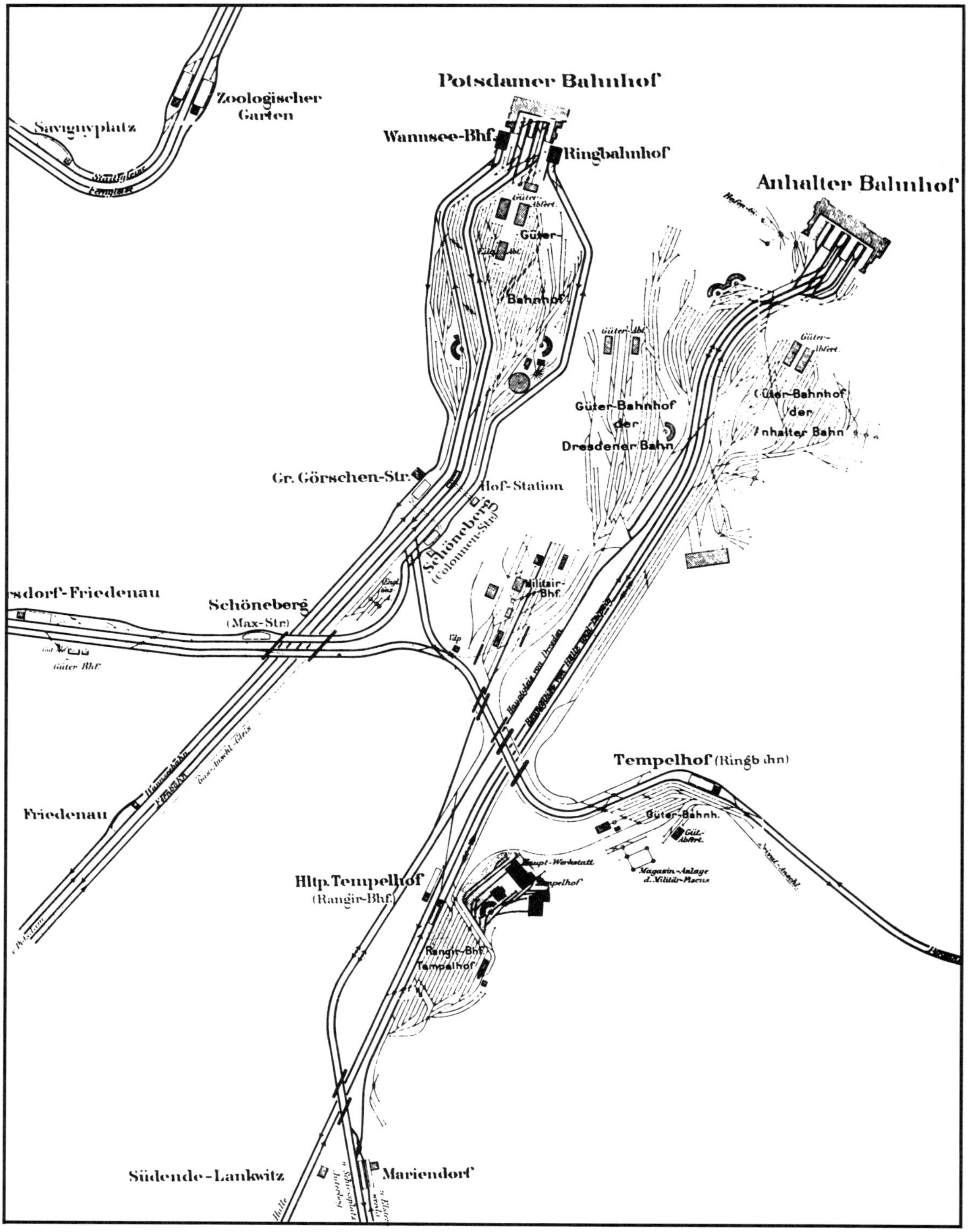

86 Gleisplan der südlichen Berliner Eisenbahnlandschaft

87 Der Anhalter Bahnhof in Berlin mit Brückenstellwerk um 1910

88 Hauptbahnhof Berlin der Königl. Preuß. Militär-Eisenbahn

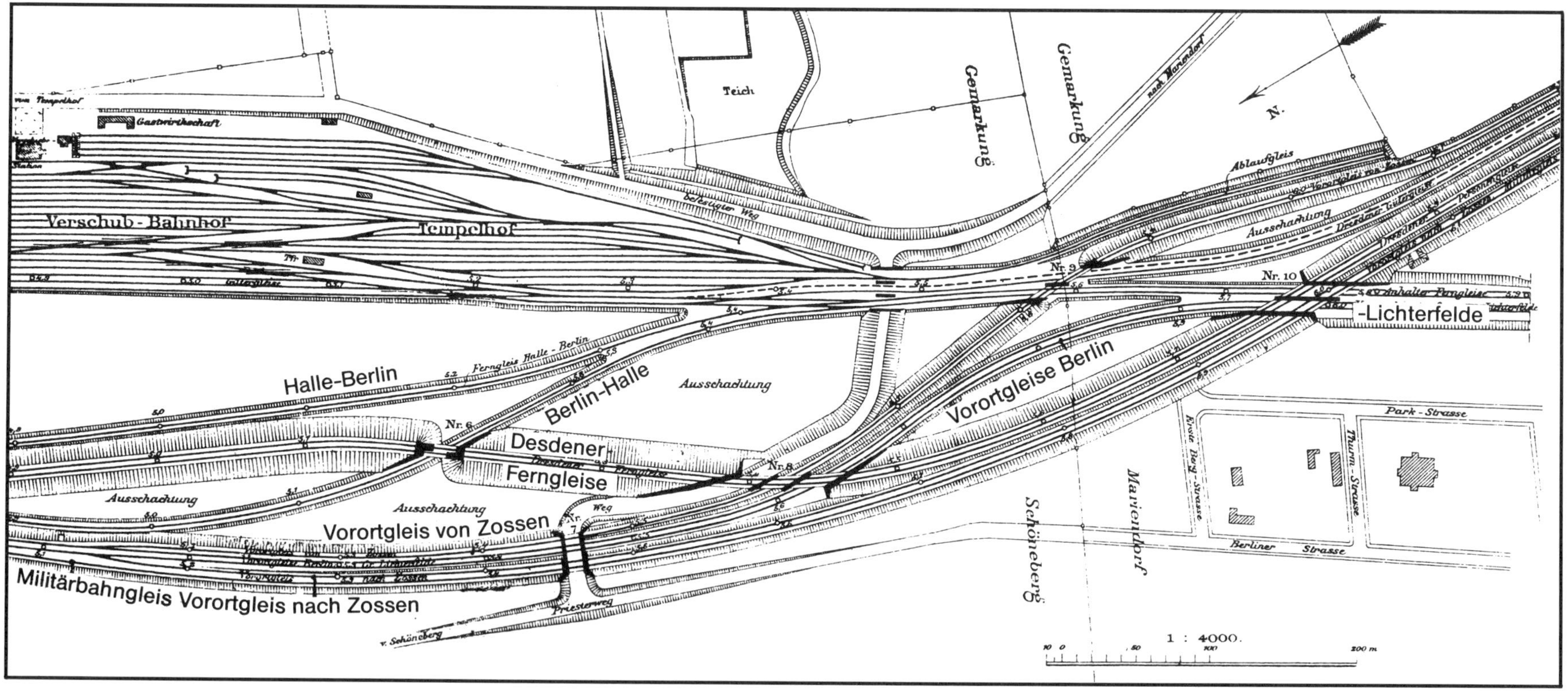

89 Plan des Güterbahnhofs Tempelhof bei Berlin (aus: „Zeitschrift für Bauwesen“ 1900)

kräftigen vier- und fünfachsigen Güterzuglokomotiven der benachbarten Direktionen, wie beispielsweise im Güter- und Rangierbahnhof Tempelhof (Abb. 89).
Es ist der 2. März 1913 und das Ziel der kleinen Lokomotive ist ein kleiner Halbrundschuppen nahe der Eisenbahn-Hauptwerkstatt. Während sich die Maschine langsam der Zufahrt zur Drehscheibe nähert, tritt plötzlich hinter einem niedrigen Gasometer eine alte Lokomotive hervor, deren Schornstein ein in der Zeit der Privatbahnen allgemein gebräuchlicher Kronenaufsatz ziert. Ein Staketenzaun zieht sich hinüber bis zu einem niedrigen Gebäude, von dem aus der Zugang zu dem Lokomotivveteranen möglich ist, der noch aus der einstigen Berliner Lokomotivfabrik Fritz Wöhlert stammt und von ihr im Jahre 1871 unter Fabriknummer 294 an die ehemalige Stargard–Posener Eisenbahn als Betriebsnummer 8 geliefert wurde. Die alte Lokomotive hatte kein Triebwerk mehr; sie diente, still am Rande des riesigen, lärmenden Rangierbahnhofes abgestellt, mit ihren 8 Atmosphären Kesseldruck als Heizkesselmaschine, Inventarnummer 136. Zwei Jahre später wurde sie verschrottet (Abb. 90).
In diesem stillen Winkel der südlichen Eisenbahnlandschaft nahm das Ausbesserungswerk Tempelhof der ehemaligen Berlin–Anhalter Eisenbahn einen hervorragenden Platz ein. Seine Lokomotivmontage barg so manche Kostbarkeit aus jener Zeit (Abb. 91), wie der Werkhof noch im Jahre 1912 laufend die ausgemusterten Stadtbahnlokomotiven der Gattung T 2 aufnahm (Abb. 92), von denen der Verfasser am 3. Oktober 1912 die Betriebsnummern 6072, 6074, 6080, 6084, 6087 sowie die B-gekuppelte 6044 (Abb. 92) antraf. Den Reigen schloß die ehemalige Personenlokomotive der Niederschlesisch–Märkischen Eisenbahn, Betriebsnummer „Berlin 1551" der Gattung P 2 mit Hallschen Außenkurbeln.
Die Königliche Eisenbahndirektion Berlin besaß ja im ersten Dezennium unseres Jahrhunderts nicht nur einen ständig wachsenden Park von Tenderlokomotiven für die Stadt-, Ring- und Vorortbahnen, sondern auch noch eine Anzahl Schlepp-

90 1 B-n2-Personenzuglokomotive der Stargard–Posener Eisenbahn; jetzt „Berlin 136". Gebaut 1871 von F. Wöhlert, Berlin. Fabr.-Nr. 294 (dahinter eine neue Stadtbahnlokomotive von Borsig)

tenderlokomotiven aus der Privatbahnzeit, die wir in nachstehender Aufstellung wiedergeben. Darüber hinaus verfügte die Direktion über 17 Maschinen der Bauart 1'C-n2-Güterzuglokomotiven, Gattung G5 mit den Betriebsnummern 4001 bis 4017, alle geliefert von der Lokomotivfabrik „Vulcan" in Stettin-Bredow.

91 Lokomotivmontage des Ausbesserungswerks Tempelhof (früher Berlin–Anhalter Bahn) im Jahre 1904

92 Ausgemusterte Stadtbahnlokomotiven der Gattung T2 auf dem Werkhof des Ausbesserungswerks Tempelhof

Liste der ehemaliger Privatbahnlokomotiven der
Eisenbahndirektion Berlin um das Jahr 1906

Gattung	Achs- folge	Betriebsnr. alt	neu	Gebaut von Firma Jahr	Name	Fabr.-Nr.	Bahnverwaltung (früher)
P 0	1A1	504	1501	1874	Wöhlert	549	Berlin–Görlitz
P 2	1B	267	1551	1874	Schwartz-kopff	610	Niederschl. M. Eb.
G 1	1B	545	3001	1873	Hanomag	966	Altona–Kieler Eb.
G 1	B1	609	3002	1872	Hanomag	645	Halle–Sorau–Guben
G 2	C	867	3051	1871	Wöhlert	319	Berlin–Görlitz
G 2	C	1025	3052	1875	Hartmann	853	Cottbus–Großenhain
G 2	C	1029	3053	1875	Hartmann	857	Cottbus–Großenhain
G 3	C	936	3101	1874	Schwartz-kopff	528	Niederschl. M. Eb.
G 3	C	937	3102	1874	Schwartz-kopff	529	Niederschl. M. Eb.
G 3	C	939	3103	1874	Schwartz-kopff	531	Niederschl. M. Eb.
G 3	C	941	3104	1874	Schwartz-kopff	533	Niederschl. M. Eb.
G 3	C	942	3105	1874	Schwartz-kopff	534	Niederschl. M. Eb.
G 3	C	943	3106	1874	Schwartz-kopff	535	Niederschl. M. Eb.
T 1	B	1507	6001	1875	Krauß	466	Niederschl. M. Eb.
T 1	B	1508	6002	1882	Borsig	3894	Holst. Marschbahn
T 1	B	1610	6003	1884	Hanomag	1691	Berlin–Dresd. Eb.
T 1	B	1611	6004	1886	Hanomag	1908	Berlin–Dresd. Eb.
T 2	B1	1462	6041	1874	Wöhlert	606	Berlin–Görlitz
T 2	B1	1463	6042	1874	Wöhlert	607	Berlin–Görlitz
T 2	B1	1464	6043	1874	Wöhlert	608	Berlin–Görlitz
T 2	B	1480	6044	1878	Schwartz-kopff	916	Magdeb.–Halberst.
T 2	B	1481	6045	1878	Hanomag	1407	Kgl. Ostbahn
T 4	1B	1603	6401	1882	A. Borsig	3836	Berlin–Hamburg
T 4	1B	1604	6402	1882	Borsig	3837	Berlin–Hamburg
T 4	1B	1605	6403	1882	Borsig	3838	Berlin–Hamburg
T 7	C	1731	6801	1881	Borsig	3774	Niederschl. M. Eb.
T 7	C	1732	6802	1881	Borsig	3775	Niederschl. M. Eb.
T 7	C	1733	6803	1881	Borsig	3776	Niederschl. M. Eb.
T 7	C	1734	6804	1881	Borsig	3777	Niederschl. M. Eb.
T 7	C	1735	6805	1881	Borsig	3778	Niederschl. M. Eb.
T 7	C	1736	6806	1881	Borsig	3779	Niederschl. M. Eb.

Als Besonderheit besaß die Direktion Berlin unter den aufgeführten und weiteren G 3-Lokomotiven (es waren insgesamt 22 Einheiten) auch solche mit außenliegender Allansteuerung, so z. B. die Maschine, Betriebsnummer 3107, die noch während des Ersten Weltkrieges auf dem Anhalter Außenbahnhof Dienst tat, wie auch ihre Schwesterlokomotiven Nr. 3119 und 3120, die noch im Jahre 1920 auf dem Nordring anzutreffen waren, bevor sie in die „Hauptwerkstatt der Niederschlesisch–Märkischen Eisenbahn" zur letzten Untersuchung kamen. Diesen Namen führte jene Werkstatt offiziell noch bis 1918, die sich am Südrande des Eisenbahn-

geländes zwischen dem Schlesischen Bahnhof und Stadtbahnhof Rummelsburg, entlang dem Markgrafendamm, hinzog. Ihr gegenüber lag an der Warschauer Straße die Hauptwerkstatt der Königlichen Ostbahn, die noch heute existiert und der Deutschen Reichsbahn als Ausbesserungswerk für Kühlwagen dient.
Damit sind wir wieder in den Bereich der Stadt- und Ringbahn zurückgekehrt und bleiben noch kurz im Osten der Stadt. Hier befand sich zur Zeit, als der Verfasser als Schüler seine ersten Entdeckungsfahrten unternahm, einer der „Malerwinkel" der Berliner Eisenbahnlandschaft: Der Zugang zum Bahnbetriebswerk Rummelsburg-Außenbahnhof, der mit seiner stimmungsvollen Atmosphäre auch den sozialkritischen und eisenbahnbegeisterten Maler Hans Baluschek inspirierte (Abb. 93). Damals konnte man noch dann und wann einen Stadtbahnzug mit einer T 2 antreffen. Aber daneben wirkte sich hier bereits der Güterzugbetrieb der nördlichen Berliner Eisenbahnlandschaft, der Nordring, aus.
Dort lagen die großen Schlachthöfe am Bahnhof Weißensee, dort hatte schon früh sich eine umfangreiche Industrie, vornehmlich Maschinenbau und die Chemie, angesiedelt, und am Wedding war ein großer Kohlenbahnhof entstanden. Dort also entwickelte sich von Jahr zu Jahr mehr ein umfangreicher Güterverkehr, zu dessen Bewältigung mehrere Güterbahnhöfe, darunter der Nordbahnhof (Abb. 94) sowie der Güter- und Umschlagbahnhof Moabit, die wichtigsten waren. Während letzterer bis in unsere Tage vor allem für Spedition und Lebensmittelhandel ebenso zum Begriff wurde wie für den Viehgroßhandel das Bahngelände zwischen Weißensee und Zentralviehhof, dürfte über den Nordbahnhof wenig bekannt sein; denn was heute in Ost-Berlin den Namen „Nordbahnhof" trägt, ist die Bezeichnung kläglicher Reste des einstigen Stettiner Bahnhofs, früher einer der verkehrsreichsten Fernbahnhöfe der Reichshauptstadt zur Ostsee und nach Skandinavien.
Der Güterbahnhof der Nordbahn nach Stralsund, an die noch der Westberliner Stationsname Wittenau (Nordbahn) erinnert, zog sich an der heute in Ost-Berlin liegenden Schwedter Straße entlang. Auf ihm herrschte vor dem Ersten Weltkrieg ein äußerst reger Güterverkehr, aber die wenigsten wissen, daß sich dort zu Beginn der achtziger Jahre des vorigen Jahrhunderts auch ein Personenbahnhof für den Vorortverkehr auf den von Berlin nach Norden ausgehenden Strecken befand. Dieser Bahnhof lag für die besonders dicht besiedelten Wohngebiete im Norden und Nordosten der Stadt recht günstig; als jedoch neben dem Stettiner Fernbahnhof auch ein Vorortbahnhof angelegt wurde, dessen Einzugsgebiet das Stadtzentrum sowie der Nordwesten bildete und von dem aus gleichzeitig über den Bahnhof Gesundbrunnen eine Verbindung zwischen den Vorortlinien und dem Nordring geschaffen wurde, fiel der Personenverkehr auf dem Nordbahnhof sehr zum Leidwesen der Anwohner fort.
Die Gleisanlagen zwischen dem Bahnhof Gesundbrunnen und dem Nordbahnhof erinnerten in ihrer Anlage, wenn auch nicht in ihrer Ausdehnung, an den Gleisfächer im Süden der Stadt. Doch hier im Norden dominierte der Güterverkehr, und demzufolge waren auch hier ganz andere, diesem Verkehr arteigene Lokomotiven anzutreffen. Zwei Bauarten von Tenderlokomotiven für Rangierzwecke und Übergabezüge waren es vor allem, die bis zum Ersten Weltkrieg das Bild bestimmten: Zwei Arten dreifach gekuppelter dreiachsiger bzw. vierachsiger Tenderlokomotiven. Aus den Bedürfnissen des Ruhrbergbaues heraus war bereits um das Jahr

93 Alter Zugang zum Bahnbetriebswerk Rummelsburg-Außenbahnhof, gezeichnet von Hans Baluschek

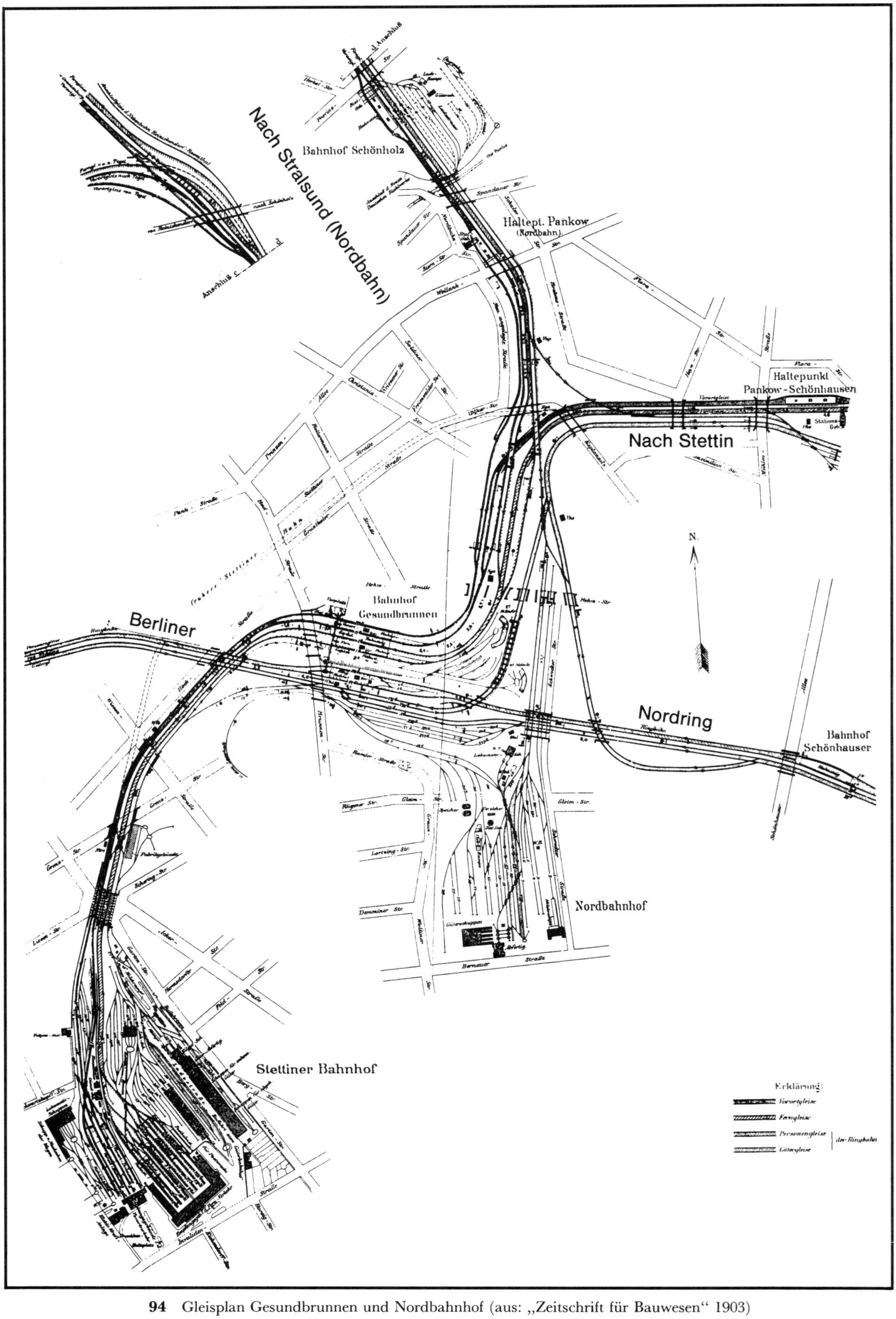

94 Gleisplan Gesundbrunnen und Nordbahnhof (aus: „Zeitschrift für Bauwesen“ 1903)

1876 die Forderung nach einer kräftigen dreiachsigen Güterzug-Tenderlokomotive entstanden, die nicht nur auf kurzen Anschlußstrecken, sondern auch bei der Zusammenstellung schwerer Güterzüge verwendet werden konnte. Die Uniongießerei entwickelte daraufhin in Königsberg (Ostpreußen) eine derartige Maschine, wobei sie unter Einhaltung eines zulässigen größten Raddruckes von 7 to auf das Triebwerk der früher erwähnten G 3-Lokomotive zurückgriff, der Radstand jedoch zwecks Vermeidung eines zu großen Überhanges, insbesondere des rückwärtig ausladenden Kohlebunkers von 1,5 cbm Inhalt vergrößert wurde. Im Vergleich zu der G 3-Lokomotive hatte die Tendermaschine wohl die gleiche Zugleistung, dem kleineren Kessel entsprechend jedoch um etwa 10 v.H. niedrigere Geschwindigkeit sowie einen kürzeren Fahrbereich. Mit der Gattungsbezeichnung T 7 fand die Lokomotive Eingang bei den preußischen Staatsbahnen, wurde jedoch auch im Streckendienst auf Nebenbahnen verwandt. Die hier beschriebene Maschine wurde, wie aus der Aufstellung hervorgeht, zunächst an die Niederschlesisch–Märkische Eisenbahn und damit an die Ringbahn geliefert, später lieferten außer Borsig und Wöhlert in Berlin auch noch die Hanomag in Hannover, die Uniongießerei in Königsberg sowie „Hohenzollern" in Düsseldorf-Grafenberg T 7-Lokomotiven an die KED Berlin, die von dieser Bauart insgesamt 31 Stück besaß. Diese Maschinen also beherrschten den Berliner Norden, insbesondere waren sie im Bw Gesundbrunnen, später auch im Bw Lehrter Bahnhof anzutreffen. Einige von ihnen, wie die Wöhlertlokomotive Nr. 6810 (Abb. 95), aber auch die Maschinen Nr. 6811, 6824 und 6831, taten bis Anfang der zwanziger Jahre noch Dienst auf dem Nordring, andere hingegen, wie die Maschinen 6804 bis 6806 der ehemaligen Niederschlesisch–Märkischen Eisenbahn (vgl. Aufstellung) wurden bereits im Jahre 1914 in der mehrfach erwähnten Hauptwerkstatt obiger Bahnverwaltung ausgemustert.
Die andere Lokomotivbauart mit drei gekuppelten und einer vorderen Laufachse, die der großen Gattungsfamilie T 9 angehörte, war vorwiegend nur im Übergabedienst anzutreffen, und dieser Fahrplan brachte diese Maschinen auch, wie das Bild erkennen läßt, in die südlichen Außenbezirke zum Rangierbahnhof Grunewald (Abb. 96). Sie war gewichtsmäßig die schwerste der drei im Direktionsbezirk beheimateten T 9-Bauarten und daher für die vorgesehenen Übergabezüge am besten geeignet.
Für die Güter-Fernzüge innerhalb des Berliner Raumes jedoch war frühzeitig eine vierachsige, vierfach gekuppelte Tenderlokomotive aus den Werkstätten der Uniongießerei eingesetzt worden, die – erstmalig im Jahre 1910 geliefert – als Gattung T 13 (Abb. 97) sich als so gut erwies, daß sie von den preußischen Staatsbahnen in der Folgezeit ganz allgemein in größerer Stückzahl beschafft wurde. Doch bereits vier Jahre später genügte diese Bauart den Ansprüchen nicht mehr, obwohl die Maschine auf einer Steigung von 1 : 95 einen 1147 to schweren Zug bei niedriger Geschwindigkeit und in der Ebene einen 832 to schweren Zug mit 40 km/h zu befördern vermochte. Das hatte sie für den Berliner Norden mit seinem dichten Güterverkehr zwar auf einige Jahre als besonders geeignet gemacht, aber bei steigenden Zuggewichten, die sich aus der immer dichter werdenden Zugfolge ergaben, reichte es nicht mehr. Im Jahre 1914 erschien daher in Berlin die erste, für diese Direktion von der Uniongießerei entworfene und gebaute vierfach gekuppelte Güterzug-Tenderlokomotive mit vorn und hinten je einer führenden Lauf-

95 C-n2-Güterzug-Tenderlokomotive, Gattung T7, „Berlin 6810". Gebaut 1882 von F. Wöhlert. Fabr.-Nr. 772

96 1'C-n2-Güterzug-Tenderlokomotive, Gattung T9, „Berlin 7204". Gebaut 1897 von Uniongießerei. Fabr.-Nr. 906

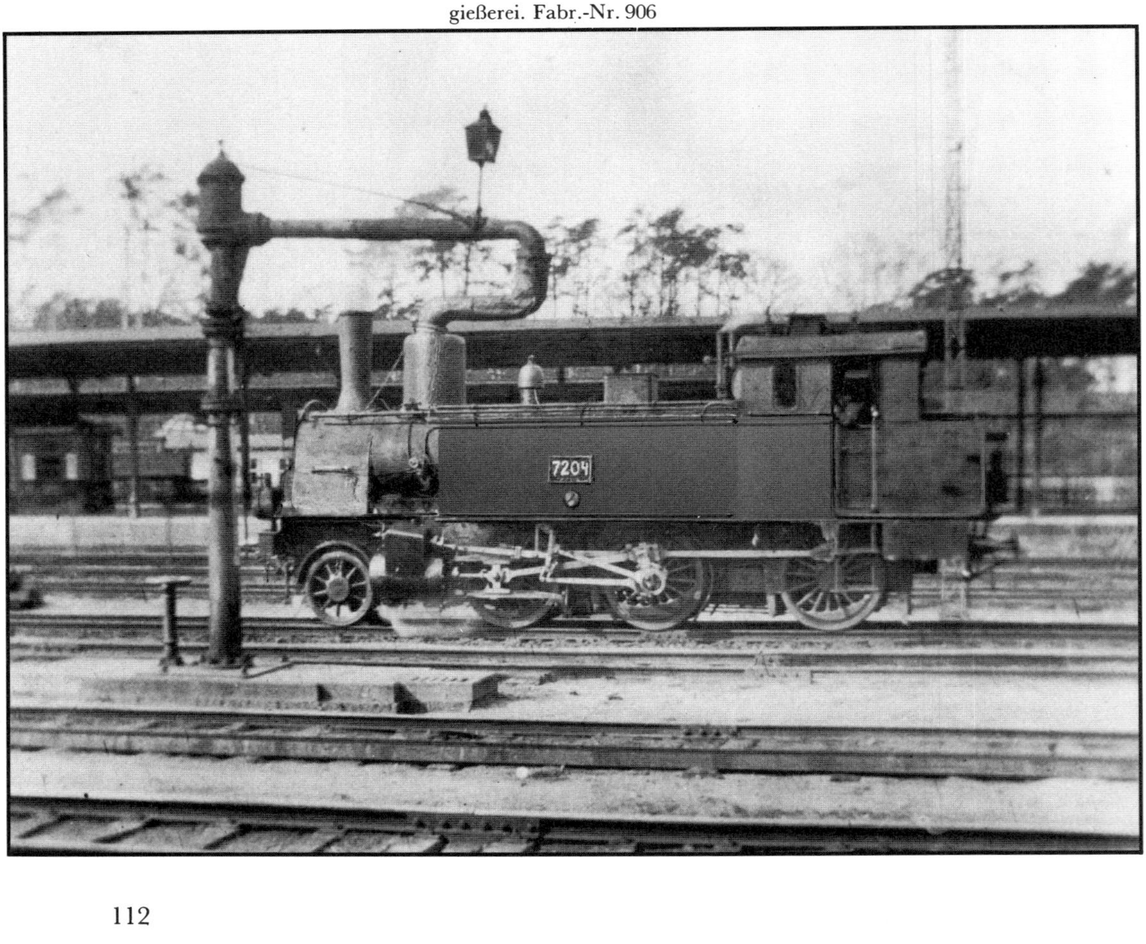

97 D-n2-Güterzug-Tenderlokomotive, Gattung T13, „Berlin 7932". Gebaut 1910 von Uniongießerei

98 1'D 1'-h2-Güterzug-Tenderlokomotive, Gattung T14, „Berlin 8501". Gebaut 1914 von Uniongießerei. Fabr.-Nr. 2112

achse, der später weit über hundert weitere Maschinen als Gattung T 14 für den Berliner Raum folgen sollten (Abb. 98). Die Maschine sollte einem dringenden Bedürfnis nach vielseitiger Verwendbarkeit, insbesondere in Zeiten schwächeren Güterzugverkehrs an Sonn- und Feiertagen abhelfen, um dafür im Bedarfsfalle auf der kurvenreichen Stadtbahn eingesetzt zu werden. Gegenüber der vierachsigen Tenderlokomotive ohne führende Laufachsen T 13 hatte sie den Vorteil einer geringeren Abnutzung der Radreifen, die die T 13 auf den krümmungsreichen Stadt- und Ringbahnstrecken nur bedingt verwendungsfähig gemacht hatte.

1914. Die Weltgeschichte schickte sich an, das Bild eines ganzen Kontinents zu verändern. Noch freilich ging das Leben seinen gewohnten Gang, auch in Berlin, wo im Eisenbahnverkehr das 19. Jahrhundert spürbar blieb. Da gab es z.B. auf dem Potsdamer Bahnhof einen Personenzug, der jeden Samstagnachmittag um 5 Uhr 55 nach Brandenburg fuhr und von einer dreiachsigen Schnellzuglokomotive, Gattung S 1, der KED Magdeburg befördert wurde (Abb. 99). Es gab zahlreiche vierachsige Naßdampf-Schnell- und Personenzuglokomotiven, die vorzugsweise die Personenzüge fuhren. Es gab jedoch auch bereits die dreifach gekuppelten Heißdampf-Schnellzuglokomotiven der Gattung S 10 und S 10^1 mit vier Zylindern und vorderem Drehgestell, teils in Zwillings- teils in Verbundausführung (Abb. 100), die die schweren D-Züge auf der Stadtbahn mehr und mehr fuhren, ja, die Lokomotivfabrik „Vulcan" in Stettin-Bredow hatte für die Bäderzüge vom Stettiner Bahnhof aus eine siebenachsige Heißdampf-Schnellzug-Tenderlokomotive der Gattung T 18 geschaffen. Im eigentlichen innerstädtischen Verkehr aber hatte sich jene Stadtbahnlokomotive durchgesetzt, von der im nächsten Kapitel eingehend die Rede sein wird.

Im Sommer 1914 verdunkelten sich zusehends die Wolken am politischen Horizont. Die Fabriken liefen auf Hochtouren. Die Feriengäste kehrten überstürzt nach Berlin zurück. Am 2. August 1914, dem ersten Mobilmachungstag, war der Fernverkehr auf der Stadtbahn für Zivilisten gesperrt; auf den Stadtbahngleisen

99 1 B-n2-Schnellzuglokomotive, Gattung S 1, „Magdeburg 41". Gebaut von Borsig

verkehrten die Züge im 15-Minuten-Abstand. Dabei führten vornehmlich die Züge nach Spandau Güterwagen mit Kriegsmaterial mit sich. Das erinnerte an jene Zeit, da einst der Bau der Ringbahn vor allem nach militärischen Gesichtspunkten erfolgte. Auf dem Güterbahnhof Grunewald wurden ganze Güterzüge mit Feldbahnlokomotiven für die Eisenbahnregimenter abgefertigt. In den Hauptwerkstätten drängten sich die Lokomotiv-Neubauten für die verschiedensten Direktionsbezirke zur Abnahme. Es kam gar nicht mehr darauf an, was für eine Maschine welchen Zug fuhr, und die einstigen „Stadtbahnblüten am Himmelfahrtstag" wurden durch das, was in den ersten Kriegsmonaten über die Stadtbahn rollte, weit übertroffen. Ein Lokomotivfreund tat in jenen Tagen gut daran, sein Nachtlager im Warteraum eines der Fernbahnhöfe der Stadtbahn als der wichtigsten Ost-West-Schlagader herzurichten, um nichts zu versäumen. Übung darin hatte man ja – wie später berichtet wird – bereits.
Und noch etwas war auffällig: Anstelle der Ausmusterungen alter Lokomotiven fand mehr und mehr eine Untersuchung „auf Kriegstauglichkeit" statt, zumindest solange, bis die umfangreichen Lokomotivlieferungen der folgenden Jahre angelaufen waren. (Im Jahre 1915 beschafften die preußischen Staatsbahnen 1501 Lokomotiven. Ein Jahr später waren es hundert Stück mehr.) Danach wurden wieder alte Lokomotiven ausgeschlachtet, schon, um hierdurch die aus Kupfer und seinen Legierungen bestehenden Teile für die Rüstungsindustrie zu gewinnen.
Ein Stück Erinnerung nach dem anderen schwand auf diese Weise an jene Zeit dahin, von der der Verfasser aus eigenem Erleben berichten konnte. Was dann noch den Krieg überlebte, wurde Jahre später, für eine kurze Spanne, zur Kostbarkeit. So war auch die einstige Mannigfaltigkeit an Lokomotiven im bunten Reigen der sich unaufhörlich auch jetzt noch begegnenden Stadt- und Ringbahnzüge mehr und mehr der Uniformität einer einzigen Lokomotivbauart gewichen.

100 2'C-h4v-Schnellzuglokomotive, Gattung S 10^1, „Hannover 1112". Gebaut 1914 von Henschel & Sohn. Aufgenommen 1915 im abgerissenen Bahnhof Friedrichstraße

VII. Variationen über eine Stadtbahnlokomotive

Im Jahre 1827 errichtete ein gewisser Georg Ostendorf im ostpreußischen Königsberg am Ufer des Pregel eine kleine Eisengießerei und begann – angeregt durch die benachbarte Weite landwirtschaftlich genutzter Flächen – mit der Herstellung landwirtschaftlicher Maschinen. Im Zuge des industriellen Aufschwungs folgte der Bau von Dampfkesseln und Dampfmaschinen und schließlich von Schiffen und Schiffsmaschinen.

Als im Jahre 1853 Königsberg Anschluß an die Königliche Ostbahn und damit an das deutsche Eisenbahnnetz fand, wurde zwei Jahre später auch der Bau von Lokomotiven aufgenommen und die erste Maschine dieser Art im Jahre 1855 an den preußischen Staat abgeliefert. Von jenem Zeitpunkt an hatte die – später in „Uniongießerei" umbenannte – Fabrik ununterbrochen Lokomotiven mit Schlepptender, vor allem aber auch Tenderlokomotiven verschiedenster Art, an die Preußischen Staatsbahnen geliefert. Ihre bedeutendste Konstruktion aber war zweifellos die später in Hunderten von Stückzahlen nachgebaute vierachsige Heißdampf-Personenzug-Tenderlokomotive mit drei gekuppelten Achsen, die insbesondere auf den Berliner Stadt-, Ring- und Vorortbahnen eine einmalige technische Entwicklung durchlief.

Über die Entstehung dieser Bauart, der späteren preußischen Gattung T 12, berichtete die Jubiläumsschrift zum hundertjährigen Bestehen der Uniongießerei im Jahre 1927: „Auch bei der Einführung des Heißdampfes stand die Union-Gießerei mit an führender Stelle. Sie lieferte bereits am 11. August 1902 die erste Heißdampflokomotive, Fabrik-Nr. 1222, ab. Diese $^{3}/_{4}$ gekuppelte Tenderlokomotive der Gattung 1'C mit 1500 mm Treibraddurchmesser erledigte am 14. August 1902 ihre Probefahrten und fuhr vom 16. August 1902 ab auf der Strecke Königsberg–Eydtkuhnen die beiden fahrplanmäßigen Kurierzüge. Herr Geheimrat Garbe leitete die Probefahrten persönlich. Hierüber liegt ein Bericht der ‚Königsberger Allgemeinen Zeitung' vom 18. August 1902 vor, welcher u. a. etwas optimistisch von einer Kohleersparnis mit zirka 16 Prozent und die Wasserersparnis gar mit 30 Prozent gegenüber der Verbundlokomotive angibt."

Die Umstände, unter denen die eigentlichen Versuche in Berlin stattfinden sollten, waren wesentlich schwieriger als bei den erwähnten Streckenfahrten. Statt solcher Fahrten mit längeren Stationsabständen, bei denen sich ein gewisser mittlerer Beruhigungszustand auf dem Rost sowie in der Dampferzeugung herstellen läßt, lagen insbesondere auf der Stadtbahn die Stationsabstände zwischen 800 und 1200 Meter.

Mit den von der Uniongießerei gelieferten vier Probelokomotiven, Betriebsnummer „Berlin 1222 bis 1225" sowie der damaligen Gattungsbezeichnung T 10 (Abb. 101), wurden im Laufe von drei Jahren nicht nur eingehende Versuche im

Betriebsdienst durchgeführt, sondern auch Vergleiche mit der früher erwähnten 1'C-n2-Tenderlokomotive (Abb. 70) sowie einer dritten Lokomotivbauart, und zwar mit der 1'C1'-n3-Tenderlokomotive (Abb. 75) angestellt. Zu diesem Zeitpunkt verfügte die Eisenbahndirektion Berlin über die nachstehenden Einheiten dieser drei Versuchsgattungen:

Lokomotiv-Betr.-Nr.	Verdampfungsziffer bei 50 km/h	bei 60 km/h	Indiz. Leistung PS
2209	7,3	6,9	947
2103	6,2	6,0	973
2104	7,0	6,3	680

Der schlüpfrige Zustand der Schiene innerhalb der Stadt führte nicht selten schon bei leichten Zügen zum Schleudern der Lokomotiven, so daß beim Anfahren stets der Sandstreuer betätigt werden mußte. Am wenigsten nachteilig wirkte sich dies bei der 1'C1'-n3-Tenderlokomotive Nr. 2209 aus; auch die Heißdampflokomotive schnitt gegenüber ihrer baugleichen Naßdampf-Konkurrentin Nr. 2104 günstiger ab.

Nach Ablauf der über drei Jahre hin durchgeführten Versuche, die eindeutig zugunsten der Heißdampflokomotive ausfielen, wurde im Jahre 1905 erstmalig ein größeres Kontingent dieser Bauart im Umfang von 68 Maschinen mit Rauchkammerüberhitzer von der Firma A. Borsig in Berlin für die Berliner Stadt-, Ring- und Vorortbahnen beschafft. Da es wahrscheinlich heute nicht mehr viele geben wird, die sich unter einem Rauchkammer-Überhitzer, mit dem zu jener Zeit auch viele Schlepptenderlokomotiven der Preußischen Staatsbahnen ausgerüstet waren, etwas vorstellen können, soll ein solcher im Rahmen dieses Abschnitts in Wort und Bild kurz erläutert werden, zumal der Autor selbst noch viele dieser Maschinen bis 1916 erlebt und fotografisch festgehalten hat.

Bauart	Betr.-Nr.	Baujahr	Lieferfirma	Fabr.-Nr.
1'C 1'-n3-Tenderlok	2200–2209	1902	Schwartzkopff	3048–3057
1'C-n2-Tenderlok	2104–2118	1903	Uniongießerei	1256–1260 1265–1274
1'C-h2-Tenderlok	2100–2103	1902	Uniongießerei	1222–1225

Aus diesem Bestand wurde je eine Maschine zu Vergleichsfahrten ausgewählt und nachstehende Verdampfungsziffern sowie die indizierte Leistung festgestellt:

Der in der Rauchkammer eingebaute Überhitzer bestand aus drei Reihen von je 19 Rohren, die, ringförmig gebogen, sich der Rauchkammerwandung anschmiegten und im wesentlichen aus drei konzentrischen Ringsätzen bestanden (Abb. 102). Diese Ringgruppen waren in kleinen Abständen hintereinander eingebaut. Die nach oben abgebogenen Enden der Rohrwände waren in den Böden zweier flacher Stahlguß-Dampfkammern eingewalzt, von denen die eine rechts, die andere links vom Schornstein in der Rauchkammerdecke eingebracht waren und den Lokomotiven mit Rauchkammerüberhitzer ihr hierfür typisches Aussehen verliehen. Die starke Überhitzung auf 300 bis 350° Celsius wurde nun dadurch erreicht, daß dem in der Rauchkammer untergebrachten Überhitzer mit

101 Eine der ersten 1'C-Heißdampf-Personenzug-Tenderlokomotiven aus Königsberg auf der Berliner Stadtbahn

102 Schnittzeichnung eines Rauchkammer-Überhitzers für eine Stadtbahnlokomotive, Gattung T 12

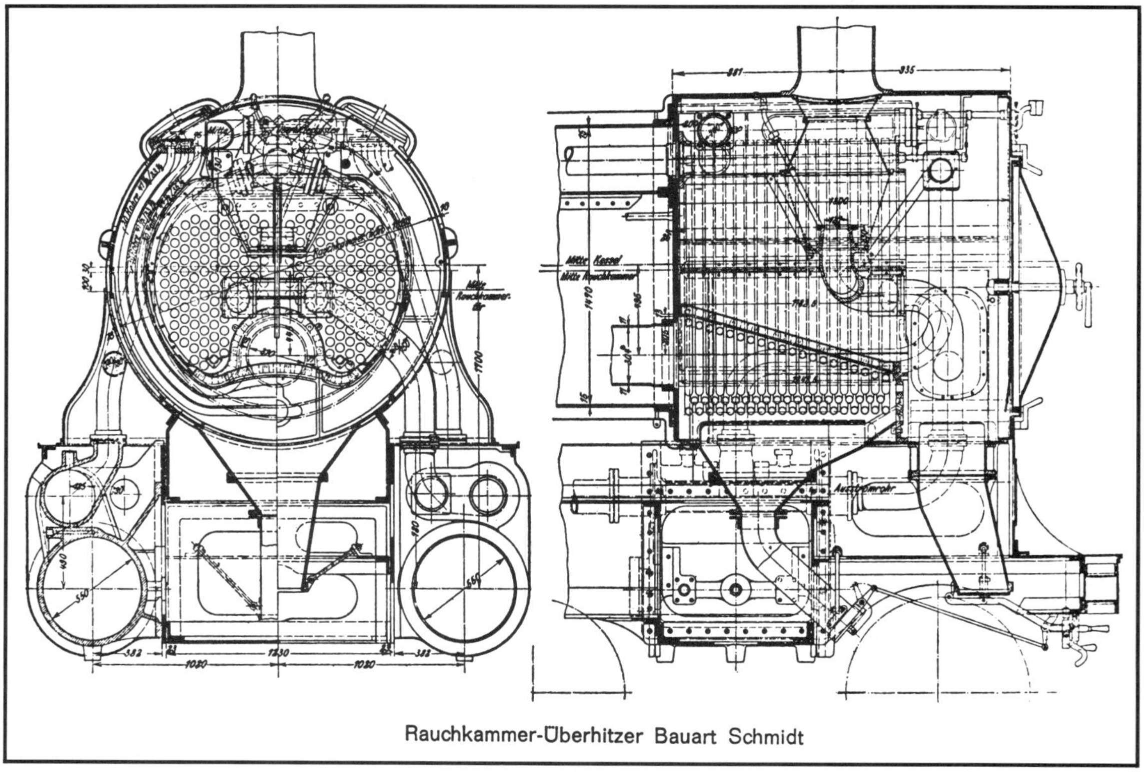

dreifachem Richtungswechsel des Dampfstromes ein Teil der in der Feuerbuchse entwickelten heißen Verbrennungsgase durch ein im unteren Teil der Rohrwände zwischen den Siederohren eingebauten Flammrohr von etwa 300 mm lichtem Durchmesser unmittelbar zuströmte.
Der Sattdampf vom Kessel nahm seinen Weg zunächst zum rechten Sammelkasten und dann durch die innere Rohrreihe zum linken. Ein innerer Deckel, der hier die innere sowie die mittlere Rohrreihe überdeckte, zwang den Dampf durch die mittlere Rohrreihe wieder zum rechten Sammelkasten. Dort nun waren die mittlere sowie die äußere, an der Rauchkammer-Innenwand liegende Rohrreihe durch einen Deckel abgeschlossen, so daß der Dampf nun durch die äußeren Rohrreihen zurück zum linken Kasten strömte, von wo er überhitzt in die Schieberkästen eintrat.
Ein volles Jahrzehnt war den Stadtbahnlokomotiven mit Rauchkammerüberhitzer beschieden, obwohl von 1907 an Neubauten nur noch mit dem inzwischen bei den Preußischen Staatsbahnen allgemein zur Einführung gelangten Rauch*röhren*-Überhitzer ausgerüstet wurden. Zunächst noch mit Überhitzerklappen ausgeführt, die rein äußerlich durch einen auf der Heizerseite an der Rauchkammer angebrachten Servomotor zu erkennen waren (Abb. 103), um ein Ausglühen der Überhitzerrohre bei Stillstand der Lokomotive zu verhindern, erbrachten auf der Stadtbahn angestellte Versuche, daß es auch ohne Klappen ginge und keinerlei Nachteile für die Überhitzerelemente auftraten. – Die insgesamt 72 Stadtbahnlokomotiven mit Rauchkammerüberhitzer wurden allmählich auf Rauchröhrenüberhitzer umgebaut (Abb. 104). Vom Jahre 1911 an wurden die T 12-Lokomotiven nur noch mit glatt durchlaufendem Umlaufblech nach Abb. 105 ausgeführt und die Rauchkammer erhielt eine Art außenliegende Abstützung.
Erst verhältnismäßig spät, nämlich vom Jahre 1913 ab, lieferte Borsig die T 12-Lokomotiven mit zunächst flach ausgeführtem Speisewasser-Vorwärmer, Bauart Knorr (Abb. 106). Bei einer Anzahl Maschinen war der zwischen Dampfdom und Sandstreuer auf dem Kessel befindliche Vorwärmer mit einer Verkleidung umgeben (Abb. 107). Drei Jahre später erfolgte die Vorwärmeranordnung, Bauart Knorr, generell nach der zeichnerischen Darstellung gem. Abb. 108.
Die Tabelle auf Seite 123 läßt erkennen, daß vom Jahre 1905 an die Lokomotivfabrik A. Borsig den überwiegenden Anteil an den Lieferungen der Berliner Stadtbahnlokomotive T 12 hatte. Zwischen den Jahren 1913 und 1915, als auch die Lokomotivfabrik „Hohenzollern" in Düsseldorf-Grafenberg mit herangezogen wurde, kamen die Lieferungen nicht selten in der Reihenfolge der Betriebsnummern etwas durcheinander, so daß der Verfasser manchen Kummer mit seinen Aufzeichnungen zu bestehen hatte. Dazu kamen Abstellungen aus anderen Direktionsbezirken mit deren eigenen Nummern – „Zur dauernden Dienstleistung an ED Berlin überwiesen" –, wie die in weißer Ölfarbe am Führerstand angebrachte Inschrift lautete. So sandten im Laufe des Jahres 1913 die KED Münster die Maschinen „Münster 7718 bis 7721" (alte Bauart), die KED Altona die Maschine „7750" (neueste Bauart), und auch die KED Breslau war mit einigen T 12-Lokomotiven vertreten. Auf der anderen Seite gab es in den ersten Kriegsjahren Kuriositäten wie diese: Die Maschine „7852 Berlin" wurde der Linienkommandantur Brüssel, Bw Mons, zugeteilt und erst auf eindringliche Vorstellungen der KED Berlin wieder an das Heimat-Bw Potsdamer Bahnhof zurückgegeben.

103 1'C-h2-Tenderlokomotive, Gattung T12, der KED Berlin mit Rauchröhren-Überhitzer (erste Ausführung)

104 1'C-h2-Tenderlokomotive, Gattung T12, der KED Berlin (zweite Ausführung). Gebaut 1908 von Borsig

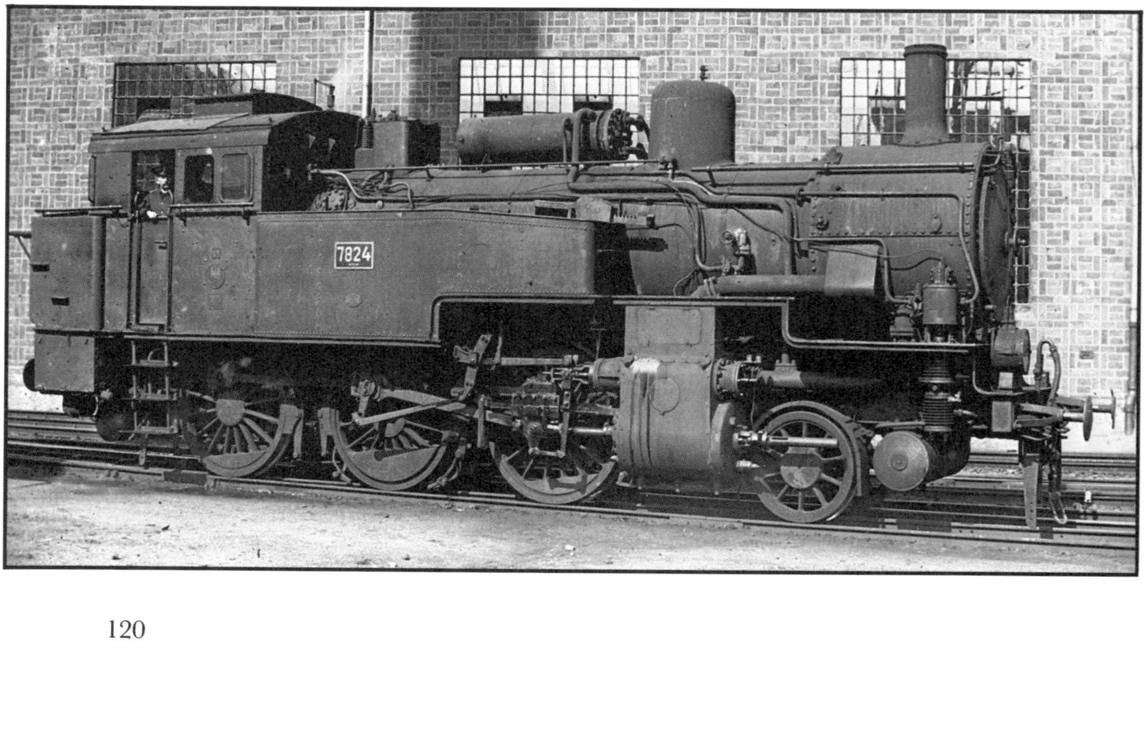

105 1′C-h2-Tenderlokomotive, Gattung T 12, der KED Berlin (dritte Ausführung). Gebaut 1914 von Borsig

106 1′C-h2-Tenderlokomotive, Gattung T 12, der KED Berlin (vierte Ausführung). Mit Speisewasser-Vorwärmer, Bauart Knorr. Gebaut 1915 von Borsig

107 1′C-h2-Tenderlokomotive, Gattung T 12, der KED Berlin (vierte Ausführung). Mit verkleidetem Speisewasser-Vorwärmer, Bauart Knorr. Gebaut 1913 von Borsig

108 Darstellung der Anordnung des Speisewasser-Vorwärmers, Bauart Knorr, auf einer 1′C-h2-Tenderlokomotive, Gattung T 12, der KED Berlin

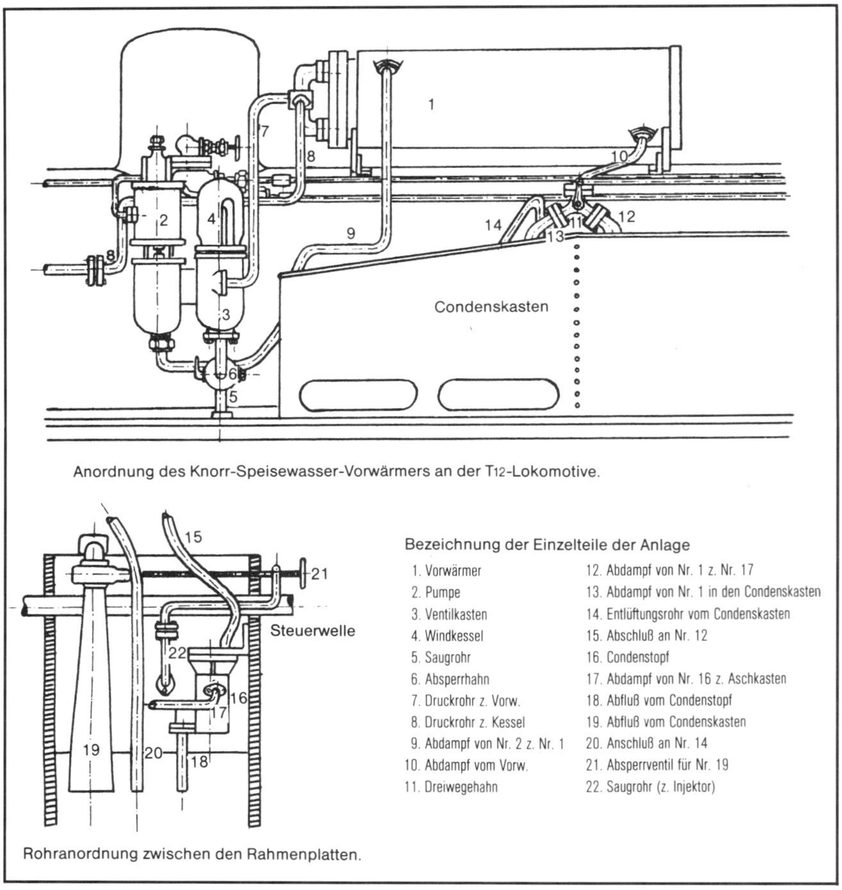

Lieferungen von 1'C-h2-Stadtbahnlokomotiven, Gattung T 12 an die Eisenbahndirektion Berlin

Betriebs-Nr.	Lieferfirma	Baujahr	Fabriknummern
7701–7704	Uniongießerei	1902	1222–1225
7705–7722	Borsig	1905	5481–5490
			5499–5506
7723–7762	Borsig	1906	5823–5834
			5840–5847
			5965–5984
7763–7803	Borsig	1907	6093–6102
			6117–6122
			6129–6132
			6137–6138
			6212–6214
			6221–6223
			6346–6352
			6357–6362
7804–7827	Borsig	1908	6379–6384
			6390–6395
			6699–6710
7828–7858	Borsig	1909	6923–6928
			7004–7014
			7140; 7185–7197
7859–7897	Borsig	1910	7319–7330
			7484–7493
			7627–7643
7898–7900	Borsig	1910	7331–7333 (ex KED Breslau)
8201–8209	Borsig	1911	7909–7917
8210–8219	Hohenzollern	1912	2935–2944
8220–8241	Borsig	1913	8402–8405
			8513–8530
8242–8259	Hohenzollern	1913	3093–3110
8260–8281	Borsig	1913	8661–8682
8282–8307	Hohenzollern	1913	3157–3182
8308–8311	Borsig	1909	7036; 7142
(ex KED Münster)			7205; 7337
8312–8323	Hohenzollern	1914	3253–3264
8324–8374	Borsig	1914	8839–8889
8375–8396	Hohenzollern	1914	3231–3252
8397–8437	Borsig	1915	9091–9131
8438–8455	Hohenzollern	1914	3344–3361
8456–8479	Hohenzollern	1915	3362–3385
8480–8500	Borsig	1916	9431–9440
			9510–9520
8701–8714	Borsig	1916	9521–9534
8715–8754	Borsig	1921	11031–11070
8755	Grafenstaden	1916	6849 (ex Elsaß-Lothringen)

Das Jahr 1913 sollte die Bewährungsprobe für unsere Stadtbahnlokomotive T 12 erbringen, die ihre Entstehung nicht zuletzt der Tatsache verdankte, daß bereits um das Jahr 1900 die Frage einer Elektrifizierung der Berliner Stadt- und Ringbahn ernsthaft erörtert wurde. Es fanden erste Versuche in dieser Richtung statt und es kam schon damals zu ersten Vergleichsfahrten, auf die im nächsten Kapitel näher eingegangen wird. Dennoch hielten die vorzüglichen Eigenschaften der

T 12-Lokomotive die Position des Dampfzugbetriebes noch ein Jahrzehnt aufrecht, wenn auch nicht verkannt werden soll, daß der Ausbruch des Ersten Weltkrieges des seinige dazu getan hat. Trotz der sich gegen Kriegsende mehr und mehr bemerkbar machenden Rohstoffknappheit konnte, wie vorstehende Aufstellung zeigt, durch Neubauten der Betrieb der Berliner Stadt-, Ring- und Vorortbahnen in vollem Umfange aufrechterhalten werden. Erst im Jahre 1918 stieg der Reparaturstand derartig an, daß die bahneigenen Werkstätten ihn allein nicht mehr bewältigen konnten und man neue Kapazitäten bei der hierfür in Betracht kommenden Industrie suchen mußte. So schloß beispielsweise die AEG-Lokomotivfabrik in Hennigsdorf mit dem preußischen Ministerium für öffentliche Arbeiten bereits im letzten Kriegsjahr 1918 ein Abkommen auf derartige Instandsetzungen. Die Ausfälle mußten durch Einsatz der sechsachsigen Güterzug-Tenderlokomotive T 14 sowie zeitweise durch Fremdloks überbrückt werden, während in den Reparaturwerkstätten die T 12-Lokomotiven reihenweise überholt wurden.
Dann ruhten die Waffen an den Fronten, doch dafür kam es in der Heimat zu teilweise turbulenten Zuständen, von denen auch die Berliner Stadt- und Ringbahn nicht verschont blieb. Immer wieder wurde ihr Betrieb durch Verkehrsstreiks erschüttert; an den wenigen Zügen, die noch wie ein Wunder verkehrten, hingen die Menschen wie die Trauben bis vor zur Lokomotive (Abb. 109). Wie oft hat der Verfasser die Fahrt zu seiner Arbeitsstelle bei Borsig auf dem Trittbrett eines Ringbahnzuges zurückgelegt. Am Nachmittag des 27. 6. 1922 passierte es, daß der Nordringzug in Richtung Weissensee auf der Station Gesundbrunnen nicht weiterfahren konnte, weil etwa 200 m östlich kurz vorher ein schweres Unglück geschehen war. Dicht gedrängt standen auf zwei sich begegnenden Nord-

109 Verkehrschaos nach Kriegsende 1918–1920 infolge Ausfalls von Stadt- und Ringbahnzügen

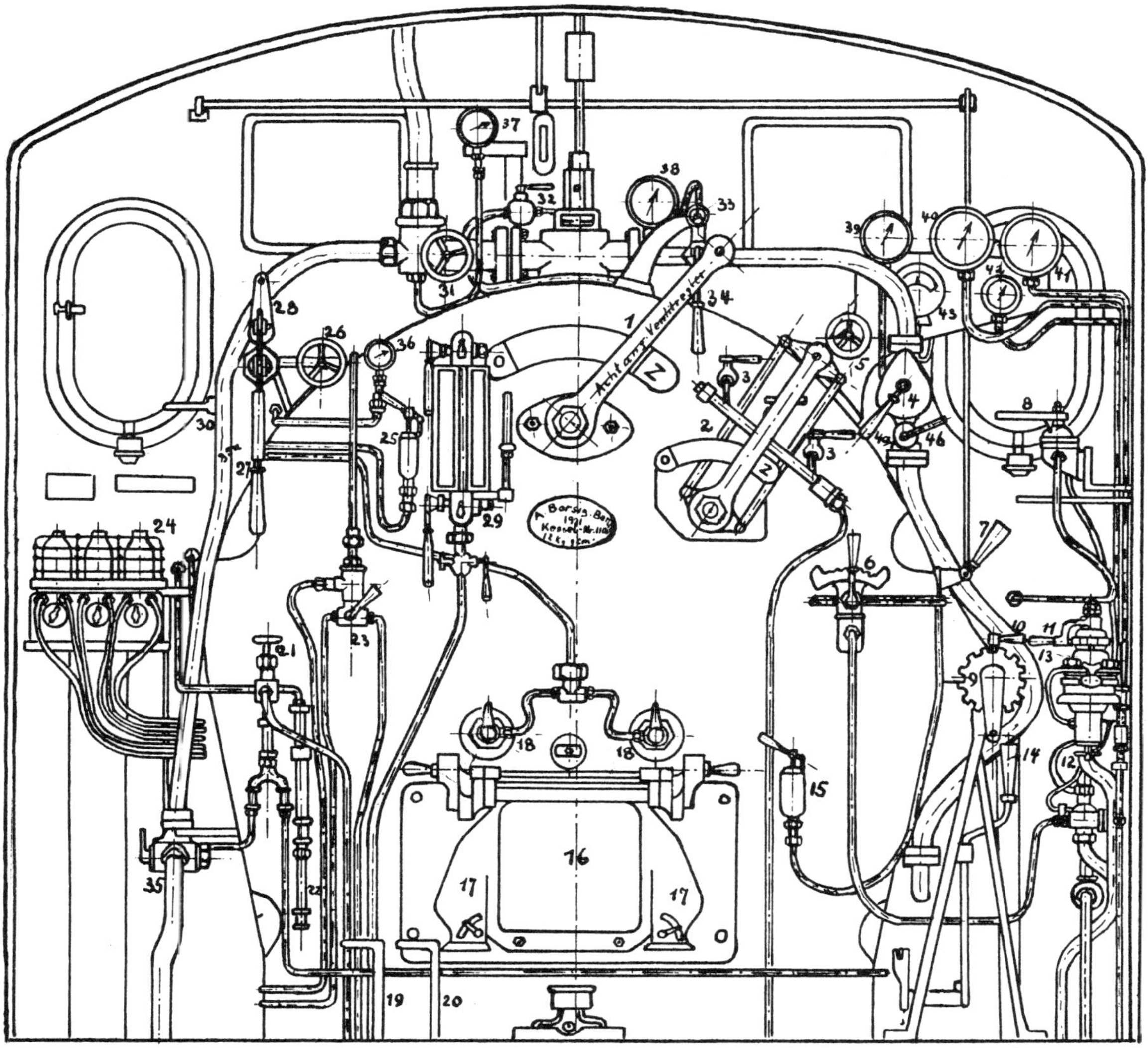

1 Hauptregler
2 Zusatzregler
3 Probierhähne
4 Injektorkörper
4a Ansaugventil
4b Absperrhahn (Wasser)
5 Absperrventil für Luftpumpe
6 Ventil für Sandstreuer
7 Dampfpfeifenzug
8 Zusatzbremsventil
9 Steuerung
10 Steuerklinke
11 Führerbremsventil
12 Reduktionsventil
13 Auslöseventil
14 Zug für Zylinderhähne
15 Ölpumpe für Luftpumpe
16 Markotty-Feuertür
17 Luftkanal mit Klappe
18 Dampfdüsen für Rauchverbrennung
19 Zug für vordere Aschklappe
20 Zug für hintere Aschklappe
21 Rauchkammer- und Aschkastenspritze
22 Kohlennässer
23 Bandagennässer
24 Ölpresse
25 Ölpumpe für Wasserpumpe
26 Absperrventil für Wasserpumpe
27 Absperrventil für Markotty-Rauchverbrennung
28 Hilfsbläser
29 Wasserstandsglas
30 Zug f. Dreiwegehahn f. Abdampf v. Vorwärmer
31 Absperrventil für Heizung
32 Absperrventil für Manometer (38)
33 Absperrventil für Nässer (23)
34 Dampfventil für Injektor (4)
35 Dreiwegehahn für Heizleitung
35a Heizleitung
36 Manometer für Wasserpumpe
37 Manometer für Heizung (4 atü)
38 Manometer für Kessel (12 atü)
39 Manometer für Schieberkastendruck (12 atü)
40 Manometer für Bremsdruck (5 atü)
41 Manometer für Leitungsdruck (5 atü)
42 Manometer für Hauptluftbehälter (8 atü)
43 Pyrometer

110 Darstellung der Armaturanordnung im Führerstand einer 1'C-h2-Tenderlokomotive, Gattung T 12, mit Heißdampfregler, der KED Berlin

ringzügen die Menschen auf den Trittbrettern. Unter ihnen befand sich ein Laubenbesitzer, der einen Rucksack mit Holzstangen auf dem Rücken trug, die die Menschen des entgegenkommenden Zuges von den Trittbrettern herab unter die Räder fegten. Doch am nächsten Tag hing man schon wieder draußen an den Wagen, als ob nichts passiert sei.
In jener Zeit war nicht nur in der Lokomotivfabrik Borsig in Berlin-Tegel, sondern auch in allen anderen Lokomotivbauanstalten Hochbetrieb. Es galt so schnell als möglich jene Lücke zu schließen, die der Krieg und vor allem der Waffenstillstandsvertrag von Spa, aufgrund dessen u. a. 5000 Lokomotiven an die Entente abzuliefern waren, in den Lokomotivbestand der deutschen Länderbahnen gerissen hatte. Unter den Hunderten von Lokomotiven, die damals von Borsig an die preußischen Eisenbahndirektionen geliefert wurden, befanden sich auch noch einmal 40 Stadtbahnlokomotiven für die Eisenbahndirektion Berlin.
Diese im Jahre 1921 gebauten Maschinen, an deren Montage der Verfasser beteiligt war, wurden dadurch besonders interessant, weil bei ihnen zur Erprobung der verschiedenen Schmidtschen Überhitzersysteme ein Teil von ihnen mit Groß-, Mittel- bzw. Kleinrohrüberhitzer ausgerüstet wurden. Außerdem erhielten die Lokomotiven „Berlin 8715 bis 8719" sowie die Maschinen „Berlin 8750 bis 8754" einen zweiten, den sog. „Heißdampfregler" von Schmidt & Wagner, um beim Anfahren sofort Heißdampf zur Verfügung zu haben. Der Gedanke war an sich nicht schlecht; doch bereitete dieser Regler, besonders bei den ersten fünf Maschinen, durch schwere Handhabung und häufiges Festsitzen unliebsame Störungen. Denn der Hauptregler (Abb. 110) blieb ständig geöffnet, während nur mit dem Hilfsregler gefahren wurde.
Auch das Äußere dieser zehn Maschinen mit zwei Reglern erfuhr zunächst durch die weit ausholenden Einströmrohre zum Schieberkasten eine starke Sichtbehinderung für den Führer (Abb. 111). Bei den letzten fünf Maschinen dieser Bauserie wurden daher die Einströmrohre mehr an den Kessel herangelegt, so daß die Sichtbehinderung behoben wurde. Die Anordnung der Armaturen gem. Abb. 110 im Führerstand entsprach im großen und ganzen bis auf den Zusatzregler der Normalausführung, wie sie seit 1916 allen T 12-Neubauten zugrunde lag und auch für die letzte Lieferung galt (Abb. 112). Alle vierzig Maschinen waren u. a. mit einer Einrichtung zur Rauchverbrennung, Bauart „Markotty", ausgerüstet.
Fünfzig Jahre waren verflossen, seit die erste Lokomotive auf der neuen Ringbahn fuhr; vierzig Jahre, seit – aus einem Wettbewerb hervorgegangen – die dreiachsige Normallokomotive der späteren Gattung T 2 den Stadtbahnbetrieb übernahm. Damals, kurz vor der Jahrhundertwende, fuhren stündlich sechs Züge von je acht zweiachsigen Wagen über die Stadtbahn. Im Jahre 1922 war für die Spitzenzeiten eine Zugfolge von 24 Zügen in der Stunde die Regel. Die T 12-Lokomotive, die, wie wir im nächsten Kapitel sehen werden, eine wesentlich höhere Leistung zu erbringen vermochte, war im Durchschnitt nur zu 60 v. H. ausgelastet; ihre große Leistung konnte sie praktisch nur im Anfahren entfalten. Vergleiche zwischen einem zu jener Zeit üblichen Stadtbahnzug von 30 bis 33 Achsen mit einem des Jahres 1882 sowie solche zwischen Gewicht und Zugkraft der einstigen dreiachsigen T 2 und der neuzeitlichen T 12 ergeben ein Verhältnis der Gewichte wie 2 : 3 und der Zugkräfte wie 1 : 2,5 – Resultat einer vierzigjährigen Epoche. Man könnte also, ohne zu übertreiben, fast behaupten, daß selbst dann, als bereits die ersten

111 1'C-h2-Tenderlokomotive, Gattung T 12, der ED Berlin (fünfte Ausführung mit Heißdampfregler). Gebaut 1921 von Borsig

112 1'C-h2-Tenderlokomotive, Gattung T 12. Letztmalig gebaut 1921 für die Eisenbahndirektion Berlin (Normalausführung)

113 1'C-h2-Tenderlokomotive, Reihe 74, vormals Gattung T 12 der KED Berlin, Betriebs-Nr. 8703, im Jahr 1961

elektrischen Vorortlinien im Berliner Raum entstanden, die dreiachsige T 2-Lokomotive auf der Stadtbahn noch kurzfristigen Anforderungen genügt hätte.
Dennoch – die Berliner T 12-Maschinen konnten z. T. auf ein viel längeres Leben zurückblicken als ihre einstigen kleinen Vorgängerinnen ...
Ein einsamer Personenzug steht im Licht der untergehenden Sonne am Bahnsteig Drewitz an der Wetzlarer Bahn. Von rechts, wo sich die Silhouette der früheren Lokomotivfabrik Orenstein & Koppel, später „VEB Lokomotivbau Karl Marx", Babelsberg, vom glutroten Himmel abhebt, weht schweflig riechend die Rauchfahne aus dem Schornstein einer ehemaligen Stadtbahnlokomotive herüber, die trübe vor sich hinqualmt. Kein Fabrikschild kündet mehr, wann und von wem sie gebaut. Und nur der, der sie einst im jungfräulichen Glanz ihres lokomotivgrünen Anstrichs mit schwarzlackierter Rauchkammer und hellrot glänzendem Laufwerk frisch aus der Fabrik kommend entdeckte, grüßt sie als eine der letzten Vertreterinnen ihrer Gattung und einer Zeit, da diese Maschine und mit ihr so manche andere über die Ferngleise der Stadtbahn unbehindert die Vorortzüge nach Beelitz-Heilstätten fuhr (Abb. 113).
„Variationen über eine Stadtbahnlokomotive", sie bilden das Andante in einer symphonischen Dichtung über Berlins Stadt- und Ringbahn, die vor ihrem Ausklingen sich noch einmal zum Furioso des Schlachtenlärms um die zukünftige Betriebsform der Berliner Stadt-, Ring- und Vorortbahnen erheben sollte.

VIII. Dampf contra Elektrizität

Als die Neujahrsglocken das Jahr 1900 einläuteten, waren die Berliner besonders feierlich gestimmt. Alle Welt stellte Prognosen und des Pläneschmiedens war kein Ende. Damals bewegte noch das milde Licht der grün abgeschirmten, mit ff. Salonöl gefüllten Petroleumlampe auf dem väterlichen Schreibtisch die Phantasie des Kindes. Um des Gasglühlichts gesellige Flamme versammelte sich die Familie zum abendlichen Beisammensein und das leise Summen der Gaslampen über den Schulbänken unterstrich die behaglich-einlullende Atmosphäre des Nachmittagsunterrichts. So lange dauerte es, bis das elektrische Licht in der Hauptstadt des Deutschen Reiches Einzug hielt im Alltag der Bevölkerung.
Und doch hatte in dieser Zeit bereits der elektrische Bahnbetrieb im Schienenverkehr Einzug gehalten und sein Vordringen war nicht mehr aufzuhalten. Vom Neben- und Ineinander geschichtlich gewachsener Tradition und technischem Fortschritt ging jenes Fluidum aus, das charakteristisch war für das Berlin um die Jahrhundertwende, ja noch bis zum Ersten Weltkrieg, und das uns bisher immer wieder in diesen Blättern begegnete.
Auch die damalige Stadt- und Ringbahn mit ihren allmählich entstandenen Vorortstrecken konnte sich der neuen Zeit nicht entziehen. In diesem Umbruch war die innerstädtische Verkehrsentwicklung bereits unbestrittenes Verdienst der Preußischen Staatseisenbahnen, die das Bestreben hatten, mit den technischen Entwicklungen der Gegenwart Schritt zu halten. Daher hatte sich das preußische Ministerium für öffentliche Arbeiten auch frühzeitig mit der Frage der Elektrifizierung von Eisenbahnen befaßt, nachdem sich diese Antriebsart auf dem Gebiet der Straßenbahnen weitgehend bewährt hatte. Ein Versuchsbetrieb auf der Berliner Wannseebahn zwischen dem Potsdamer Bahnhof und dem Bahnhof Zehlendorf sollte zunächst einer Klärung rein technischer Fragen dienen, zumal mit fünfzehn Fahrten täglich in beiden Richtungen, eingegliedert in den Fahrplan der Dampfzüge, sich sowieso noch kein Urteil über wirtschaftliche Vorteile gegenüber dem Dampfbetrieb erbringen ließ.
Für diesen ersten Versuch auf einer Vollbahn lieferte die Firma Siemens & Halske die elektrische Ausrüstung. In einem Zug von zehn dreiachsigen Wagen wurden im ersten und letzten Wagen je drei Fahrmotoren eingebaut. Sie entwickelten beim Anfahren insgesamt 700 PS und konnten mit einem Zuggewicht von 210 t bei Vollbesetzung eine Höchstgeschwindigkeit von 60 km/h erreichen. Zum ersten Mal gelang hierbei der Versuch, den vorderen Wagen ziehend, den hinteren Motorwagen drückend arbeiten zu lassen und die Steuerung durch den ganzen Zug vom ersten zum zweiten Motorwagen zu übertragen (Abb. 114). Für den Versuchsbetrieb wurde Gleichstrom von 750 Volt vom Kraftwerk der Großlichterfelder Straßenbahn entnommen, der einer dritten Schiene zugeführt wurde.

Sämtliche sechs Achsen der dreiachsigen Triebwagen besaßen Stromabnehmer. Der Verbrauch an Strom betrug 25 Wattstunden auf einen Tonnenkilometer.
Am 1. Juli 1902 wurde nach fast zweijährigem Probebetrieb dieser wieder eingestellt. Doch seine Auswertungen veranlaßten die Preußischen Staatsbahnen zur Umrüstung der Vorortstrecke Berlin–Großlichterfelde-Ost auf vollelektrischen Betrieb. Der Bau derselben im Zuge der Anhalter Bahn war bereits im Jahre 1901 mit dem Anhalter Bahnhof als Ausgangspunkt für die Vorortzüge beendet worden. Jetzt wurde diese Strecke mit ihren Haltepunkten Yorckstraße, Papestraße (unterer Bahnsteig), Südende und Lankwitz an den Potsdamer Ringbahnhof angeschlossen. Die Einrichtungen hierfür waren von der Union-Elektricitäts-Gesellschaft in Berlin geliefert worden, die bereits im Jahre 1899 einen Vorschlag zur Elektrifizierung der Berliner Stadt- und Ringbahn entwickelt hatte. Als Stromart diente Gleichstrom von 550 Volt. Jeder Zug setzte sich aus zwei vierachsigen Triebwagen der dritten Wagenklasse, einem vierachsigen Triebwagen der zweiten Wagenklasse sowie wahlweise zusätzlich bis zu drei dreiachsigen Vorortwagen der dritten Klasse zusammen (Abb. 115). Jeder Triebwagen besaß zwei Motoren GE 66A in der Achsfolge Bo'2'; ein Motor leistete 125 PS, so daß insgesamt 750 PS zur Verfügung standen. Die Drehgestelle waren jeweils mit vier Stromabnehmern versehen, die Stromzuführung erfolgte auch hier über dritte Schiene von oben, die Rückleitung über die Fahrschienen. Gemäß ihrem Vorschlag von 1899 hatte die „Union" für die Fahrmotoren die indirekte Steuerung zur Anwendung gebracht.
Auf der 9,2 km langen Strecken wurde entsprechend dem Dampfbetrieb im Vorortverkehr eine Reisegeschwindigkeit von 32 km/h eingehalten, das Maximum dessen, was erzielt werden konnte, also nicht ausgenutzt. Dagegen legte, wie wir sahen, noch im Jahre 1911 die früher erwähnte Personenzug-Tender-Lokomotive, Gattung T 4, auf den Ferngleisen der Anhalter Bahn die 10 km lange Strecke Großlichterfelde-Ost–Anhalter Bahnhof mit einem Personenzug von 200 t in 11 min = 54 km/h zurück.
Sechsundzwanzig Jahre haben die Wagen und Einrichtungen dieser ersten elektrischen Berliner Vorortbahn zur allseitigen Zufriedenheit ihren Dienst getan, wenn sie auch in den letzten Jahren unter starkem Ausbesserungsbedürfnis litten, so daß bisweilen der Dampfbetrieb aushelfen mußte. Im Jahre 1929 wurde die 550-Volt-Spannung in Anlehnung an die Elektrifizierung der Stadt- und Ringbahn auf 750 Volt umgestellt und am 2. Juli 1929 mit den neuen elektrischen S-Bahnzügen der Betrieb aufgenommen.
Noch eine andere Vorortstrecke kam im Vorfeld der Auseinandersetzungen um eine Elektrifizierung der Berliner Stadt-, Ring- und Vorortbahnen zu geschichtlicher Bedeutung. Es gab eine kurze Vorortstrecke von Niederschöneweide nach Spindlersfeld, die Gegenstand einer Versuchsreihe werden sollte, die bahnbrechend für Europa wurde. Im preußischen Ministerium für öffentliche Arbeiten interessierte man sich für die Verwendbarkeit hochgespannten Einphasen-Wechselstroms bei Vollbahnen, wie dieser bereits zu ersten Versuchen geführt hatte. Von den Preußischen Staatsbahnen weitgehend gefördert, wurde daher auf genannter Versuchsstrecke von der Union-Elektricitäts-Gesellschaft die erste Einphasenwechselstrombahn der Welt mit 6000 Volt Spannung, 25 Hz, gebaut und am 15. August 1903 in Betrieb genommen. Sie wurde zunächst nur von einem

114 Siemens-Versuchszug zwischen Berlin, Potsdamer Bahnhof und Zehlendorf im Jahre 1901

115 Erste Berliner elektrisch betriebene Vorortbahn zwischen Berlin, Potsdamer Bahnhof und Groß-lichterfelde-Ost

116 Erster Einphasen-Wechselstromwagen der Welt, gebaut von der UEG

Triebwagen befahren, der ursprünglich für die Murnau–Oberammergauer Lokalbahngesellschaft bestimmt, von dieser wegen finanzieller Schwierigkeiten nicht abgenommen und nun für den vorliegenden Zweck benutzt wurde (Abb. 116). Später kam noch ein zweiter Triebwagen gleicher Bauart hinzu, und diese beiden bildeten zusammen mit einigen Beiwagen den Versuchszug. Der Probebetrieb zog sich über zwei Jahre hin und wurde zum Ausgang für die Einführung der Einphasen-Wechselstrom-Systeme auf deutschen Eisenbahnen wie auch auf Bahnen anderer europäischer Länder. Er sollte auch dem Gedanken an eine Elektrifizierung der Berliner Stadt-, Ring- undVorortbahnen neuen Auftrieb geben.
Inzwischen veranlaßten die guten Ergebnisse mit Gleichstrom auf der Strecke Potsdamer Bahnhof–Lichterfelde-Ost die UEG – die spätere AEG – immer wieder, vor interessierten Fach- und Wirtschaftskreisen darauf hinzuweisen, daß der Verkehr auf der Stadtbahn auf das Sechsfache, derjenige der Ringbahn auf das Zehnfache gestiegen und damit die Grenze der Leistungsfähigkeit des bisherigen Dampfbetriebes erreicht sei. Dabei spielten in den Diskussionen mit den Maschinenbauern Zugdichte und Zuglänge eine wesentliche Rolle, doch war man selbst bei harten Meinungsverschiedenheiten um eine richtige Einschätzung der Proportionen bemüht. So erbrachten – man schrieb das Jahr 1902 – die Vertreter des Lokomotivbaues den Nachweis, daß sich im Dampfbetrieb noch erhebliche Verbesserungen erzielen ließen. Die Verwaltung der Preußischen Staatsbahnen schloß sich trotz ihrer bereitwilligen Unterstützung bei Versuchen mit elektrischer Zugförderung im Raum Berlin dennoch der Auffassung des maschinentechnischen Dezernats hinsichtlich der Entwicklungsmöglichkeiten im Dampflokomotivbau an, und wenn wir in den vergangenen Kapiteln diesen Entwicklungen nachgehen konnten, so verdanken wir dies letzten Endes der Aktivität der einstigen UEG (später AEG), die nicht müde wurde, die Vorteile des elektrischen Bahnbetriebes immer wieder zur Diskussion zu stellen.
Zu jener Zeit, also um die Jahrhundertwende, bestand ein Stadtbahnzug normalerweise aus neun Wagen (drei Wagen zweiter Klasse und sechs Wagen dritter

Klasse nach Abb. 45). Die UEG hatte dagegen acht vierachsige Motorwagen (zwei Wagen zweiter und 6 Wagen dritter Klasse) in Vorschlag gebracht, wobei sich beim elektrischen Betrieb ein Mehrangebot an Plätzen von 23 v. H. ergeben hätte. Ein solcher Zug sollte eine Länge von 131 Metern aufweisen; ein ebenso langer Stadtbahnzug im Dampflokomotivbetrieb hätte dann aus 14 Wagen bestehen müssen und mit 567 Sitzplätzen gegenüber dem damals üblichen Umfang ein Mehrangebot von 57 v. H. und gegenüber dem UEG-Angebot ein Mehr von 28 v. H. aufgewiesen. Ein weiterer Wettlauf der Zuglänge verbot sich durch die Bahnsteiglänge von 150 m von selbst. So wurde für die mit Dampflokomotiven berechneten Versuchsfahrten ein Versuchszug von 14 Wagen zugrunde gelegt, wobei das Gewicht der Fahrgäste mit zusätzlichen Wagen angenommen wurde. Hieraus ergab sich ein Leerzug aus Vorortwagen von 44 bis 45 Achsen. Dieser Zug stellte mit seiner Länge auf einer Fahrt über die sehr kurvenreiche Stadtbahn theoretisch eine erhebliche Belastung der Zugmaschine dar, bot aber zugleich eine willkommene Gelegenheit festzustellen, daß auch unter den ungünstigsten Verhältnissen die Westinghouse-Luftpumpe stets imstande sei, die zum Bremsen erforderliche Druckluft herbeizuschaffen.

Waren also der Zuglänge und damit der Beförderungskapazität an Reisenden Grenzen gesetzt, so bestand die Alternative in einer Erhöhung der Zugdichte. Die UEG führte einen Zweiminutenverkehr bei elektrischem Betrieb ins Feld; es wurde rechnerisch nachgewiesen, daß dies auch im Dampfbetrieb möglich sei. Da der Fahrplan der Stadtbahn zu Anfang dieses Jahrhunderts auf einer Geschwindigkeit von 45 km/h beruhte, sollte durch praktische Versuche ermittelt werden, ob es möglich sei, die Fahrgeschwindigkeit auf 50 oder gar auf 60 km/h zu steigern.

Besonders vielversprechend erschien der Eisenbahnverwaltung die 1'C1'-n3-Tenderlokomotive der Lokomotivfabrik von L. Schwartzkopff (Abb. 75) mit der damaligen Betriebsnummer „Berlin 2209“ zu sein, deren drei gekuppelte Achsen in Verbindung mit den um 120° gegeneinander versetzten Kurbeln ein glattes und kräftiges Anziehen der Maschine gewährleistete. Um jedoch das Versuchsprogramm möglichst weit gefächert zu gestalten, nahm man noch die 1'C-h2-Tenderlokomotive (Abb. 101) Betriebsnummer „Berlin 2103“ sowie die 1'C-n2-Tenderlokomotive (Abb. 70) Betriebsnummer „Berlin 2104“ hinzu. Letztere beiden stammten aus der Königsberger Uniongießerei. Vor Beginn der Versuchsfahrten wurden die drei Maschinen werkstattseitig in guten baulichen Zustand versetzt, eingefahren und durch entsprechend gewählte Blasrohre ein annähernd gleicher Rauchkammerunterdruck bei allen drei Lokomotiven angestrebt. Außerdem wurden sie mit Kolbenschiebern ausgerüstet, die wegen ihres auch bei höchster Dampfmenge noch genügenden Spiels in den Schieberbuchsen freilich eine gewisse Dampfdurchlässigkeit aufwiesen, die nicht restlos zu beseitigen war. Zur Bestimmung der Wirtschaftlichkeit mußte der Verbrauch an Kohle und Wasser ermittelt werden, der bei dem damaligen Stand der Durchführung von Versuchen auf recht primitive Art gemessen wurde. Zur Feststellung und Aufzeichnung der Geschwindigkeit wurde ein Geschwindigkeitsmesser, System Haushälter, benutzt.

Die Versuchsfahrten fanden auf der Strecke Grunewald–Grünau und zurück über die Stadtbahngleise statt, für die entsprechende Fahrzeiten aufgestellt werden mußten, wie aus der Tabelle ersichtlich. Bei der dichten Zugfolge auf den Stadtbahngleisen zwischen Charlottenburg und Stralau–Rummelsburg stellten sich begreiflicherweise der Durchführung der schnellfahrenden Versuchszüge, die zwischen zwei, im Abstand von fünf Minuten verkehrende planmäßige Stadtbahnzüge eingelegt werden mußten, mancherlei Schwierigkeiten entgegen. Um stets eine ungestörte Durchfahrt bis zur nächsten Station zu sichern, mußte der Aufenthalt auf den einzelnen Bahnhöfen über die übliche Dauer ($^1/_2$ Minute) ausgedehnt werden, was besonders den beiden Naßdampfmaschinen zugute kam, die sich auf solche Weise häufiger erholen konnten. Der anstrengendste Streckenabschnitt war der Teil vom Schlesischen Bahnhof nach Grünau. Auch wurden bei den Fahrten mit vollem Zuggewicht (240 t) stets 28 Achsen = 14 Stadtbahnwagen mit 1,5 bis 2,0 atü Dampf geheizt. Die Meßergebnisse zeigen die beiden nachstehenden Aufzeichnungen, in denen die Ablesungen während der Versuchsfahrten mit den drei Versuchslokomotiven einander gegenübergestellt sind, und zwar bei 50 km/h sowie bei 60 km/h. Als Brennstoff wurden Anthrazit-Briketts der Zeche Dahlhausen genommen, die einen vorzüglichen Heizstoff bei wenig Neigung zum Qualmen ergaben. Für schwere Züge war die Benutzung des Sandstreuers erforderlich; sie erwies sich aber auch beim Bremsen als vorteilhaft, und zwar nicht nur bei der fünfachsigen Dreizylinderlokomotive, sondern auch bei der Heißdampfmaschine sowie der Maschine Nr. 2104, die zudem beim Anfahren nicht selten zurückdrükken mußte. Die Gangart aller drei Versuchslokomotiven war in der Geraden einwandfrei; in Kurven blieb nur die Heißdampflokomotive ruhig, während die Naßdampfmaschine Nr. 2104 nicht selten ein Kreischen vernehmen ließ und die fünfachsige Tenderlokomotive Nr. 2209 sich förmlich durch die Kurven zwängte, was sich im Führerstand durch Stöße bemerkbar machte.

Das Auspuffgeräusch war bei der Heißdampflokomotive am geringsten, stärker bei der Naßdampfmaschine Nr. 2104, dröhnend soll es jedoch bei der Dreizylinderlokomotive Nr. 2209 gewesen sein, was zu zahlreichen Beschwerden der Anwohner der Stadtbahn bei der Eisenbahndirektion geführt haben soll. Der Verfasser hegt angesichts des gemessenen Rauchkammervakuums in diese Darstellung einige Zweifel.

Das Gesamtergebnis der Versuchsfahrten führte zu dem Schluß, daß bei zukünftigen Lokomotivbeschaffungen nur die 1'C-h2-Tenderlokomotive in Frage kommen würde, was ja auch, wie wir im vorangegangenen Kapitel sahen, der Fall war. Die Forderung nach einer Geschwindigkeitserhöhung auf der Stadtbahn blieb umstritten: Auf der Strecke Grunewald–Grünau und zurück wären bei einer Geschwindigkeit von 50 km/h je drei Minuten Fahrzeit gewonnen; bei einer Geschwindigkeit von 60 km/h wären weitere 6 Minuten hinzugekommen. Doch dieser Geschwindigkeitserhöhung hätte ein unverhältnismäßig hoher Kohleverbrauch gegenübergestanden.

Vom betriebstechnischen Standpunkt aus wurden gegen eine größere Zugdichte bei gleichzeitiger Erhöhung der Geschwindigkeit auf 60 km/h erhebliche Bedenken geltend gemacht, da die Versuche manche Betriebsgefahren aufgezeigt hatten, die sich nicht zuletzt aus der Unübersichtlichkeit der stark gekrümmten Führung der Stadtbahn ergab, was ganz besonders dann der Fall sein konnte, wenn die Lokomotive mit dem Führerstand voraus fuhr und somit der Führer die Signale nicht ständig vor Augen hatte. Die Anwendung einer Grundgeschwindigkeit von

Fahrzeiten von Station zu Station zwischen Grunewald und Grünau für 50 und 60 km Grundgeschwindigkeit.

Lfd. No.	Von Station zu Station	Entfernung km		Fahrzeit (einschl. je $^1/_2$ Min. Zuschlag für Anfahren und Halten) bei einer Grundgeschwindigkeit von				Bemerkungen.
				50 km		60 km		
				für 1 km				
		wirkliche	virtuelle	1,2 Min.		1,0 Min.		
				berechnet	abgerundet	berechnet	abgerundet	
	Grunewald							
1		1,29	1,42	3^{12}	3^{00}	2^{55}	3^{00}	Für das erste Anfahren ist 1 Min. Zuschlag gerechnet.
	Eichkamp							
2		2,04	2,44	3^{56}	4^{00}	3^{26}	3^{30}	
	Charlottenburg							
3		1,19	1,23	2^{28}	2^{30}	2^{14}	2^{00}	
	Savignyplatz							
4		1,06	1,18	2^{26}	2^{30}	2^{11}	2^{00}	
	Zoologischer Garten							
5		0,78	0,81	1^{58}	2^{00}	1^{49}	2^{00}	
	Tiergarten							
6		1,13	1,25	2^{30}	2^{30}	2^{15}	2^{00}	
	Bellevue							
7		1,69	1,99	3^{23}	3^{30}	2^{59}	3^{00}	
	Lehrter Bahnhof							
8		1,44	1,76	3^{07}	3^{00}	2^{46}	3^{00}	
	Friedrichstraſse							
9		1,11	1,38	2^{40}	2^{30}	2^{23}	2^{30}	
	Börse							
10		0,69	0,85	2^{01}	2^{00}	1^{51}	2^{00}	
	Alexanderplatz							
11		0,99	1,21	2^{27}	2^{30}	2^{13}	2^{00}	
	Jannowitzbrücke							
12		1,18	1,33	2^{36}	2^{30}	2^{20}	2^{30}	
	Schlesischer Bahnhof							
13		1,28	1,40	2^{40}	2^{30}	2^{24}	2^{30}	
	Warschauerstraſse							
14		1,04	1,41	2^{41}	2^{30}	2^{25}	2^{30}	
	Stralau-Rummelsburg							
15		1,28	1,47	2^{46}	3^{00}	2^{28}	2^{30}	
	Treptow							
16		1,14	1,33	2^{36}	2^{30}	2^{20}	2^{30}	
	Block Vtw							
17		2,62	2,62	4^{09}	4^{00}	3^{37}	3^{30}	
	Baumschulenweg							
18		1,88	1,88	3^{16}	3^{30}	2^{53}	3^{00}	
	Nieder-Schönew.-Joh.							
19		1,71	1,71	3^{03}	3^{00}	2^{43}	2^{30}	
	Block							
20		1,56	1,56	2^{52}	3^{00}	2^{34}	2^{30}	
	Adlershof							
21		2,14	2,14	3^{34}	3^{30}	3^{08}	3^{00}	
	Block							
22		1,24	1,24	2^{29}	2^{30}	2^{14}	2^{00}	
	Grünau							

Dampfverhältnisse und Leistungen für die Hinfahrt bei **60** km Grundgeschwindigkeit.

1	2	3	4	5	6	7	8	9	10	11	12	13	14	15	16	17	18	19
		3/5 gek. Nafsdampflokomotive No. 2209					3/4 gek. Heifsdampflokomotive No. 2103						3/4 gek. Nafsdampflokomotive No. 2104					
Lfd. No.	Von Station zu Station	Kesseldruck at	Schieberkastendruck at	Füllung	Fahrgeschwindigkeit km i. d. Std.	Vakuum mm	Kesseldruck at	Schieberkastendruck at	Füllung	Fahrgeschwindigkeit km i. d. Std.	Vakuum mm	Temperatur des Heifsdampfes ° C	Kesseldruck at	Schieberkastendruck at	Füllung	Fahrgeschwindigkeit km i. d. Std.	Vakuum mm	Bemerkungen
1	Grunewald – Eichkamp	13,0	10,8	0,32	50	340	10,5	9,2	0,35	50	290	250	10,6	8,2	0,35	42	210	2 Min. nach Abfahrt
2	Eichkamp – Charlottenburg	13,5	11,4	0,32	48	280	11,0	10,5	0,35	44	290	280	11,2	9,5	0,35	38	250	1 „ „ „
3	Charlottenburg – Savignyplatz	14,0	12,0	0,32	30	240	11,5	11,2	0,35	37	270	295	11,0	10,3	0,40	28	220	1 „ „ „
4	Savignyplatz – Zoologischer Garten	14,0	12,0	0,32	36	240	11,5	11,0	0,35	39	270	310	11,3	9,8	0,35	30	240	1 „ „ „
5	Zoologischer Garten – Tiergarten	14,0	12,2	0,32	34	240	11,5	11,0	0,35	40	265	315	11,6	10,0	0,40	28	250	1 „ „ „
6	Tiergarten – Bellevue	14,0	12,0	0,32	34	240	11,5	11,0	0,40	40	300	320	11,6	10,3	0,35	28	240	1 „ „ „
7	Bellevue – Lehrter Bahnhof	14,0	12,0	0,32	34	245	11,5	11,0	0,35	40	280	320	12,0	10,8	0,35	29	245	1 „ „ „
8	Lehrter Bahnhof – Friedrichstrafse	14,0	12,0	0,32	32	240	11,6	11,0	0,35	38	280	320	12,0	10,6	0,40	29	260	1 „ „ „
9	Friedrichstrafse – Börse	13,8	11,8	0,32	32	240	11,6	11,2	0,35	42	275	315	12,0	10,6	0,35	25	235	1 „ „ „
10	Börse – Alexanderplatz	13,2	12,0	0,32	30	240	11,5	11,0	0,40	32	270	315	11,7	10,4	0,40	22	220	3/4 „ „ „
11	Alexanderplatz – Jannowitzbrücke	13,2	12,0	0,32	30	240	11,7	11,2	0,35	38	285	315	11,2	9,7	0,35	30	225	1 „ „ „
12	Jannowitzbrücke – Schlesischer Bahnhof	13,3	10,4	0,32	30	210	11,8	11,4	0,35	40	285	315	11,6	10,1	0,40	27	260	1 „ „ „
13	Schlesischer Bahnhof – Warschauerstrafse	14,0	13,0	0,32	28	280	12,0	11,6	0,35	44	310	315	11,2	8,5	0,10	26	75	1 „ „ „
14	Warschauerstrafse – Stralau-Rummelsburg	14,0	12,8	0,32	36	285	11,4	10,8	0,40	40	280	315	11,8	8,5	0,40	32	260	1 „ „ „
15	Stralau-Rummelsburg – Treptow	13,5	12,3	0,32	32	260	11,5	11,0	0,35	34	250	315	11,7	10,3	0,40	23	255	1 „ „ „
16	Treptow – Block Vtw	12,7	11,8	0,32	18	220	12,0	11,2	0,40	22	270	315	11,6	10,5	0,40	17	220	1/2 „ „ „
17	Block Vtw – Baumschulenweg	12,6	11,2	0,32	32	250	12,0	11,5	0,35	39	285	310	12,0	10,7	0,40	35	295	1 „ „ „
18	Baumschulenweg – Niederschöneweide-Joh.	11,7	10,2	0,32	30	220	12,0	11,5	0,35	42	270	305	11,2	9,8	0,40	30	255	1 „ „ „
19	Niederschöneweide-Joh. – Block	12,2	11,0	0,32	38	240	12,0	11,8	0,35	42	285	290	11,0	9,6	0,35	32	240	1 „ „ „
20	Block – Adlershof	12,0	10,8	0,32	32	230	12,0	11,8	0,35	43	285	285	10,5	9,0	0,40	30	240	1 „ „ „
21	Adlershof – Block	11,5	10,1	0,32	30	200	12,0	11,5	0,35	40	280	280	9,9	8,2	0,45	27	260	1 „ „ „
22	Block – Grünau	11,1	10,0	0,32	31	200	12,0	11,1	0,35	42	280	280	9,3	8,0	0,40	31	220	1 „ „ „
	Im Durchschnitt:	13,2	11,5	0,32	33	244	11,6	11,1	0,36	40	280	304	11,3	9,7	0,37	29	235	

Dampfverhältnisse und Leistungen für die Hinfahrt bei 50 km Grundgeschwindigkeit.

1	2	3	4	5	6	7	8	9	10	11	12	13	14	15	16	17	18	19
		3/5 gek. Naſsdampflokomotive No. 2209					3/4 gek. Heiſsdampflokomotive No. 2103						3/4 gek. Naſsdampflokomotive No. 2104					
Lfd. No.	Von Station zu Station	Kesseldruck at	Schieberkasten-druck at	Füllung	Fahrgeschwindig-keit km i. d. Std.	Vakuum mm	Kesseldruck at	Schieberkasten-druck at	Füllung	Fahrgeschwindig-keit km i. d. Std.	Vakuum mm	Temperatur des Heiſsdampfes °C	Kesseldruck at	Schieberkasten-druck at	Füllung	Fahrgeschwindig-keit km i. d. Std.	Vakuum mm	Bemerkungen
1	Grunewald – Eichkamp	14,0	10,0	0,26	46	180	10,0	8,0	0,30	49	210	220	11,1	9,4	0,30	40	210	2 Min. nach Abfahrt
2	Eichkamp – Charlottenburg	13,2	11,2	0,26	34	200	11,5	10,0	0,30	44	200	260	11,3	9,8	0,30	38	220	1 " " "
3	Charlottenburg – Savignyplatz	13,7	11,0	0,26	26	175	10,3	9,8	0,35	32	230	280	12,0	10,7	0,30	28	205	1 " " "
4	Savignyplatz – Zoologischer Garten	13,8	12,0	0,30	36	230	12,0	11,2	0,30	—	240	290	12,0	10,9	0,30	32	210	1 " " "
5	Zoologischer Garten – Tiergarten	14,0	12,0	0,30	32	230	12,0	11,2	0,30	36	220	300	12,0	10,6	0,35	30	235	1 " " "
6	Tiergarten – Bellevue	13,7	11,7	0,30	30	220	12,0	11,7	0,30	34	220	300	12,0	11,0	0,30	32	220	1 " " "
7	Bellevue – Lehrter Bahnhof	14,0	12,2	0,30	34	210	12,0	11,7	0,30	38	220	300	12,0	11,1	0,30	30	210	1 " " "
8	Lehrter Bahnhof – Friedrichstraſse	13,6	12,0	0,23	32	200	12,0	11,2	0,30	36	220	300	12,0	10,8	0,30	33	215	1 " " "
9	Friedrichstraſse – Börse	13,6	12,0	0,26	30	200	12,0	11,2	0,30	34	220	295	11,5	10,3	0,30	28	185	1 " " "
10	Börse – Alexanderplatz	13,2	11,8	0,30	30	190	12,0	11,0	0,30	30	165	295	11,6	10,4	0,35	28	210	1 " " "
11	Alexanderplatz – Jannowitzbrücke	13,6	12,0	0,30	34	210	11,4	10,8	0,30	34	170	295	12,0	11,0	0,30	28	205	1 " " "
12	Jannowitzbrücke – Schlesischer Bahnhof	12,7	11,3	0,30	30	200	11,3	10,8	0,30	37	180	295	12,0	11,0	0,30	30	195	1 " " "
13	Schlesischer Bahnhof – Warschauerstraſse	13,7	11,8	0,23	34	200	11,5	10,8	0,30	38	220	290	12,0	10,6	0,30	28	200	1 " " "
14	Warschauerstraſse – Stralau-Rummelsburg	13,8	12,2	0,30	32	220	11,0	10,0	0,35	40	240	290	12,0	10,5	0,35	34	260	1 " " "
15	Stralau-Rummelsburg – Treptow	13,8	11,7	0,30	30	200	11,8	11,2	0,30	32	230	285	12,0	11,1	0,30	26	210	1 " " "
16	Treptow – Block Vtw	13,5	12,2	0,30	18	175	11,6	10,3	0,30	20	190	285	11,6	10,6	0,35	19	180	1/2 " " "
17	Block Vtw – Baumschulenweg	13,8	12,7	0,30	30	200	11,6	11,0	0,30	34	190	280	12,0	10,9	0,30	30	210	1 " " "
18	Baumschulenweg – Niederschöneweide-Joh.	13,0	11,5	0,30	30	180	11,7	10,6	0,30	38	190	275	12,0	10,9	0,30	30	240	1 " " "
19	Niederschöneweide-Joh. – Block	11,5	10,2	0,26	30	170	11,8	11,0	0,30	40	220	275	12,0	10,8	0,30	30	210	1 " " "
20	Block – Adlershof	12,0	10,3	0,30	32	160	11,6	10,8	0,30	38	210	280	11,0	9,8	0,30	30	170	1 " " "
21	Adlershof – Block	10,8	9,7	0,30	26	155	11,6	10,2	0,30	36	175	275	11,2	10,1	0,40	32	235	1 " " "
22	Block – Grünau	10,8	9,8	0,32	32	200	10,6	10,0	0,30	40	175	270	11,2	10,1	0,40	32	240	1 " " "
	Im Durchschnitt:	13,2	11,4	0,29	31	196	11,5	10,7	0,30	36	206	283	11,8	10,6	0,32	30	212	

60 km/h für den Stadtbahnbetrieb konnte daher nicht empfohlen werden, weshalb sich das Ministerium der öffentlichen Arbeiten damals, also im Jahre 1903, dazu entschloß, vorläufig eine Grundgeschwindigkeit von 45 km/h beizubehalten. Das aber bedeutet zu jener Zeit eine Weiterverwendung auch der dreiachsigen Stadtbahnlokomotiven, die sich somit bis zum Jahre 1910 neben den vierachsigen Naß- und Heißdampflokomotiven behaupten konnten.

Dann kam das für die Berliner Stadt- und Ringbahn entscheidende Jahr 1912. Zu jener Zeit waren im Bereich der Berliner Stadt-, Ring- und Vorortbahnen insgesamt 474 Dampflokomotiven im Betrieb; der Anteil der 1'B 1'- bzw. 2'B-Bauart betrug 16 Prozent. Die Frage, ob Dampf- oder elektrische Zugförderung die Zukunft dieses größten Berliner Verkehrsunternehmens bestimmen sollten, stand hart im Raum. Die Verfechter einer Weiterführung des Dampfbetriebes und die Anhänger eines elektrischen Betriebes waren zum Kampf angetreten. Im preußischen Ministerium der öffentlichen Arbeiten hatte seit den Versuchen des Jahres 1903 die Meinung für eine Elektrifizierung des Netzes der Berliner Stadt-, Ring- und Vorortbahnen erheblich zugenommen und auch der Chef dieses Ministeriums, Excellenz von Breitenbach, neigte der gleichen Ansicht zu. So kam es im Frühjahr 1912 zu einer Denkschrift an das preußische Abgeordnetenhaus, in der es u. a. hieß: „Beim jetzigen Dampfbetrieb können unter Verwendung einer schweren Tenderlokomotive für jeden Zug im äußersten Fall 24 Züge stündlich in jeder Richtung gefahren werden.“ Die amtlichen Unterlagen zu dieser Denkschrift berechneten sogar ausführlich, daß man für eine Zugfolge von 40 Zügen in der Stunde eine zwölfachsige Maschine mit acht Treibachsen im Gesamtgewicht von 186 t benötige und daß, da sich diese Achszahl natürlich nicht in einer Maschine vereinigen ließe, infolgedessen zwei Maschinen zur Beförderung und also auch je Zug zwei Personale benötigt würden.

Das riß die Fachleute vom Dampflokomotivbau förmlich von den Stühlen. Der Verband norddeutscher Lokomotivfabriken unter Vorsitz von Kommerzienrat Ernst von Borsig, Berlin, überreichte am 12. März 1912 dem Minister für öffentliche Arbeiten eine Eingabe, mit der Bitte, unmittelbare Vergleichsversuche zwischen Dampf- und elektrischer Traktion anzuberaumen. Zu diesen Versuchen würde der Verband eine Versuchslokomotive kostenlos zur Verfügung stellen.

Diese Eingabe führte zu einer Besprechung zwischen dem Minister der öffentlichen Arbeiten, Excellenz von Breitenbach, seinem Unterstaatssekretär, Excellenz Stieger, sowie einer Reihe hoher Eisenbahnbeamter auf der einen und maßgebenden Repräsentanten der Dampflokomotivindustrie auf der anderen Seite. Es waren dies außer ihrem genannten Vorsitzenden Herr Regierungsbaumeister a.D. Buchterkirchen, der Direktor des Borsig-Lokomotivbaues, Berlin-Tegel, Herr Geheimer Kommerzienrat Dr. Ing. Ziese sowie Oberingenieur Kienast für die Lokomotivfabrik Ferdinand Schichau in Elbing; Herr Direktor Beyer sowie Regierungsbaumeister a.D. Potthoff für die Lokomotivfabrik Henschel & Sohn in Kassel und Herr Regierungsbaumeister a. D. Metzeltin für die Hannoversche Maschinenbau-Aktiengesellschaft in Hannover–Linden.

Die Tagesordnung, die bemerkenswerterweise den Industrievertretern erst bei Konferenzbeginn bekanntgegeben wurde, umfaßte insgesamt zwanzig Punkte. Sie wurde durch den Minister mit erklärenden Ausführungen zur Elektrifizierungsfrage der Berliner Stadt-, Ring- und Vorortbahnen eröffnet, denen Kommerzien-

rat von Borsig die Auffassung des Verbandes entgegenstellte. Sehr bald kristallisierten sich im Verlauf der von hoher Sachlichkeit getragenen mehrstündigen Debatte die beiden Hauptredner heraus: Herr Regierungsbaumeister a. D. *Potthoff* von der Firma Henschel & Sohn, der die Argumente zugunsten der Dampflokomotive mit erstaunlicher Kenntnis selbst der Einzelfakten vorbrachte, und Geheimer Oberbaurat *Wittfeldt* von der Staatsbahnverwaltung, der das Elektrifizierungsproiekt vertrat, der sich aber noch zehn Jahre zuvor durch seinen Dreizylinderantrieb für Dampflokomotiven in der Fachwelt einen Namen gemacht hatte.
Und noch etwas war im Zuge der Auseinandersetzungen bekemerkenswert: Trotz eines nunmehr zehnjährigen Betriebes der elektrischen Vorortbahn Potsdamer Ringbahnhof–Großlichterfelde wurde diese Traktionsart nur am Rande erwähnt. Der Meinungsstreit ging fast ausschließlich um die Dampf- bzw. elektrische *Lokomotivtraktion.* Schließlich ging es nur noch um die seit zehn Jahren diskutierten Schwerpunkte der Zugdichte und damit um die Fahrbeschleunigung sowie der Zuglänge und damit des Zuggewichts. Herr Potthoff unterbreitete noch einmal den Vertretern der Staatsbahnverwaltung den Vorschlag der Lokomotivindustrie, eine Versuchslokomotive in der Achsfolge 1'D 1' kostenlos zur Verfügung zu stellen, die in der Lage sei, 38 Züge in der Stunde auf der längsten Strecke Potsdam–Erkner zu befördern. Der Vorschlag wurde seitens des Ministeriums zur Kenntnis genommen, ohne daß eine weitere Stellungnahme erfolgte.
Trotzdem entschloß sich der Verband norddeutscher Lokomotivfabriken zum Bau der angebotenen Versuchsmaschine. Innerhalb weniger Monate wurden Konstruktion und Bau einer sechsachsigen Heißdampf-Dreizylinder-Tenderlokomotive mit vier Treibachsen sowie vorderer und hinterer Adamsachse durchgeführt. Erstmalig kam bei dieser Maschine der Gedanke an einen Heißdampfregler zur Ausführung, der aber später wieder durch einen Naßdampfregler ersetzt wurde, sowie ein am linken Wasserkasten angeschlossener Speisewasser-Vorwärmer und – zwecks Verminderung der Rauchentwicklung – eine Ölzusatzfeuerung. Auch die Einrichtung einer Schalldämpfung für den Auspuff, die einst bei den ersten Stadtbahnlokomotiven eine Rolle gespielt hatte, wurde bei dieser Maschine zur Anwendung gebracht, und zwar ermöglichte die hohe Kessellage zwischen den Ausströmrohren der Zylinder und dem Blasrohr einen Windkessel zwischenzuschalten, der das Auspuffgeräusch mindern sollte. Die Lokomotive hatte einen auffallend großen Kessel und Rost für eine Leistung, die auf der kürzesten Stationsentfernung der Stadtbahn, der 700 m langen Strecke zwischen den Bahnhöfen Alexanderplatz und Börse, bei einem festen Vorsignalabstand von 120 m vom Hauptsignal die Maschine befähigte, auf eine Geschwindigkeit von mindestens 50 km/h zu kommen – entsprechend einer Zugfolge von 40 Zügen in der Stunde.
Anfang Februar 1913 traf die „Kampflokomotive“ unter Aufsicht des Oberingenieurs Potthoff von der Firma Henschel & Sohn in Berlin ein, um sich einem Wettkampf mit der Elektrotechnik zu stellen. Und nun begann ein für jeden Lokomotivfreund der damaligen Zeit aufregendes nächtliches Schauspiel auf der Stadtbahn, als die Versuchsfahrten in der Betriebspause zwischen 2 Uhr und 4 Uhr nachts auf dem Nordring durchgeführt und Anlaß dazu wurden, daß manch einer aus lauter Begeisterung auf seinen Schlaf verzichtete, um nur ja nichts zu versäumen. Das bedeutete, daß man beispielsweise bis zum letzten Stadtbahnzug auf dem Stadtbahnsteig des Bahnhofs Zoologischer Garten blieb,

um dann Zuflucht in der am Ostende des Bahnsteigs befindlichen Bedürfnisanstalt zu finden, um nicht aufzufallen. Denn nur ganz selten bescherte einem der Zufall das Glück, die „Kampflokomotive“ auch am Tage anzutreffen (Abb. 117).

Die nächtlichen Versuchsfahrten betrafen einmal die im vorigen Kapitel ausgiebig behandelte 1'C-h2-Personenzug-Tenderlokomotive, Gattung T 12, in ihrer neueren Bauart mit Rauchröhrenüberhitzer, jedoch ohne Vorwärmer, und zum andern die 1'D1'-h3-Tenderlokomotive der Lokomotivfabrik Henschel & Sohn. Letztere hatte ein Dienstgewicht von 100 t, während die T 12 ein solches von 67 t aufwies. Beiden Maschinen war die Aufgabe gestellt, den Stadt-Nordring je zweimal so zu durchfahren, wie es später für den elektrischen Betrieb vorgesehen war. Der Stadt-Nordring hatte eine Umlaufzeit von 86 Minuten. Beim elektrischen Betrieb sollte diese Umlaufzeit auf 70 Minuten verkürzt werden. Für die Dampflokomotiven wurden von diesen 70 Minuten noch $3^1/_2$ Minuten zur Erneuerung der Vorräte abgezogen, so daß eine Gesamtumlaufzeit von nur $66^1/_2$ Minuten zur Verfügung stand, entsprechend einer Fahrzeitverkürzung gegen die augenblickliche Fahrzeit von ungefähr 23 v. H. In diesem Plan konnte sogar die vierachsige Heißdampf-Stadtbahnlokomotive T 12 den Versuchszug aus 13 dreiachsigen Wagen, die auf 300 t Zuggewicht beschwert waren, entsprechend einer Überfüllung von rd. 70 v. H. (über 1000 Personen), planmäßig befördern, nachdem sich das Personal auf den ungewohnt schweren Zug und den neuen Fahrplan, zumal nachts, eingefahren hatte. Es wurde eine Zugfolgezahl von 38 Zügen in der Stunde erzielt, wobei sich Räumungszeiten ergaben, die oft einer Zugfolge von 40 Zügen in der Stunde entsprachen. Die 1'D 1'-Tenderlokomotive von Henschel bewältigte diese Leistung mühelos; es wurden glatt 40 Züge in der Stunde erreicht, ja die Leistung wurde bis zu 42 Zügen gesteigert – soviel Reserve war in der Maschine enthalten!

In jenen Wochen und Monaten nahm die Öffentlichkeit, insbesondere die Berliner Bevölkerung, leidenschaftlichen Anteil an dem Ringen um die Zukunft „ihrer“ Stadt- und Ringbahn. „Das Vaterland in Gefahr!“ – so beschwor im Jahre 1912 der Charlottenburger Bürger Oskar Kresse in einer Broschüre mit schwarz-weißrotem Umschlag die Staatsbehörden, von dem Gedanken einer Elektrifizierung Abstand zu nehmen.

„Ununterbrochen siebzehn Jahr hindurch bin ich Abonnent der Berliner Stadtbahn“, schrieb er, „und mit ihrer Verwaltung und der Art des Betriebes sind wir Fahrgäste sehr zufrieden, wurden doch alle Wünsche, wie z. B. in bezug auf die Verbesserung der Beleuchtung, die Vermehrung der Züge, die Errichtung neuer Bahnhöfe, die Eröffnung von Zugängen nach Kräften immer sofort erfüllt. Man wird in Berlin selbst, also zwischen Charlottenburg und Stralau–Rummelsburg, mit der Stadtbahn immer sofort befördert, denn der $2^1/_2$-Minutenverkehr läßt ein Warten auf den Zug nicht aufkommen. Die Stadtbahnabonnenten wußten längst, daß sie um einige Minuten schneller befördert werden könnten, sobald neue, stärkere Lokomotiven angeschafft wurden“, heißt es weiter, „die den Zug rascher in Bewegung bringen und Rauch und Geräusch auf ein Mindestmaß herabdrükken, wie es bei den modernen Heißdampflokomotiven erreicht worden ist. Heute wird die Berliner Stadtbahn als Altersversorgungsanstalt für viele kaum verwendbare Lokomotivgreise benutzt, die dort bis zum letzten Atemzuge, bis zur äußer-

117 1'D 1'-h3-Kampflokomotive des Verbandes Norddeutscher Lokomotivfabriken auf der Berliner Stadtbahn (Bahnhof Zoologischer Garten)

sten Grenze der Reparaturmöglichkeit Dienst tun müssen. Sparsamkeit der Verwaltung wurde als Grund hierfür angegeben und ein jeder wird sie dafür loben, die Fahrgäste der Stadtbahn im besonderen deswegen, weil sie mit Leistungen und Tarifen zufrieden waren, denn eine Neuanschaffung von Maschinen würde ein bis zwei Millionen Mark kosten, und das hätte durch eine wenn auch geringfügige Steigerung der Fahrpreise wieder eingebracht werden müssen."
Und dann brach es zornig aus der Brust des aufrechten Bürgers und Steuerzahlers:
„Nun kamen aber die fortgesetzten Mitteilungen in den der elektrischen Industrie nahestehenden Blättern, daß die Stadtbahn unbedingt elektrifiziert werden müsse und daß dies mit Anlagen von Kraftwerken zweihundert Millionen Mark (Goldmark. Der Verf.) kosten solle, nachdem man erst immer nur von vierzig Millionen gelesen hatte. Also für eine Umwandlung, welche die alte solide Stadtbahn nur in nebensächlichen Punkten verbessert, in der Hauptsache wesentlich verschlechtert, wollte man eine so ungeheure Summe opfern!"
Worin bestand nun die Verschlechterung? Einmal stellte der Schreiber der Broschüre das rasche Ein- und Aussteigen bei den vieltürigen Stadtbahnwagen dem Fahrgastwechsel bei den nur zweitürigen Wagen der Hoch- und Untergrundbahn gegenüber, zum andern griff er die Kostenfrage auf:
„Es wurde zur Begründung für die Einführung der Elektrizität behauptet, daß die Stadtbahn dann schneller fahren könne, daß sie mehr leisten würde und daß sie billiger arbeite, deswegen müsse der jetzige Tarif erhöht werden."
Und da am Geldbeutel ein jeder empfindlich ist, so erreichte damit die Empörung ihren Höhepunkt:
„Man stelle sich vor: Ein Geschäftsreisender kommt zu seinem Kunden und

erzählt ihm, daß die Fabrik, die er vertritt, elektrisch eingerichtet würde, infolgedessen könne sie schneller und billiger arbeiten, der Preis für die Waren müsse jedoch erhöht werden! Der Kaufmann würde diesen Reisenden ohne Zweifel für irrsinnig halten und ihn verhaften lassen.“ Parbleu!

Aber so war das damals, und der Sturm um die Elektrifizierung brauste über Berlin, und seine Ausläufer waren überall im Lande spürbar. In der „Frankfurter Zeitung“ der Monate April bis Juni 1912 wogte die Polemik um diese Frage hin und her, und ihre Wellen fluteten zurück zum Kern des Wirbels in Berlin. Nachdem die ersten Resultate der Versuchsfahrten vorlagen, traten die Lokomotivfabriken erneut an Excellenz von Breitenbach mit der Bitte heran, die bereits mehrfach beantragten Vergleichsversuche anzuberaumen und die beiden Parteien, die Elektroindustrie auf der einen, die Dampfindustrie auf der anderen Seite auf der Strecke Dessau–Bitterfeld in Wettbewerb treten zu lassen. Doch hierzu kam es nicht.

Am 19. Februar 1913 fand vor 500 Mitgliedern und Gästen der Berliner Bezirksvereins des Vereins Deutscher Ingenieure ein großangelegter Vortrag von Herrn Professor Obergethmann von der Technischen Hochschule Berlin über die „Mechanik der Zugbewegung bei Stadtbahnen“ statt, zu dem auch die Mitglieder des preußischen Abgeordnetenhauses eingeladen waren. Dieser Vortrag sollte gleichzeitig für die Abgeordneten eine Art Einführung zu der am am nächsten Tag geplanten Versuchsfahrt mit der Henschel-Maschine sein. Leider war kein Abgeordneter erschienen. Der Vortragende wog in seinen Ausführungen das Für und Wider des Dampf- und des elektrischen Betriebes ab. Dabei ging es u. a. auch darum, daß nicht nur die Anfahrbeschleunigung, sondern auch die kurzfristige Abbremsung bei den z. T. geringen Stationsabständen, insbesondere auf der Stadtbahn, d. h. die Vernichtung von kurz vorher erst aufgewandter Energie eine wichtige Rolle spielte.

Die universelle Verwendbarkeit der vierachsigen Heißdampf-Tenderlokomotive, Gattung T 12, wurde ebenso hervorgehoben, wie die wegen ihrer kleinen Treibräder nur für den Stadtbahnverkehr geeignete „Kampflokomotive“ einer kritischen Betrachtung verfiel. Die Schlußfolgerungen von Professor Obergethmann gingen dahin, den Stadtbahnbetrieb mit Hilfe der T 12-Lokomotive auf eine größte Zugfolge von 30 bis 32 Züge in der Stunde auszuweiten. Die Bremsstrecken sollten auf eine Höchstgeschwindigkeit von 40 km/h abgestimmt und von einer wesentlichen Verkürzung der Fahrzeit zwischen Charlottenburg und Stralau–Rummelsberg nach dem Programm des Versuchsbetriebes Abstand genommen werden.

Die dem Vortrag folgende Aussprache ließ die seit Erscheinen der Denkschrift und der zum Sturm angewachsenen gegensätzlichen Meinungen aufgeladene Spannung gewitterartig zur Entladung kommen. Regierungsbaumeister a. D. Oberingenieur Potthoff von Henschel & Sohn trat noch einmal leidenschaftlich für die von den preußischen Lokomotivfabriken geforderten Vergleichsversuche mit elektrischen Zügen ein. „Wer wie wir“, rief er in den überfüllten Saal, „so handelt, daß er seinen Feinden die Waffen schmiedet, die diese ihrerseits nicht annehmen, der vertritt furchtlos eine gute Sache. Die Unterstellungen, als ob wir Angst vor dem Wettbewerb hätten, richten sich hiernach von selbst. Die Dampflokomotive hat, was ihre Leistungsfähigkeit und Wirtschaftlichkeit anbelangt, unbestrittene Überlegenheit, das stelle ich hiermit ausdrücklich fest. Wir können der Zukunft mit aller Ruhe entgegensehen!“

Wie waren nun die Vergleichsmöglichkeiten mit elektrischem Betrieb gedacht? Es gab da eine, 1910 von der AEG an die Lötschbergbahn gelieferte Einphasen-Wechselstrom-Versuchslokomotive 1'B + B 1', die sich dort aber nicht behaupten konnte und von der KPEV im Jahre 1912 für Versuche mit Stadtbahnzügen erworben wurde, weil sie für diesen Zweck den Vorzug hatte, in zwei Hälften geteilt zu werden, um sie vorn und hinten an den Zug zu kuppeln. Dann aber wandte man sich einem Projekt zu, das sog. Triebgestelle vorsah, die mit Zahnradvorgelege anstelle des unmittelbaren Stangenantriebes arbeiteten und gleichfalls mit Einphasen-Wechselstrommotoren ausgerüstet waren. Dabei nahm man zwei- und dreiachsige Triebgestelle in Aussicht, die, vor den aus normalen Stadtbahnwagen bestehenden Zug gespannt, vom ersten Wagen aus gesteuert wurden. Diese Gestelle ließen sich zu B + C, aber auch zu B + B + C-Einheiten vereinen. Für eine Zugfolge von 40 Zügen in der Stunde hielt man die letztgenannte Kombination für erforderlich, und weil nun die Elektriker damit sieben Treibachsen benötigten, waren sie der Meinung, daß beim Einsatz von Dampflokomotiven gleichfalls eine derartige Einheit notwendig sei. Die amtliche Denkschrift begründete s. Zt. die Elektrifizierung mit der bestimmenden Betriebsnotwendigkeit: später führte man jedoch größere Wirtschaftlichkeit ins Feld, doch hatten die Versuche mit der „Kampflokomotive" die Wirtschaftlichkeit des Dampfbetriebes unter Beweis gestellt. Es war also klar: Der zur Zeit der Versuche normalerweise auf der Stadtbahn übliche Zugfolgebetrieb lag bei 24 Zügen in der Stunde, ein Wert, der auch noch Anfang der zwanziger Jahre üblich war. Die T 12-Lokomotive schaffte, wie wir sahen, bis zu 38 Züge stündlich, die „Kampflokomotive" sogar 40 Züge. Damit schienen die Dampflokomotivbauer die besseren Argumente zu haben.
Am Tage nach dem Aufsehen erregenden Vortrag von Professor Obergethmann in der Technischen Hochschule zu Berlin-Charlottenburg, dem 20. Februar 1913, wurde in Fortsetzung dieser Veranstaltung die Henschel-Lokomotive einem maßgebenden Gremium an Wirtschaftlern, Technikern und Verwaltungsbeamten vorgeführt. Der „Berliner Lokal-Anzeiger" schrieb in seiner Abendausgabe vom 20. 2. 13 hierzu:
„Die Budgetkommission des Abgeordnetenhauses unternahm am heutigen Vormittag eine Fahrt nach Wannsee und zurück, um sich über die Leistungsfähigkeit der Versuchsmaschine von Henschel & Sohn (Kassel) Nr. 11692 ein Urteil zu bilden. Die neue 1D1-Lokomotive stand auf dem Wannseebahnhof bereit; hinter dem Schutzwagen folgten ein Salonwagen für die Abgeordneten und zehn Personenwagen ... Die Ankunft des „Leerzuges" erregte auf den Stationen begreifliches Aufsehen, zumal das schnelle Anfahren der neuen Lokomotive auch dem Laien auffällt. Der elektrische Triebwagen fährt ruhiger an, so daß der Fahrgast die Stöße bei der Anfahrt weniger lästig empfindet. Die Rauchentwicklung ist bei dem neuen Typ gering, dagegen ist der Auspuff des Dampfes, besonders bei der Anfahrt, mit großem Geräusch verbunden. Beim Durchfahren von Brücken und sonstigen Übergängen bringt die Maschine einen donnerähnlichen Lärm hervor. Die neue Lokomotive dürfte dem elektrischen Triebwagen in der Leistungsfähigkeit kaum nachstehen; ob sie sich aber für den städtischen Lokalverkehr eignet, hierüber dürften erst ausgedehnte Versuche Aufschluß geben."
Am 5. Mai 1913 entschied sich das preußische Abgeordnetenhaus für eine Elektrifizierung der Berliner Stadt-, Ring- und Vorortbahnen!

118 Zweiachsiges Triebgestell für Einphasen-Wechselstrom für Stadtbahnzüge, gebaut 1913 von AEG

119 1Bo + Bo 1-Gleichstromlokomotive für Fernzüge über die Berliner Stadtbahn, gebaut 1927 von Linke-Hofmann-Werke und SSW (aus: Zentralblatt Elektrische Eisenbahnen, 1929)

Wie sollte dies nun vor sich gehen? Es hatte den Anschein, als ob man dem Einphasen-Wechselstrom den Vorzug vor dem Gleichstrom geben würde. Dabei stand man in Fachkreisen dem Gedanken an Triebgestelle besonders interessiert gegenüber, weshalb die AEG noch im gleichen Jahr einen Auftrag hierüber erhielt. Ein Jahr danach wurden zunächst drei zweiachsige Triebgestelle für die Stadtbahnversuchszüge gebaut (Abb. 118), und mit ihnen und einem Versuchszug, bestehend aus normalen Stadtbahnwagen, auf der Strecke Dessau–Bitterfeld entsprechende Untersuchungen angestellt, während der normale Dampfbetrieb in Berlin ungestört weiterlief, ja, es wurden, wie wir früher sahen, laufend neue 1'C-h2-Personenzug-Tenderlokomotiven für die KED Berlin beschafft. Nach Kriegsende bestellte die neu gebildete Deutsche Reichsbahn in der Absicht, die Wechselstromelektrifizierung der Berliner Stadtbahn durchzuführen, im Jahre 1920 weitere elf Triebgestelle bei der AEG. Als dann zwei Jahre später das Wechselstromsystem fallengelassen wurde und Gleichstrom 800 Volt mit Stromschiene und Triebwagenzügen eingeführt werden sollte, waren die Triebgestelle in der Fabrikation bereits soweit fertiggestellt, daß man, um sie weiterverwenden zu können, fünf Lokomotiven der damaligen Reichsbahnbezeichnung EP 215–219 baute, deren jede mit zwei Triebgestellen versehen war. Sie waren mit der späteren Bezeichnung E 42. 15–19 bis zum Ende des Zweiten Weltkrieges im schlesischen Streckennetz im leichten Personenzugdienst eingesetzt.
Die endgültige Neugestaltung der Berliner Stadt-, Ring- und Vorortbahnen, jetzt unter der Bezeichnung „Berliner S-Bahn" ist zu bekannt, als daß darauf noch einzugehen wäre. Interessant jedoch ist ein Projekt gewesen, auch die Fernbahngleise der Stadtbahn zu elektrifizieren, wobei man an elektrische Lokomotiven dachte, die in Gemeinschaftsarbeit von Siemens und den Linke-Hofmann-Werken in Breslau im Jahre 1927 gebaut (Abb. 119) ebenfalls für Gleichstrom und dritte Schiene eingesetzt werden sollten. Die Probelokomotive, hier mit der Bezeichnung E 178 01 Rbd Berlin, besaß zwei Dampfbehälter für Zugbeheizung. Sie wog 98,6 t und war für eine Höchstgeschwindigkeit von 80 km/h bestimmt. Doch für den beabsichtigten Zweck kam diese Maschine nicht mehr auf die Stadtbahn, ebensowenig wie die „Kampflokomotive", die der Eisenbahndirektion Breslau überwiesen wurde, wo sie unter dem Gattungszeichen T 14 und der Betriebsnummer 8508 Dienst tat, bis sie auf Grund des Waffenstillstandsvertrages von 1918 an die französische Ostbahn abgegeben wurde, wo sie die Betriebsnummer 4561 erhielt. Sic transit gloria mundi!
Sic transit – und damit ist wohl auch die Zeit gekommen, Abschied zu nehmen von jenen Strecken und Gleisen in und um Berlin, auf denen Dampflokomotiven fuhren. Doch es soll kein abrupter Abschied werden; dem Verfasser, der ihn selbst unter dem Flügelrad erlebte, sei zum Schluß erlaubt, seiner noch einmal zu gedenken.

IX. Abschied

Sylvesterabend 1932. Die flammendrote Lichtreklame auf dem Dach des Europahauses am Anhalter Bahnhof, der Ärger so manches Lokomotivführers der von Süden her einfahrenden Fernzüge, ist erloschen. Dunkel ragt die nach damaligen Begriffen riesige Fassade über dem im Erdgeschoß befindlichen Europa-Café. Dicht gedrängt sitzen die Menschen an den Tischen. Unaufhörlich flutet die Menge durch die Räume bis hinauf zur Europa-Bar im ersten Stock, tanzen die Paare zu den Klängen einer befrackten Kapelle. Doch die leicht beschwingte Atmosphäre früherer Zeiten ist diesmal einer Stimmung gewichen, die zwischen Gedrücktheit und hektischer Ausgelassenheit schwankt und die selbst eine in der letzten Stunde des Jahres aufkommende Animiertheit nicht zu bannen vermag.

Vom Orchester her dröhnen zwölf Gongschläge.
Prosit 1933!

Gequält schreitet manch einer durch die Nacht in das neue Jahr hinein. Früher als sonst erstirbt das Leben auf den Straßen; nur das Geräusch rangierender Züge durchbricht bisweilen die Stille über dem hochgemauerten Bahnkörper der Potsdamer Bahn entlang der Dennewitzstraße. Flüchtig streift der Blick des späten Heimkehrers eine kleine Holztür, zu der ein paar Stufen hinaufführen, ein Schild: „Betriebswagenwerk Pog."
Sechs Wochen danach, morgens um $^1/_2$6 Uhr klopft ein Arbeitssuchender an die kleine Gnadenpforte. Und dann steht man vor dem Dienststellenleiter. „Sie sind mir vom Amtsvorstand bereits gemeldet. Herr Direktionspräsident Wallbaum hat sich für Sie verwendet. Nun zeigen Sie, was Sie können." Man ist froh, angesichts der bislang größten Arbeitslosigkeit dieses Jahrhunderts, die allein in Berlin wöchentlich an die hundert Todesopfer fordert, ein Unterkommen gefunden zu haben.
Der Bereich des Betriebswagenwerks Potsdamer Bahnhof lag unterhalb der beiden Hochbahnbrücken, über die die Züge zwischen dem Westen und dem Osten der Stadt pausenlos verkehrten. Zwischen beiden Brücken befand sich die Gleisgruppe „A" für die Fernzüge; an jener Brücke aber, über die die Hochbahnzüge mitten durch ein Wohnhaus der Dennewitzstraße rollten, begann die Gleisgruppe „B" für die Wannseezüge, lag das Dienstgebäude des Wagenwerks, an das sich ein Segmentschuppen mit Wasserturm für die Vorortlokomotiven der jetzigen Baureihe „74" schloß.
Heute ist sowohl von dem in Berlin bekanntgewesenen Wohnhaus mit dem riesigen Torbogen in Höhe des dritten Stockwerks als auch von dem einstigen Betriebswagenwerk nichts mehr zu sehen. Nur ein Fabrikgebäude, das damals an

sonnigen Nachmittagen seinen Schatten auf die Gleisgruppe „B“ warf, erinnert noch an jene Zeit.
Hier, in dem fast anheimelnden Bereich des „Bww Pog“, wie die amtliche Kurzbezeichnung lautete, lief die Behandlung und Wartung der vom Potsdamer Hauptbahnhof ausgehenden Fernzüge einem Ritual gleich Tag und Nacht ab. Noch einmal wird die Erinnerung daran wach, klingen noch einmal die altvertrauten Arbeitsgeräusche der Reinigungskolonnen auf:

„Scheiben hoch!“

Ein Poltern an der Außenwand des Schlafwagens – der in seinem Innern mit der Reinigung der Abteile beschäftigte Schaffner eilt den Seitengang entlang und schließt rasch die Fenster. Da klatscht auch schon eine Wasserflut an die Scheiben, an denen in langen Streifen der Reisestaub herunterzufließen beginnt, bis sie unter immer erneutem Waschen blitzblank werden. Überall gehen in diesem Augenblick die Reinigungskolonnen dem Nachtschnellzug mit Leitern, Putzlappen und Waschbesen zu Leibe; doch ein prüfender Blick, den der Schaffner nun aus der gegenüberliegenden Fensterreihe wirft, sagt ihm, daß er hier vorerst noch frische Luft hineinlassen kann, denn die Putzer sind auf dieser Seite noch damit beschäftigt, die Außenwand mit Öl abzureiben.
Leiter rauf, Leiter runter – emsig wie die Ameisen klettern die Wagenreiniger am Zug entlang und unter ihren Händen erhalten die Waggons wieder ein schmuckes Aussehen. Nachdenklich blickt man durch das geöffnete Fenster eines Abteils, in dem der Schaffner die verschiedenen Einrichtungsgegenstände soeben liebevoll auf Hochglanz poliert, und in der Erinnerung sieht man sich selbst wieder im Schlafwagen nach Budapest reisen. Heute muß man dem Schicksal dankbar sein, auf einer Leiter zu stehen (Abb. 120).
Leiter rauf, Leiter runter, Leiter rauf, Leiter runter, gutes Wetter, schlechtes Wetter, Kälte, Nässe, Regen. Bei Nacht ein undurchdringliches Dunkel zwischen den langen Wagenreihen, das nur hier und dort durch hohe im Nichts hängende Bogenlampen aufgehellt wird. Irgendwo zwischen den Puffern zischt die Dampfheizung und hüllt die nächste Umgebung in weißen Nebel. Nur gedämpft dringt das Klirren und Stampfen der Rangiermaschinen in die finsteren Wagenschluchten.
Doch während die Putzer – Leiter rauf, Leiter runter – ihre Außenarbeit verrichten, beginnt es sich auch im Innern des Zuges zu regen. Flinke Gestalten schlüpfen in die Abteile, Aschbecher klappern, ihr Inhalt wird in gebrauchte Pappschalen für Obst entleert, mit Handfegern wird bis in die hintersten Winkel und unter die Bänke gefahren und alles hervorgeholt, was achtlos fortgeworfen worden ist. Obst- und Zigarettenreste, Toilettenartikel mannigfaltigster Art häufen sich im Seitengang der Wagen zu einem Sammelsurium an, das Stoff zu einem Krimi abgeben und dazu reizen könnte, über mancherlei Beziehungen zwischen unbekannten Reisenden Betrachtungen anzustellen. Aber hierzu ist keine Zeit – der Mann, der die auf die Gänge hinausgefegten Müllhaufen zusammenschiebt, kommt bereits in bedrohliche Nähe. Also fort ins nächste Abteil. Ein wundervoll duftender Rosenstrauß liegt, halb verwelkt, im Gepäcknetz. Wer mochte ihn wohl der sicher schönen und jungen Reisenden überreicht haben? Eine große Blüte fällt beim Herunternehmen der Blumen lautlos herab und leuchtet auf dem roten Sitzpolster gleich einem Edelstein.

120 Vor fünfzig Jahren: Der Verfasser als Wagenreiniger auf dem Potsdamer Bahnhof

Abteiltür auf, Abteiltür zu. Schon geht es hinüber zum nächsten Wagen. Da riecht es auch irgendwo, aber nicht so schön und nicht nach Blumen. Also schnell Sand her und die Fenster auf.

„Scheiben hoch!“ brüllt es draußen. Also gut, Fenster wieder zu. Inzwischen rücken langsam die Aufwischer nach. Wieder geht es in jedes Abteil, ergießen sich Wasserfluten durch die Korridore. Aufwischer und Abortreiniger, die mit desinfizierender Seifenlösung die Toilettenräume reinigen, bilden den „hygienischen Stoßtrupp“. Sie haben alle den gemeinsamen Zug leichter Erregbarkeit, wenn man mit seinen Holzschuhen auf den frisch gewaschenen Fußboden tritt. Aber das ist den Verheirateten unter uns nichts Neues.

Daher folgen den Aufwischern die „Klinkenputzer", damals in den noch messingreichen Zeiten „Vergolder" genannt, nur in achtungsvollem Abstand. Von den Türklinken der Wagentüren und dem „Beamtengriff" über dem Eingang zur Toilette angefangen bis zum letzten Aschbecher ist nichts vor dem Putzlappen sicher. Zahllos sind die Klinken, Griffe und Beschläge, die hier ihre Abreibung erfahren, ebenso wie die Fenster- und Spiegelscheiben im Innern der Wagen, denen die „Fensterputzer vom Innendienst" neuen Glanz verleihen. Bedächtig und mit würdevollem Ernst entfernen sie selbst die letzten Spuren, die ein kindliches Patschhändchen an den Abteilscheiben hinterlassen hat. Sie sind Philosophen, diese Männer, sehen die Welt nur von innen nach außen, und ihre Blicke schweifen den ganzen Tag hinaus in die Ferne, über die Gleise hinweg, auf denen die Züge vorüberrollen. Und jeder Zug läßt nicht nur sie, sondern auch die draußen Arbeitenden kurz aufblicken. Mit lustigem Zuruf winken jugendliche Gestalten herüber – die Arbeit bekommt plötzlich ein ganz anderes Gesicht.
Längst haben die „Philosophen" das Feld geräumt; Frauenhände gleiten mit Staublappen und Wedel rasch und gründlich über Leisten, Bänke, Klapptische. Irgendwo hört man noch Willi, den „Säugling", der mit Staubsauger und Bürste, summend wie eine Biene, in den Polsterklassen arbeitet.
Immer leiser werden Stimmen und Geräusche. Verlassen liegen Abteile und Seitengänge des Zuges, durch die nun eine einsame Gestalt hager und langsam schreitet: Der Vorarbeiter der Innenreinigung. Prüfend gleitet sein Finger immer wieder über Gepäcknetze, Sitze, Fensternischen, nichts entgeht seinem scharfen Auge. Mit dem Zepter seiner Würde, dem Handfeger, entsteigt er dem letzten Wagen, letzte Restchen vom Ausfegen von den Treppenstufen streifend, während sein Antipode von der Außenreinigung kritisch die Wagenkästen mustert und mit seinem Finger brummend über einen Wasserstreifen fährt, der seine Spur auf dem glänzenden Lack hinterlassen hat.
Nun ist es still geworden; längst sind die Wäscher mit ihren Leitern, die Ausfeger, Aufwischer, die Klinkenputzer und die „Philosophen" mit ihrem „Schleifzeug" weitergezogen, weit drüben zwischen den Gleisen sieht man sie bereits wieder emsig am Werk. Friedlich steht unser D-Zug im letzten Schein der Nachmittagssonne, noch darf er einige Stunden ruhen und erst, wenn die Dämmerung herabgesunken ist, wird eine Rangiermaschine ihn holen. Dann rollt er dem Lichtermeer der Giebelreklamen entgegen, hinein in die erleuchtete Bahnhofshalle, und wieder wird er Menschen und Schicksale in sich aufnehmen und hinaustragen in die Nacht, einer unbekannten Zukunft entgegen.
Ganz anders ging es in der Gleisgruppe „B" zu. Das Kolorit des Nahverkehrs färbte auch auf das Leben und Treiben zwischen den Wagenschlangen der Vorortzüge ab; es herrschte sozusagen Kleinbahnatmosphäre; im Sommer unter den Wipfeln einiger Bäume, die hier wie auch das Buschwerk im Angesicht hoher Häusergiebel eine fast romantische Umgebung schufen, im Winter, wenn die Geräusche der Weltstadt nur gedämpft in diesen Winkel drangen, denn an das Poltern der Hochbahnzüge hatte man sich längst gewöhnt.
Aber auch hier gab es jede Menge Arbeit, und den Männern in Gruppe „B" wurde nichts geschenkt. Auch hier flogen die Waschbesen auf und nieder, mußten selbst die runden Fenster der Packwagen, die Fenster der Bremserhäuschen geputzt werden, obwohl kein Bremser mehr mitfuhr wie einst, als so mancher von

ihnen seine Enttäuschung an den Wänden des engen Raumes verewigte:

„Armer Bremser, nicht auf Erden
Im Himmel wirst du Schaffner werden!"

Am schönsten war es am Samstagnachmittag, wenn die untergehende Sonne warm zwischen den Gleisen lag, über die sich bereits Wochenendruhe breitete, oder aber die Nacht vom Sonntag zum Montag, wenn drüben die Kuppel des riesigen Kempinski-Baues „Haus Vaterland" mit ihrem kreisenden Lichtstreifen herüberleuchtete. Dann gingen wohl die Gedanken hinüber zu den strahlenden Sälen mit ihren fröhlichen und geputzten Menschen, und einen Augenblick glaubte man, Musik zu hören, doch es war nur das Zischen einer Bremsleitung. Und dann schulterte man wieder seinen Waschbesen und stolperte durch die Dunkelheit über Schwellen, Schotter, liegengebliebene Bremssohlen zur Gruppe „B", in die gegen Mitternacht ein Wannseezug nach dem andern geschoben wurde. Und man schimpfte über das Licht in den Abteilen, das wegen der Innenreiniger nicht gelöscht werden konnte, und fummelte geblendet außen an den Wagenkästen herum.
Kurz nach Mitternacht pflegte die Schichtpause zu sein, und die meisten Kumpels suchten den Aufenthaltsraum zu einem Imbiß mit anschließendem Nickerchen auf. Es gab aber auch solche, die es vorzogen, in den unmittelbar am Durchgangsgleis für den Verkehr nach Wannsee abgestellten Leerzügen Platz zu nehmen, das Licht auszudrehen und erwartungsvoll nach draußen zu spähen. Dann kam es auch schon angedampft; immer deutlicher wurde der Auspuff der Lokomotive, ein schwarzer Schatten, dann die erleuchteten Abteilwagen. Diese letzten Züge vom Potsdamer Wannseebahnhof waren nicht zuletzt bei den jüngeren Gästen des „Haus Vaterland" sehr beliebt, denn die beim Tanz gemachte neue Eroberung erlebte nicht selten in der Einsamkeit eines Vorortzuges ihre „erdrückende" Bestätigung.
Doch dann kam jene Maiennacht, in der niemand Lust verspürte, die Schichtpause nach alter Gewohnheit zu verbringen. Schon Wochen vorher hatten Bautrupps die Abstellgleise mit Stromschienen versehen, und das Waschen ging nur noch unter größter Vorsicht und sparsamster Verwendung von Wasser vor sich, denn keiner wollte sich einem Schlag von 800 Volt aussetzen. Und nun sollten unsere lieben alten Abteilwagen auch auf der Wannseebahn verschwinden, die, ebenso oft gepriesen wie an heißen Sonntagen bei Überfüllung gelästert, Generationen von Berlinern zur vertrauten Gewohnheit geworden waren. Nach einem halben Jahrhundert Dampfbetrieb auf der Wannseebahn würden sie ab morgen keine Rauchschwaden in die Hinterhöfe hoher Mietskasernen wehen.
Es war am 14. Mai 1933 kurz vor Mitternacht, als sich vom Lokschuppen her langsam die alte T 12-Lokomotive mit der Reichsbahnnummer 74 1166 dem Betriebswerk näherte. Unser Rangierer schwang seine Handlampe, die Maschine hielt. Feierlich trugen Kumpels der Gruppe „B" einen mit Trauerschleife versehenen Kranz herbei und hingen ihn an der Führerhausrückwand auf.
„Und was wird aus euch?" ging währenddessen die Frage hinauf zum Personal.
„Mich wollen sie in den Rangierdienst übernehmen." Bitterkeit lag in der Stimme des Lokführers, der an die fünfzig Jahre alt gewesen sein mochte.
„Ick jehe bei die Knoppdrücker", lachte der junge Heizer. „Ist doch ville leichter

und kein Dreckigmachen." Und dennoch hatte es höheren Orts nicht selten Mühe gekostet, um Lokpersonale als Triebwagenführer zu gewinnen. Ihr Berufsstolz litt es nicht, von den anderen, den Glücklicheren, als „Knopfdrücker" über die Schulter angesehen zu werden. (Der Spitzname kam vom Totmannsknopf des Fahrschalters.)
Dann rollte die Maschine weiter zum Wannseebahnhof. Alle Wagenwäscher bildeten am Wannseegleis Spalier, die noch auf Gruppe „B" abgestellten Abteilzüge waren erleuchtet, und als der letzte Dampfzug der Wannseebahn in jener historischen Nacht langsam an ihnen vorbeifuhr, hoben alle wie auf Kommando die Waschbesen zum letzten Gruß.

Hundert Jahre Berliner Stadt-, Ring- und Vorortbahnen – wir wollen Abschied nehmen von einer Zeit, der die ehemalige Reichshauptstadt unendlich viel verdankte und die sich nicht zuletzt in ihrem örtlichen Eisenbahnnetz widerspiegelte. Es leben nicht mehr viele, denen die Vorgängerin der späteren S-Bahn einst Bestandteil ihres Daseins bedeutete. Die heutige Generation hat mehrheitlich nicht einmal mehr eine auch nur äußerliche Beziehung zu ihr: Der PKW-Individualverkehr und ein enges Netz von Buslinien bestimmen das Verkehrsgeschehen. Der im Vergleich zur U-Bahn jetzt verwahrloste Zustand der S-Bahn hat die Abneigung ihr gegenüber zusätzlich verstärkt.
Auch die Fernzüge über die Stadtbahn – jahrelang nach Kriegsende noch Reservat für Dampflokomotiven der Deutschen Reichsbahn –, sie werden heute von russischen Diesellokomotiven über die Gleise der Stadtbahn gezogen. Und nur selten rollt noch ein elektrischer Zug vom Bahnhof Friedrichstraße nach Wannsee – von der Ringbahn ganz zu schweigen, auf der hin und wieder ein Güterzug verkehrt. Geschlossene Bahnhöfe, verlassene Bahnsteige, zerbrochene Fenster, tote Stellwerke – die Zeit scheint endgültig abgelaufen, die uns in diesen Seiten begegnet ist. Nur noch Erinnerungen an sie sind geblieben gleich dem Abendrot, selbst wenn die Sonne längst untergegangen. Möge uns dieses Abendrot noch eine Weile leuchten –

Hauptabmessungen der abgebildeten Lokomotiven

Bild Nr.	Bahn Gattung Nr. bzw. Name	Bauart	Triebwerk (mm) Cylind.-Ø	Kolben-hub	Treib-rad-Ø	Kessel (m^2) Heiz-fläche	Rost-fläche	atü	Gewichte (kg) Leer-gew.	Adhäs.-gew.	Dienst-gew.	Tender Wasser m^3	Kohle t	Zug-kraft (kg)	Geschw. (km/h)
2	Berlin–Potsd. E.	A1-n2	142	262	1366	5,63	0,25	4,7	5750	4000	6250				
4	Berlin–Anh. E.	2A1-n2	305	470	1400	30,0		4,23	17000	9000	19000				
6	Stargard–Posen. E.	1A1-n2	330	508	1525	54,0	0,79	5,3	17000	8600	18900				
7	Berlin–Frankf. E.	2A-n2	270	450	1210	29,0		3,9		6000	11200			635	
16	Berlin–Hamb. E.	B1-n2 Pt	356	610	1352	58,9	0,82	7,14	24800	21650	29250	2,28	0,68 m^3		
17	NME A. WÖHLER	C-n2 G	445	628	1324	108,25	2,16	8,5	35900	39400	39400				
18	Leipzig–Dresd. E.	1A1-n2 S	381	508	1845	79,3	0,9	7,5	26800	14800	29800				85
21	T3	C-n2 Gt	350	550	1100	60,0	1,35	12	24720	32300	32300	4,0	1,0	4400	40
26	NME Nr. 382	B1-n2 t	406	610	1584	106,16	1,4	10		29000	42000	6,0	2,8		75
34	Berlin–Hamb. E. MOABIT	1B-n2 t	420	610	1560	90,68	1,37	10		27910	41360				
46	NME 601	B-n2 Pt	280	420	1280	39,03	0,65	10	18400	24300	24300				60
47	NME 630	B1-n2 Pt	400	610	1594	107,87	1,34	10	32900	31400	44600				75
48	NME 859	1B-n2 Pt	360	580	1594	66,8	1,05	10	32430	27770	40930	4,0	2,0		75
49	T2	B1-n2 Pt	350	550	1340	63,5	0,95	10	26500	23100	34200	3,5	0,85		60
50	T2	1B-n2 Pt	360	580	1564	66,8	1,05	10	32330	27780	40490	4,0	2,0		75
54	Berl.– Magd. E. WANNSEE	B1-n2 Pt	420	610	1560	71,37	1,02	10		26500	38000				75
55	Berlin–Magd. E.	B-n2 G	381	559	1330	67,0	0,68	7	18800	21800	21800				
60	Berlin 1572	B1-n2 Pt	420	560	1570	77,2	1,14	12		29200	40700				60

Bild Nr.	Bahn Gattung Nr. bzw. Name	Bauart	Triebwerk (mm) Cyclind.-Ø	Kolben-hub	Treib-rad-Ø	Kessel (m^2) Heiz-fläche	Rost-fläche	atü	Gewichte (kg) Leer-gew.	Adhäs.-gew.	Dienst-gew.	Tender Wasser m^3	Kohle t	Zug-kraft (kg)	Geschw. (km/h)
61–63	T4^1	1B-n2 Pt	420	600	1580	90,0	1,48	12	31900	28000	41900	5,0	1,6	4830	75
65–66	T5^1	1'B1'-n2 Pt	430	600	1600	95,0	1,57	12	41500	31400	53130	5,5	1,6	5000	75
67	T5^2	2'B-n2 Pt	430	600	1600	121,0	1,68	12	43900	31960	56200	6,0	2,0	5220	75
68	T5^2	2'B-h2 Pt	480	600	1600	134,9	1,66	12	50500	31600	60600	6,0	2,0		75
70	T11	1'C-n2 Pt	480	630	1500	116,4	1,73	12	48300	47850	62900	7,4	2,5	7760	80
73	Berlin–Görl. E.	B-n2 (Aviso)	180	300	630	13,0	0,34	12			8500				40
75	T6	1'C1'-n2 Pt	500	630	1500	154,5	2,3	14	64650	48800	78950	6,7	2,5	8850	75
76	T 9^3	1'C-n2 Gt	450	630	1350	107,2	1,53	12	46850	45580	60390	7,0	2,0	6800	65
78	S 6	2'B-h2 S	550	630	2100	136,98	2,29	12	55690	34500	60690	21,5	4,0	8200	110
79	S 9	2'B1'-n4vS	2x$\frac{380}{580}$	600	1980	229,71	4,0	14	68400	33000	74500	21,5	4,0	7150	110
81	T 8	C-h2 Pt	500	600	1350	68,50	1,48	12	36620	45500	45500	5,0	1,4	6650	65
82	T 12	1'C-h2 Pt	540	630	1500	103,36	1,73	12	49800	47260	62940	6,0	3,0	8000	80
83	S 2	2'B-n2 S	430	600	1980	124,8	2,27	12	43800	28700	49030	3,0	12,0	3860	100
85	P 3^1	1B-n2 P	400	560	1750	95,35	1,87	12	32770	25660	36760	3,0	10,5	3070	75
90	Posen–Starg. E.	1B-n2 P	420	610	1885	90,7	1,30	10			39000	3,5	2 m^3		
95	T 7	C -n2 Gt	450	630	1330	93,3	1,50	12	31000	42000	42000	5,0	1,5	6200	45
96	T 9^2	1'C-n2 Gt	430	630	1350	106,32	1,58	12	39890	41770	52840	5,75	2,0	6300	60
97	T 13	D-n2 Gt	500	600	1250	116,4	1,73	12	46640	60860	60860	7,0	2,5	7750	45
98	T 14	1'D1'-h2 Gt	600	660	1350	133,64	2,50	12	73130	63030	94410	11,0	4,0	10000	65
99	S 1	1B-n2 S	420	600	1980	93,95	2,07	12	37930	27600	41300	15,0	3,0	3220	90
100	S 10^1	2'C-h4v S	2x$\frac{460}{610}$	660	1980	164,68	3,12	15	77650	51990	84170	31,5	4,0	8400	110
103–107	T 12	1'C-h2 Pt	540	630	1500	107,81	1,73	12	52000	50830	66320	7,0	2,5	8500	80
111	T 12	1'C-h2 Pt	540	630	1500	152,0	1,73	12	50770	50285	65205	7,0	2,5		80
117	›Kampf-Lok‹ T 14	1'D1'-h3 Pt	490	630	1350	249,4	3,65	15		68000	101000				65

Die von 1873–1882 für den Berliner Ring- und Vorortverkehr sowie die Stadtbahn beschafften Lokomotiven

Lfd. Nr.	Bauart	Ursprüngliche Betr.-Nr. od. Name	Ursprüngliche Bahnverwaltung	Spätere preußische Betr.-Nr.	Spätere preußische Dir.	Seit 1906 Betr.-Nr. Dir.	Gttg.	Lieferer	Lieferjahr	Fabriknr.	Bemerkungen
1	B 1-n 2 Pt	375—384	NME	1433—1442	Bln	—	—	Krauss	1873	266—275	„Ringbahn"-Lok.
2	B 1-n 2 Pt	585—589	NME	1467—1471	Bln	—	—	Krauss	1875	472—476	„Ringbahn"-Lok.
3	C-n 2 Gt	356—366 462—470 471—481	NME	1700—1710 1722—1730 1711—1721	Bln Bln Bln	—	—	Wöhlert Hartmann Sigl	1873 1874 1874/75	482—492 820—828 1836—1846	Für den Ringb.-Güterverkehr, aushilfsw. auch für Pers.-Züge
4	B 1-n 2 Pt	61—66 79—81	Berlin-Görlitzer E.	1461—1466 1514—1516	Bln Bln	6041/43 Bln [1]) 6041 Bsl [2])	T 2 T 2	Wöhlert Henschel	1874 1875	605—610 816—818	[1]) F. 606—608 [2]) F. 816
5	B-n 2 T	Adlershof, Grünau	Berlin-Görlitzer E.	1900—1901	Bln	—	—	Krauss	1877	570 u. 572	Straßenbahn-Lok. für den „Bahnomnibus" Berlin-Grünau
6	B 1-n 2 T	Schlachtensee Wannsee Babelsberg	Berlin-Potsdam-Magdebg. E.	1444—1446	Mgd	6084/85 Hn [3])	T 2	Borsig	1877	3580—3582	[3]) 1444/45, sp. 1651/52 Hn 1446 Mgd † 1905
7	B-n 2 T	Schildhorn Saatwinkel Aumühle Sachsenwald	Berlin-Hamburg. E.	1902—1905	Alt	—	—	Hohenzollern	1880	135—138	Bauart Lentz
8	B-n 2 T	601	Berlin (NME)	1518	Bln	—	—	Hohenzollern	1880	148	Bauart Lentz; Versuchslok. für den S-Bahn-Betrieb
9	1 B-n 2 Pt	600	Berlin (NME)	1517	Bln	6046	T 2	Schichau	1880	277	Versuchslok. f. d. S-Bahn-Betrieb
10	B 1-n 2 Pt	630	Berlin (NME)	1519	Bln	—	—	Schwartzkopff	1880	1048	Versuchslok. f. d. S-Bahn-Betrieb
11	B 1-n 2 Pt	874—883 ab 1883: 1470—1479	Magdeburg Magdeburg	seit 1.4.95 [4]): 1570—1579	Bln	6071 Bbg [5]) 6061 Dz [6]) 6041/42 Kw [7])	T 2	Hanomag	1882	1499—1508	[4]) 1884: 1474—1479 Erfurt 1892: 1470—1473 „ [5]) F. 1499 [6]) F. 1502 [7]) F. 1507 u. 1508

Lfd. Nr.	Bauart	Ursprüngliche Betr.-Nr. od. Name	Ursprüngliche Bahnverwaltg.	Spätere preußische Betr.-Nr.	Spätere preußische Dir.	Seit 1906 Betr.-Nr., Dir.	Gattung	Wurde später Betr.-Nr.	Wurde später Dir.	Lieferer	Lieferjahr	Fabriknummer	Bemerkungen
12	1 B-n 2 Pt	650—659	Berlin (NME)	1520—1529	Bln	6501—6508 Mainz [1]) 6094 Hn [2])	T 4 T 2	—	—	Hohenzollern	1881	184—193	[1]) F. 184—191, fälschlich als T 4 bezeichnet [2]) F. 193
13	1 B-n 2 Pt	660—669	Berlin (NME)	1530—1539	Bln	versch. [3])	T 4 T 2	—	—	Hanomag	1881	1483—1492	[3]) F. 1483/84 = 6458/59 Cs T 4 F. 1485/86 = 6052/53 Alt T 2 F. 1487 = 6092 Hn T 2 F. 1488 = 6054 Alt T 2 F. 1489—92 = 6062—65 Dz T 2
14	1 B-n 2 Pt	670—679	Berlin (NME)	1540—1549	Bln	versch. [4])	T 4 T 2	F. 1106 = 6415 F. 1107/08 = 6407/08	Stn Stn	Schwartzkopff	1881	1103—1112	[4]) F. 1103/04 = 6055/56 Alt T 2 F. 1105—08 = 6401—04 Bsl. T 4 F. 1109—12 6090, 6091, 6095, 6093 Hn T 2
15	1 B-n 2 Pt	680—689	Berlin (NME)	1550—1559	Bln	6047—6056 Berlin	T 2	6047 u. 6048 [5]) 6093—6095 [6]) 6086 u. 6087 [7])	Stn Kbg Hn	Schichau	1881	283—292	[5]) F. 283 u. 284 [6]) F. 285—287 [7]) F. 291 u. 292
16	1 B-n 2 Pt	690—699	Berlin (NME)	1560—1569	Bln	versch. [8])	T 2	F. 1264 = 6096 F. 1267 = 6066	Hn Dz	Henschel	1881	1259—1268	[8]) F. 1259 = 6088 Hn T 2 F. 1260—63 = 6058, 6043—45 Alt F. 1264—68 = 6059—63 Bln T 2 F. 1265/66/68 = 6509—11 Mz T 4
17	1 B-n 2 Pt	850—855	Berlin (NME)	1580—1585	Bln	6064—6069 Berlin	T 2	—	—	Henschel	1882	1363—1368	
18	1 B-n 2 Pt	856—859	Berlin (NME)	1586—1589	Bln	6070—6073 Berlin	T 2	—	—	Hanomag	1882	1495—1498	
19	1 B-n 2 Pt	860—869	Berlin (NME)	1590—1599	Bln	versch. [9])	T 2	—	—	Schichau	1882	293—302	[9]) F. 293—95 = 6074—76 Bln T 2 F. 296—298 = 6077—79 Bln, F. 296/97 sp. 6057 u. 6059 Alt T 2, F. 298 sp. 6089 Hn T 2, F. 299-301 = 6080-82 Bln, sp. 6057-59 Mgd T 2
20	1 B-n 2 Pt	Stresow Ruhleben Grunewald Westend Charlottenb. Moabit	Berlin-Hambg. Eisenb.	1453—1458	Alt	6401—6403 Altona [10]) 6401—6403 Berlin [11])	T 4 T 4	—	—	Borsig	1882	3836—3841	[10]) F. 3838, 3840, 3841 [11]) F. 3836, 3837, 3839 F. 3839: sp. 6403 Posen T 4

Die von 1884—1921 für den Berliner Stadt-, Ring- und Vorortverkehr beschafften Lokomotiven

Lfd. Nr.	Bauart	Ursprüngliche Betr.-Nr.	Ursprüngliche Dir.	Spätere Betr.-Nr.	Spätere Dir.	Ab 1906 Betr.-Nr., Dir.	Gattung	Spätere Betr.-Nr.	Spätere Dir.	Lieferer	Liefer-jahr	Fabrik-nummer	Bemerkungen
1	B 1-n 2 T	1612 – 1629	Bln	–	–	6083—6100 Berlin	T 2	F. 1756: 6099 F. 1767/68: 6097/98 F. 1770/71: 6099/6100	Hn Hn Kw	Henschel	1884	1747—1756 1764—1771	F. 1752 wurde an die Königsberg—Cranzer Eisenbahn (Nr. 10) verkauft
2	1 B-n 2 Pt	1400^{II}—1403^{II}	Bln	ab 1899: 1400^{II} u. 1401^{II}: 1577 u. 1578^{II} 1402^{II} u. 1403^{II}: 1638 u. 1639	 Mgd Dz	6411—6412 Magdeburg 6501 u. 6502 Danzig	T 4[1]			Henschel	1893	3780—3783	† 1910 u. 1912 6502 † 1916
3	1 B-n 2 Pt	1613—1621 ab 1892: 1404^{II}—1412^{II}	Bbg Bln	1404^{II} u. 05^{II} ab 1. 4. 95: 1404 u. 1405 1406^{II} 1407^{II}—1412^{II} 1899: 1407—1412	 Bsl Bln Stn	6405 u. 6406 Breslau 6464 Berlin 6401—6406 Stettin	T 4	6464 Bln seit 1911: 6405	 Hl	Hanomag	1891	2315—2323	† 1911/12 6402 † 1920, 6404—06 † 1918
4	1 B-n 2 Pt	1492—1495 1496—1501	Mgd	ab 1. 10. 91: 1688—1691	 Bln	6405—6408 Berlin 6401—6406 Magdeburg	T 4	6405 Bln sp. 6431 6406 Bln sp. 6415 6407—6408 Bln: eine sp. 6432 „ 1911 †	Alt Cln Alt	Borsig	1884	3986—3995	
5	1 B-n 2 Pt	1483	Alt	1634^{II}	Bln	6404 Berlin	T 4	Ab 1911: 6430	Alt	Union	1888	417	Sollte 70 7004, Pt 23.15 werden (Nach dem vorläuf. Umzeichnungsplan)
6	1 B-n 2 Pt	1638—1643	Bln	—	—	6409—6414 Berlin	T 4	6410 Bln sp. 6410 6413 Bln sp. 6413	Bsl Bsl	Hanomag	1888	1950—1955	
7	1 B-n 2 Pt	1644—1661	Bln	—	—	6415—6432 Berlin	T 4	6415: 1911 abg. 6416-18 sp. 6416-18 6419, 6420, 6430 Bln sp. 6460—6462 6421-29 sp. 6426-34 6431/32 sp. 6416/17	 Bbg Cs Hn Cln	Hanomag	1890	2097—2114	
8	1 B-n 2 Pt	1662—1681	Bln	—	—	6433—6452 Berlin	T 4	6433 sp. 6418 6434 sp. 6503 6435 sp. 6504 6436/37 sp. 6418/19 6438 sp. 6505 6442-44 sp. 6404-06 6445-47 sp. 6445-47 6448-50 sp. 6448-50 6451 sp. 6401 6452 sp. 6402	Cln Dz Dz Bbg Dz Eft Fft Kw Kbg Kbg	Henschel	1892	3567—3586	

Lfd. Nr.	Bauart	Ursprüngliche Betr.-Nr.	Ursprüngliche Dir.	Spätere Betr.-Nr.	Spätere Dir.	Ab 1906 Betr.-Nr., Dir.	Gattung	Spätere Betr.-Nr.	Spätere Dir.	Lieferer	Liefer-jahr	Fabrik-nummer	Bemerkungen
9	1 B-n 2 Pt	1682—1687 1692—1696	Bln	—	—	6453—6463 Berlin	T 4	6453 sp. 6403	Kbg	Henschel	1892	3587—3592 3768—3772	
								6454-56 sp. 6454-56	Mgd				
								6457-59 sp. 6457-59	Sbr				6457 i. J. 1914 6414 II Köln, sp. 6457 Saarbr.
								6463 sp. 6435	Hn				
10	1 B-n 2 Pt	1541—1559	Mgd	1419—1437	Bln	6465—6483 Berlin	T 4^1	6465 sp. 6514	Stn	Henschel	1890	2896—2899 3024—3038	Sollte 70 7005, Pt 23.15 werden
								6466 sp. 6517	Stn				
								6467 sp. 6406	Hl				
								6468 sp. 6518	Stn				
								6469/70 sp. 6436/37	Hn				
								6471/72 sp. 6519/20	Stn				6519 s. 70 7006, Pt 23.15 werden
								6473/74 sp. 6473/74	Kw				
								6475 sp. 6521	Stn				
								6476 sp. 6476	Kw				
								6477 sp. 6407	Eft				
								6478 sp. 6407	Hl				
								6479 sp. 6479	Kw				
								6480 sp. 6408	Eft				
								6481 sp. 6481	Kw				
								6483 sp. 6522	Stn				
11	1 B-n 2 Pt	1560—1578	Mgd	1438^{II}—1456^{II}	Bln	6484—6502 Berlin	T 4^1	6484 sp. 6515	Stn	Henschel	1891 1893	3039—3048 3609—3612 3762—3766	
								6485 sp. 6485	Kw				
								6487 sp. 6487	Kw				
								6488 sp. 6516	Stn				
								6489 sp. 6409	Eft				
								6490 sp. 6490	Kw				
								6491 sp. 6410	Eft				
								6492 sp. 6492	Kw				
								6493 sp. 6411	Eft				Sollte 70 7007, Pt 23.15 werden
								6494 sp. 6494	Kw				
								6495 sp. 6412	Eft				Sollte 70 7017, Pt 23.15 werden
								6496 sp. 6496	Kw				
								6497 † 1911					
								6498 sp. 6413	Eft				Sollte 70 7024, Pt 23.15 werden
								6499 sp. 6499	Kw				
								6500-02 sp. 6423-25	Hn				
12	1 B-n 2 Pt	1697—1699	Bln	—	—	6503—6505 Berlin	T 4^1	6503/04 sp. 6404/05	Eft	Henschel	1893	3832—3834	Sollte 70 7027/28, Pt 23.15 werden

Lfd. Nr.	Bauart	Ursprüngliche Betr.-Nr.	Ursprüngliche Dir.	Spätere Betr.-Nr.	Spätere Dir.	Ab 1906 Betr.-Nr., Dir.	Gattung	Spätere Betr.-Nr.	Spätere Dir.	Lieferer	Liefer-jahr	Fabrik-nummer	Bemerkungen
13	1 B-n 2 Pt	1413—1417	Bln	—	—	6506—6510 Berlin	T 4¹	6505/06 sp. 6523/24	Stn	Henschel	1894	3990—3994	
								6507/08 sp. 6461/62	Dz				
								6509/10 sp. 6438/39	Hn				
14	1 B-n 2 Pt	2000—2009	Bln	—	—	6511—6520 Berlin	T 4¹	6511-20 sp. 6440-49	Hn	Henschel	1894	4055—4064	
15	1B1-n 2 Pt	2011—2012	Bln	—	—	6601 u. 6602 Berlin	T 5¹	6601/02 sp. 6601/02	Cs	Henschel	1895	4140 u. 4141	Einzige Lok. dieser Gattung ohne Dom.
16	1B1-n 2 Pt	2013—2015	Bln	—	—	6603—6605 Berlin	T 5¹	6603 sp. 6603	Cs	Henschel	1895	4215—4217	
								6604 sp. 6613	Alt				
								6605 sp. 6614	Alt				Sollte 71 001, Pt 24.15 w.
17	1B1 n 2 Pt	2016—2036	Bln	—	—	6606—6626 Berlin	T 5¹	6606-08 sp. 6617-19	Hn	Henschel	1896	4218—4238	
								6609-13 sp. 6615-19	Alt				
								6614-17 sp. 6614-17	Bbg				
								6618/19 sp. 6618/19	Kw				6618: sp. 71 001, Pt 24.15
								6620/21 sp. 6621/22	Alt				6619 sollte 71 007 werden
								6622-25 sp. 6607-10	Eft				
								6626 sp. 6620	Alt				
18	1B1-n 2 Pt	2037—2044	Bln	—	—	6627—6634 Berlin	T 5¹	6627 sp. 6611	Eft	Henschel	1898	4773 u. 4774	Sollte 71 014, Pt 24.15 w.
								6628 sp. 6609	Dz			4874—4879	„ 71 015, Pt 24.15 w.
								6629 sp. 6629	Kw				
								6630 sp. 6627	Hl				
								6631 sp. 6612	Eft				„ 71 016, Pt 24.15 w.
								6632 sp. 6628	Hl				
								6633 sp. 6673	Kw				
								6634 sp. 6674	Kw				
19	1B1-n 2 Pt	2083	Bln	—	—	6635 Berlin	T 5¹	6635 sp. 6629	Hl	Henschel	1900	5326	
20	1B1-n 2 Pt	2045—2050	Bln			6636—6645 Berlin	T 5¹	6636 sp. 6630	Hl	Henschel	1901	5709—5718	
								6637 sp. 6637	Kw				Sollte 71 038, Pt 24.15 w.
								6638/39 sp. 6631/32	Hl				
								6640 sp. 6640	Kw				
								6641 sp. 6633	Hl				
								6642 sp. 6642	Kw				
								6643 sp. 6643	Kw				Sollte 71 039, Pt 24.15 w.
								6644 sp. 6623	Alt				„ 71 040, Pt 24.15 w.
								6645 sp. 6624	Alt				„ 71 041, Pt 24.15 w.

Lfd. Nr.	Bauart	Ursprüngliche Betr.-Nr.	Ursprüngliche Dir.	Wurde später Betr.-Nr., Dir.	Gattung	Bei der Reichsbahn Betr.-Nr.	Bei der Reichsbahn Betr.Gttg.	Lieferer	Liefer-jahr	Fabrik-nummer	Bemerkungen
21	2 B-n 2 Pt	2045—2050	Bln	6646—6651 [1]) Berlin	T 5²	6647, 6649, 6650 Bln sollten 72 001—003 werden	Pt 24.16	Grafenstaden	1899	4892—4897	6646/47 sp. 6625/26 Alt 6648 sp. 6618 Bsl 6649-51 sp. 6621-23 Bbg
22	2 B-n 2 Pt	2051—2064	Bln	6652—6665 [2]) Berlin	T 5²	6653 sollte 72 004 w. 6656—6658 sollten 72 005—007 werden 6662 = 72 001 6664 sollte 72 010 w.	Pt 24.16	Henschel	1899	5120—5127 5267—5272	6652 sp. 6621 Dz, 6653 sp. 6613 Eft, 6654 sp. 6621 Fkt 6655—58 sp. 6651—54 Hn 6659 sp. 6601 Kbg, 6660 sp. 6606 Mgd, 6661 sp. 6661 Mz 6662/63 sp. 6615/16 Mst 6664/65 sp. 6664/64 Pn
23	2 B-n 2 Pt	2065—2068	Bln	6666—6669 Berlin	T 5²	—	—	Henschel	1899	5128—5131	6666/67 sp. 6666/67 Sbr, 6668 sp. 6627 Alt, 6669 sp. 6619 Bsl
24	2 B-n 2 Pt	2071—2082	Bln	6670—6681 Berlin	T 5²	6670-72 s. 72 011-013 werden 6676 = 72 002 6681 sollte 72 015 w.	Pt 24.16	Henschel	1900	5495—5506	6670—72 sp. 6670—72 Stn 6673 sp. 6622 Dz, 6674 sp. 6614 Eft, 6675 sp. 6622 Fft 6676 sp. 6655 Hn, 6677 sp. 6602 Kbg, 6678 sp. 6607 Mgd 6679 sp. 6662 Mz 6680 sp. 6617 Mst 6681 sp. 6618 Pn (Osten)
25	2 B-h 2 Pt	2069—2070	Bln	6682—6683 Berlin	T 5²h	—	—	Henschel	1900	5414/15	6682 ab 20. 5. 14: 6682 Sbr 6683 ab 22. 6. 14: 6683 Bbg
26	1 C 1-n 3 Pt	2200—2209 seit 1904: 2500—2509	Bln	6701—6710 Berlin	T 6	—	—	Schwartzkopff	1902	3048—3057	Zwei weitere T 6 erhielt Altona: 1501 u. 1502, ab 1906: 6701 u. 6702 F. 3046 u. 3047 6701—6704 sp. 6701—6704 Dz 6705—6710 sp. 6701—6706 Hl
27	C-h 2 Gt	7001—7008	Bln	7001/02 sp. 7001/02 Kassel 7003 sp. 7005 Hl 7004 sp. 7003 Dz 7005 sp. 7006 Hl 7006 sp. 7002 Mgd 7007/08 sp. 7007/08 Kw (Opp)	T 8	89 001 u. 002 89 003 89 004	Gt 33.15	Breslau	1906	359—364 368/69	7001—7003 Bln sind als 2001, 7001 u. 7003 Mgd angeliefert
28	C-h 2 Gt	7009—7014	Bln	7009/10 sp. 7009/10 Kw (Opp) 7011-14 sp. 7018-21 Elberfeld	T 8	89 046/047 89 048—051	Gt 33.15	Orenstein	1907	2114—2119	7018—21 wurden 1923 an Rbd. Stuttgart überwiesen
29	C-h 2 Gt	7015—7018	Bln	7022—7025 Elberfeld	T 8	89 038—040	Gt 33.15	Breslau	1907	461—464	Ohne 7025 Efd., diese sollte 89 036 werden
30	C-h 2 Gt	7019—7023	Bln	7019 sp. 7003 Cs 7020 sp. 7004 Dz 7021 sp. 7007 Hl 7022 sp. 7011 Kw (Opp) 7023 sp. 7003 Mgd	T 8	89 068 89 069 89 070	Gt 33.15	Orenstein	1908	2571—2575	

Lfd. Nr.	Bauart	Ursprüngliche Betr.-Nr.	Ursprüngliche Dir.	Wurde später Betr.-Nr., Dir.	Gattung	Später Betr.-Nr.	Später Dir.	Bei der Reichsbahn Betr.-Nr.	Bei der Reichsbahn Betr.Gttg.	Lieferer	Lieferjahr	Fabriknummer	Bemerkungen
31	1 C-n 2 Pt	2104—2118	Bln	7501—7515 Berlin	T 11[5])	7501-10 ab 1915: 7517—7526 7511-13 ab 1916: 7508—7510	Kw bzw. Opp Bsl	74 001[1]) 74 002[2]) 74 003—005[3]) 74 006[4])	Pt 34.16	Union	1903	1256—1260 1265—1274	Alle Lok. mit Kolbenschiebern; [1]) 7520 Oppeln. — [2]) 7522 Oppeln [3]) 7508—7510 Bsl; 7508 umg. auf Heißd. [4]) 7515 Bln; 7514 ist 1918 an Belgien abg. — [5]) Früher **T** 8 genannt
32	1 C-n 2 Pt	2119—2129	Bln	7516—7526 Berlin	T 11	7516 u. 7517 ab 1917: 7511/12 7511 Hl sp. 7538	Hl Mz	74 008—013[6])	Pt 34.16	Union	1903	1279—1289	[6]) 7517, 7519, 7522, 7524—7526. 7518 u. 7520 im Kriege verloren; 7521 u. 7523 sind 1918/19 an Belgien abgegeben.
33	1 C-n 2 Pt	2130—2133	Bln	7527—7530 Berlin	T 11	—	—	74 023—025[7])	Pt 34.16	Vulkan	1903	2030—2033	[7]) Ohne 7527; diese ist 1918/19 an die Entente abgegeben
34	1 C-n 2 Pt	2134—2143	Bln	7531—7540 Berlin	T 11	—	—	74 035—043[8])	Pt 34.16	Union	1904	1317—1326	[8]) Ohne 7540 Bln, die 1918/19 an P.L.M. ging, dort Nr. 5767, sp. 130 BT 7 wurde. 74 039, 74 042 u. 74 043 auf Heißdampf umgebaut
35	1 C-n 2 Pt	2144—2146	Bln	7541—7543 Berlin	T 11	—	—	74 056—057[9])	Pt 34.16	Vulkan	1904	2075—2077	[9]) Ohne 7543 Bln, die 1918/19 an Belgien abgegeben wurde
36	1 C-n 2 Pt	2147—2159	Bln	7544—7556 Berlin	T 11	—	—	74 044—055[10])	Pt 34.16	Union	1904	1347—1359	[10]) Ohne 7546, die im Kriege verl. ging. 74 049 auf Heißdampf umgebaut
37	1 C-n 2 Pt	2160—2167	Bln	7557—7564 Berlin	T 11	—	—	74 026—029[11])	Pt 34.16	Borsig	1904	5421—5428	[11]) Ohne 7558—7560; 7558 Bln. 1918/19 an Belgien; 7559/60 im Krieg verloren 7565 an P.L.M. 5768 sp. 130 BT 8. 74 029 auf Heißdampf umgebaut.
38	1 C-n 2 Pt	2186—2212	Bln	7565—7591 Berlin	T 11	—	—	74 088—106[12])	Pt 34.16	Union	1905	1380—1406	[12]) Ohne 7570: 1918/19 an P.L.M. 5769, sp. 130 BT 9 7572: 1918/19 an Belgien, 7575: im Kriege verloren gegangen, 7577: 1918/19 an Belgien, 7578: 1918/19 an P.L.M. 5770, sp. 130 BT 10 7580: Im Kriege verloren gegangen, 7585: 1918/19 an Belgien, 7586: 1918/19 an P.L.M. 5771, sp. 130 BT 11. 74 092 (7569 Bln) auf Heißd. umgebaut
39	1 C-n 2 Pt	2213	Bln	7592 Berlin	T 11	—	—	74 087	Pt 34.16	Hohenz.	1905	1882	
40	1 C-n 2 Pt	2214—2217	Bln	7593—7596 Berlin	T 11	—	—	74 145—148	Pt 34.16	Union	1906	1434—1437	74 147 umgebaut auf Heißdampf.

Lfd. Nr.	Bauart	Ursprüngliche Betr.-Nr.	Ursprüngliche Dir.	Wurde später Betr.-Nr., Dir.	Gattung	Bei der Reichsbahn Betr.-Nr.	Bei der Reichsbahn Betr.Gttg.	Lieferer	Lieferjahr	Fabriknummer	Bemerkungen
41	1 C-n 2 Pt	7597—7600	Bln	—	T 11	74 134—137	Pt 34.16	Hohenzollern	1906	1947—1950	
42	1 C-n 2 Pt	7601—7611	Bln	—	T 11	74 189—197[1])	Pt 34.16	Union	1907	1525—1535	[1]) Ohne 7601 und 7602, die im Kriege verloren gingen
43	1 C-n 2 Pt	7612—7619	Bln	—	T 11	74 222—225[2])	Pt 34.16	Union	1908	1585—1592	[2]) Ohne 7613: 1918 an Belgien 7614: 1918 an P.L.M. 5772, sp. 130 BT 12 7618: Im Kriege verloren 7619: 1918 an Belgien
44	1 C-n 2 Pt	7620—7637	Bln	—	T 11	74 240—247[3]) 74 281—288	Pt 34.16	Union	1908 1909	1613—1621 1680—1687	[3]) Ohne 7627: 1918 an P.L M. 5773, sp. 130 BT 13 7629: 1918 an P.L.M. 5774, sp. 5751, d. 130 BT 14 74 246 umgeb. auf Heißdampf
45	1 C-n 2 Pt	7638—7641	Bln	7639—7641 ab 1916: 7510—7512 Kassel	T 11	74 294—297	Pt 34.16	Union	1909	1703—1706	
46	1 C-h 2 Pt	1984—1987 sp. 2100—2103	Bln	7701—7704[4]) Berlin	T 12[5])	74 401—404	Pt 34.17	Union	1902	1222—1225	[4]) 7701 u. 7702 seit 1917: 7728 u. 7729 Hl [5]) T 12 früher: T 10
47	1 C-h 2 Pt	2168—2185	Bln	7705—7722 Berlin	T 12[5])	74 405—411[6]) 74 418—425[7])	Pt 34.17	Borsig	1905	5481—5490 5499—5506	[6]) Ohne 7706, 7712 u. 7713 Bln (†) [7]) 7715—7722
48	1 C-h 2 Pt	2218—2222 Ab 7728 mit neuer Nr. gel.	Bln	7723—7734 7735—7762 Berlin	T 12	74 440—459 74 462—480[8])	Pt 34.17	Borsig	1906	5823—5834 5840—5847 5965—5984	[8]) Ohne 7761, die im Kriege verloren ging
49	1 C-h 2 Pt	7763—7772	Bln	—	T 12	74 496—504[9])	Pt 34.17	Borsig	1907	6093—6102	[9]) Ohne 7769: 1918/19 an Nord 3.898 Bis hier alle T 12 mit Rauchkammerüberhitzer Schmidt geliefert
50	1 C-h 2 Pt	7773—7778 7779—7803	Bln	—	T 12	74 515—520[10]) 526—529[11]) 534—535[12]) 541—543[13]) 549—558[14]) 563—568[15])	Pt 34.17	Borsig Borsig Borsig Borsig Borsig	1907 1907 1907 1907 1907	6117—6122 6129—6132 6137—6138 6212—6214 6221—6223 6346—6352 6357—6362	[10]) 7773—7778 [11]) 7779—7782 [12]) 7783—7784 [13]) 7785—7787 [14]) 7788—7797 [15]) 7798—7803 Von dieser Lieferung an alle T 12 mit Rauchröhrenüberhitzer Schmidt gel.

Lfd. Nr.	Bauart	Ursprüngliche Betr.-Nr.	Ursprüngliche Dir.	Wurde später Betr.-Nr., Dir.	Gattung	Bei der Reichsbahn Betr.-Nr.	Bei der Reichsbahn Betr.Gttg.	Lieferer	Lieferjahr	Fabriknummer	Bemerkungen
51	1 C-h 2 Pt	7804—7809 7810—7815 7816—7827	Bln	—	T 12	74 582—587 74 591—596 74 602—613	Pt 34.17	Borsig	1908	6379—6384 6390—6395 6699—6710	
52	1 C-h 2 Pt	7828—7833 7834—7844 7845	Bln	—	T 12	74 625—630 74 636—646 74 672	Pt 34.17	Borsig	1909	6923—6928 7004—7014 7140	
53	1 C-h 2 Pt	7846—7858 7859—7863 7864—7870	Bln	—	T 12	74 685—695[1]) 74 713—717[2]) 74 718—723	Pt 34.17	Borsig	1909 1910	7185—7197 7319—7323 7324—7330	[1]) Ohne 7852: 1918 an Belgien: 9652 7855: 1918 an Belgien: 9655 [2]) Ohne 7868: 1918 an Belgien: 9668
54	1 C-h 2 Pt	7871—7880 7881—7897	Bln	—	T 12	74 730—739 74 755—770[3])	Pt 34.17	Borsig	1910	7484—7493 7627—7643	[3]) Ohne 7886: 1918 an Nord 3.899
55	1 C-h 2 Pt	7728—7730	Bsl	7898—7900 Berlin	T 12	74 724—726	Pt 34.17	Borsig	1910	7331—7333	1910 von Breslau übernommen
56	1 C-h 2 Pt	8201—8209	Bln	—	T 12	74 797—804[4])	Pt 34.17	Borsig	1911	7909—7917	[4]) Ohne 8208: 1918 an Belgien 9609
57	1 C-h 2 Pt	8210—8219	Bln	—	T 12	74 846—855	Pt 34.17	Hohenzollern	1912	2935—2944	Erste Lieferung mit Kuhnscher Schleife an der Umsteuerung statt Hängeeisen
58	1 C-h 2 Pt	8220—8223 8224—8241	Bln	—	T 12	74 878—880 74 885—901[5])	Pt 34.17	Borsig	1913	8402—8405 8513—8530	[5]) Ohne 8220: Im Kriege verloren gegangen 8226: 1918 an Belgien 9626 Diese Lieferung erfolgte erstmalig mit erweitertem Schornstein und Blasrohr
59	1 C-h 2 Pt	8242—8259	Bln	—	T 12	74 940—957	Pt 34.17	Hohenzollern	1913	3093—3110	
60	1 C-h 2 Pt	8260—8281	Bln	—	T 12	74 974—994[6])	Pt 34.17	Borsig	1913	8661—8682	[6]) Ohne 8279: 1918 an Belgien 9679 Diese Lieferung erhielt erstmalig Abdampf-Vorwärmer

Lfd. Nr.	Bauart	Ursprüngliche		Spätere	Gattung	Bei der Reichsbahn		Lieferer	Liefer-jahr	Fabrik-nummer	Bemerkungen
		Betr.-Nr.	Dir.	Betr.-Nr., Dir.		Betr.-Nr.	Betr.Gttg.				
61	1 C-h 2 Pt	8282—8307	Bln	—	T 12	74 958—973 74 1049—1058	Pt 34.17	Hohenzollern	1913	3157—3182	
62	1 C-h 2 Pt	7718—7721	Mst	8308—8311 Berlin	T 12	74 674 [1]) 702 729	Pt 34.17	Borsig	1909 1910	7036, 7142, 7205, 7337	[1]) Ohne 8308: 1918 an Belgien 9608 1913 von Münster übernommen
63	1 C-h 2 Pt	8312—8323	Bln	—	T 12	74 1098—1108 [2])	Pt 34.17	Hohenzollern	1914	3253—3264	[2]) Ohne 8313: 1918 an Belgien 9613
64	1 C-h 2 Pt	8324—8374	Bln	—	T 12	74 1003—1048 [3])	Pt 34.17	Borsig	1914	8839—8889	[3]) Ohne 8324, 8331, 8332, 8343, 8362: 1918 an Belgien Nr. 9624, 9631, 9632, 9643, 9662
65	1 C-h 2 Pt	8375—8396	Bln	—	T 12	74 1076—1097	Pt 34.17	Hohenzollern	1914	3231—3252	
66	1 C-h 2 Pt	8397—8437	Bln	—	T 12	74 1134—1174	Pt 34.17	Borsig	1915	9091—9131	Von dieser Lieferung ab alle T 12 mit Abdampf-Vorwärmer geliefert
67	1 C-h 2 Pt	8438—8455 8456—8479	Bln	—	T 12	74 1119—1133 [4]) 74 1178—1201	Pt 34.17	Hohenzollern	1914 1915	3344—3361 3362—3385	[4]) Ohne 8442, 8445 u. 8450 Bln: 8445 u. 8450 sind 1918 an Belgien als Nr. 9645 u. 9650 abgegeben
68	1 C-h 2 Pt	8480—8489 8490—8500 8701—8714	Bln	—	T 12	74 1202—1211 [5]) 74 1217—1241	Pt 34.17	Borsig	1916	9431—9440 9510—9534	[5]) Ohne 8484; im Kriege verloren gegangen (?)
69	1 C-h 2 Pt	8715—8754	Bln	—	T 12	74 1261—1300	Pt 34.17	Borsig	1921	11031—1107	8715—8719 u. 8750—8754 hatten Heißdampf-Regler, Bauart Borsig
70	1 C-h 2 Pt	7723	Els.-Loth.	8755 Berlin	T 12	74 1254	Pt 34.17	Grafenstaden	1916	6849	

Die von anderen Direktionen seit 1921 nach Berlin zur dauernden Dienstleistung im S-Bahn-Betrieb überwiesenen Lokomotiven

a) Die 1 C-h 2-Personenzug-Tenderlokomotiven T 11 h (74^{0-3})
(sämtlich 1923/24 auf Heißdampf umgebaut)

Frühere		Reichsbahn		Lieferer	Lieferjahr	F.-Nr.	Bemerkungen
Betr.-Nr.	Direktion	Betr.-Nr.	Betr.Gttg.				
7508	Breslau	74 003	Pt 34.16	Union	1903	1270	Hatte von Anfang an Kolbenschieber
7501	Osten	74 107	„	Union	1905	1409	Flachsch. m. Preßschmierg.
7503	Osten	74 109	„	Union	1905	1411	Flachsch. m. Preßschmierg.
7508	Magdbg.	74 249	„	Union	1908	1623	Neuer Kolbenschieber im alten Zylindergußstück
7522 II	Stettin	74 318	„	Union	1909	1735	Flachsch. m. Preßschmierg.
7524 II	Stettin	74 326	„	Union	1910	1784	Flachsch. m. Preßschmierg.

b) Die 1 C-h 2-Personenzug-Tenderlokomotiven T 12 (74^{4-13})

Frühere		Reichsbahn		Lieferer	Lieferjahr	F.-Nr.	Bemerkungen
Betr.-Nr.	Direktion	Betr.-Nr.	Betr.Gttg.				
7731	Breslau	74 881	Pt 34.17	Borsig	1913	8406	
7732	Breslau	74 882	„	Borsig	1913	8407	
7733	Breslau	74 883	„	Borsig	1913	8408	
7725	Essen	74 914	„	Hohenzollern	1913	3029	
7727	Halle	74 918	„	Hohenzollern	1913	3033	
7701	Magdbg.	74 933	„	Hohenzollern	1913	3086	
7702	Magdbg.	74 1074	„	Hohenzollern	1914	3207	
7703	Magdbg.	74 1075	„	Hohenzollern	1914	3208	
7767	Altona	74 1110	„	Hohenzollern	1914	3266	
7714	Oppeln	74 1247	„	Borsig	1916	9540	
7715	Oppeln	74 1248	„	Borsig	1916	9541	
7716	Oppeln	74 1249	„	Borsig	1916	9542	
7718	Oppeln	74 1250	„	Borsig	1916	9544	
7719	Oppeln	74 1251	„	Borsig	1916	9545	
7720	Oppeln	74 1252	„	Borsig	1916	9546	Heißdampf-Regler Schmidt u. Wagner
7721	Oppeln	74 1253	„	Borsig	1916	9547	

c) Die 1 C 1-h 2-Pers.-Tenderlokomotiven, Gattung VI c Baden ($75^{4, 10-11}$)
(Später alle an Rbd. Schwerin überwiesen)

Frühere		Reichsbahn		Lieferer	Lieferjahr	F.-Nr.
Betr.-Nr.	Gattung	Betr.-Nr.	Betr.Gttg.			
900	VI c 1	75 401	Pt 35.16	M.G. Karlsruhe	1914	1883
910	VI c 3	75 431	Pt 35.16	M.G. Karlsruhe	1916	1976
913	VI c 3	75 433	Pt 35.16	M.G. Karlsruhe	1917	1979
930	VI c 4	75 457	Pt 35.16	M.G. Karlsruhe	1917	1997
934	VI c 4	75 461	Pt 35.16	M.G. Karlsruhe	1917	2001
1086	VI c 8	75 1005	Pt 35.16	M.G. Karlsruhe	1920	2091
1094	VI c 8	75 1013	Pt 35.16	M.G. Karlsruhe	1920	2099
1095	VI c 8	75 1014	Pt 35.16	M.G. Karlsruhe	1920	2100
1113	VI c 9	75 1109	Pt 35.16	M.G. Karlsruhe	1921	2141
1114	VI c 9	75 1110	Pt 35.16	M.G. Karlsruhe	1921	2142

Literatur

1. Berlin und seine Eisenbahnen. 1846–1896. Berlin: Jul. Springer 1896 (Nachdruck 1982)
2. v. Helmholtz: Die Entwicklung der Lokomotive. München–Berlin; Oldenbourg 1930
3. Die Berliner Stadtbahn (Von einem Techniker). Polytechnische Buchhandlung. A. Seydel. Berlin 1883
4. Rudolf: Auf der Berliner Stadtbahn. Westermann's Illustrierte Deutsche Monatshefte. Juni 1882
   Nr. 3 und 4 wurden vom Archiv-Verlag, Braunschweig, neu aufgelegt
5. Die Entwicklung des Eisenbahnnetzes in der ehemaligen Provinz Brandenburg bis zum Jahre 1939. Sonderdruck aus dem „Jahrbuch für brandenburgische Landesgeschichte" 1959
6. Berliner Verkehrsblätter. 19. Jahrgang Nr. 1. Herausgeber: Arbeitskreis Berliner Nahverkehr 1972
7. Das Buch für Alle. Leipzig 1880, Seite 343–345
8. Alter St. Matthäus-Kirchhof zu Berlin. Ev. Kirchengemeinde St. Matthäus. Berlin 1981
9. Heusinger v. Waldegg: Handbuch für spezielle Eisenbahntechnik. Leipzig: Engelmann 1878
10. Strauß: Von eisernen Pferden und Pfaden. Hannover: Göhmann'sche Buchdruckerei 1924
11. Das deutsche Eisenbahnwesen der Gegenwart. Berlin: Reimar Hobbing 1911
12. Hammer: Neuerungen an Lokomotiven der preußisch–hessischen Staatsbahnen. Sonderdruck Glaser's Annalen. Berlin 1916
13. Die Anwendung von Heißdampf im Lokomotivbetrieb. Cassel-Wilhelmshöhe. Schmidt'sche Heißdampfgesellschaft 1908
14. Garbe: Dampflokomotiven der Gegenwart. Berlin: Jul. Springer 1920
15. Pierson: Die Lokomotivmontage. Prüfungsarbeit Werkschule Borsig. Berlin 1921
16. Glaser's Annalen für Gewerbe und Bauwesen Bd. VII (1880), Bd. VIII (1881), Bd. IX (1881), Bd. X (1882), (1903 Bd. II)
17. „Der Bär". Illustrierte Berliner Wochenschrift. Jahrgang 8. Berlin: Gebr. Paetel 1882 sowie Jahrgang 10 (1884)
18. „Die Lokomotive". Wien. Jahrgang 1908 sowie die Jahrgänge 1921 bis 1924
19. Hanomag-Nachrichten, Hannover 1916–1917–1922
20. „Der Modelleisenbahner". Berlin. VEB „Transpress" 1960 und 1957
21. Obergethmann: Die Mechanik der Zugbewegungen bei Stadtbahnen. Sonderdruck der „Zeitschrift des Vereins deutscher Ingenieure". Berlin 1913
22. Dokumente zur Elektrifizierung von Berlins Stadt-, Ring- und Vorortbahnen. Herausgeber: Historischer Verein Coeln–Mindener Eisenbahn e.V. Minden (Westfalen)
23. Verkehrstechnik. Sonderdruck der AEG Berlin 1963
24. Kresse: Das Vaterland ist in Gefahr. Berlin: John Schwerin 1912
25. Die Elektrifizierung der Berliner Stadt-, Ring- und Vorortbahnen. Gedruckt 1912. Verfasser und Herausgeber unbekannt.
26. Elektrische Bahnen. Jahrgang 1903. München–Berlin: Oldenbourg
27. Beiträge zur Lokomotivgeschichte 1937. Darmstadt
28. Clark D. Kinnair: Die Straßenbahnen, deren Anlage und Betrieb. Deutsche Ausgabe von W. H. Uhland. Leipzig: Baumgärtner 1880
29. Hubert: Die Berliner Stadtbahn-Lokomotiven im Bild. Darmstadt 1933 (Nachdruck 1982)
30. Friedel: Berliner Osten. Berlin: Handelsdruckerei 1930
31. Fünfzig Jahre elektrische Lokomotive. Berlin: Reimar Hobbing 1929

Bildnachweis

(Abb.-Nummern)

AEG Werkfoto 115, 116, 118
Borsig Werkfoto 34, 107
Hubert 50, 101
Krauss Werkfoto 26
Krauss-Maffei Werkfoto 73
Möhring 97
Palmer 120
Pierson (Fotos) 18, 21, 36, 53, 62, 63, 65–68, 70, 71, 75, 76, 78, 79, 81–83, 85, 90, 92, 95, 96, 98–100, 103–106, 111, 112, 114, 117
Pierson (Zeichnungen): 9, 15, 30
Rachals 84

Alle übrigen Abbildungen: Archiv Pierson

Die Tabellen auf S. 154–164 sind mit freundlicher Genehmigung des Steiger Verlags, Moers, entnommen dem 1982 erschienenen Werk (Nachdruck):
Die Fahrzeuge der Deutschen Reichsbahn
und der Berliner Stadtbahn im Bild.
Eine von 1930 bis 1938 erschienene Schriftenreihe,
herausgegeben von Hermann Maey,
S. 82–91 und 94

Tafel X.

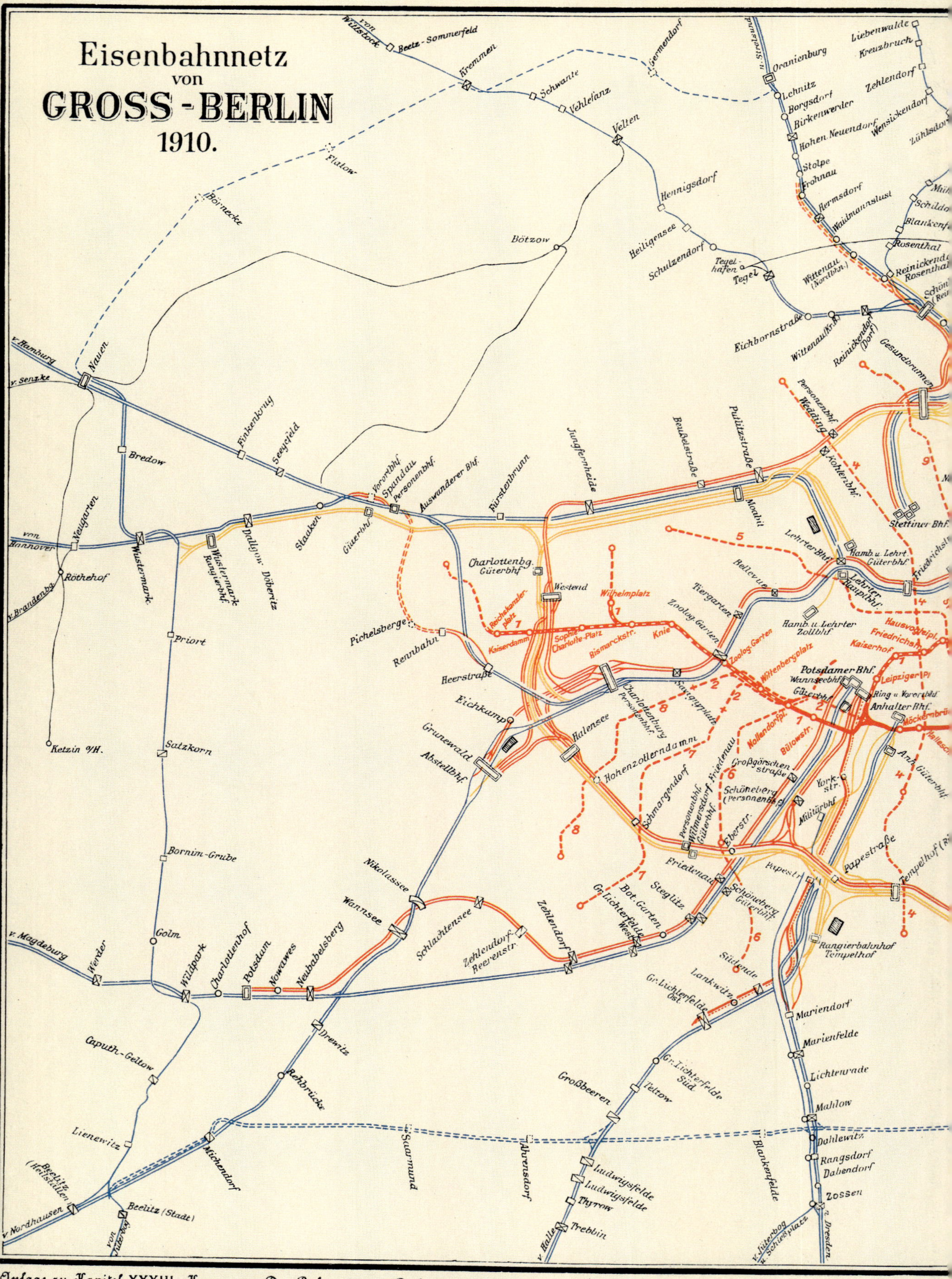

Anlage zu Kapitel XXXIII: Hemmann, Das Bahnnetz von Berlin und Vororten.